M. d'Hardancourt

VOYAGE
EN SYRIE
ET
EN ÉGYPTE,

PENDANT LES ANNEÉS
1783, 1784, & 1785,

Avec deux Cartes Géographiques & deux Planches gravées, repréfentant les ruines du Temple du Soleil à Balbek, & celles de la ville de Palmyre dans le Défert de Syrie.

Par M. C—F. VOLNEY.

TOME PREMIER.

J'ai penfé que le genre des voyages appartenait à l'Hiftoire, & non aux Romans.

A PARIS,

Chez { VOLLAND, Libraire, Quai des Auguftins.
DESENNE, Libraire, au Palais Royal, près le Théâtre des Variétés, N°. 216.

M. DCC. LXXXVII.
Avec Approbation & Privilége du Roi.

AVIS AU RELIEUR.

Les deux Cartes Géographiques appartiennent au premier Volume, & les deux Gravures avec le Plan, au second.

La Carte d'Égypte doit se placer à la page première, & s'attacher par le côté marqué *Orient*.

La Carte de Syrie s'attachera de même, & se placera à la page 259.

PRÉFACE.

Octobre 1786.

Il y a cinq ans qu'étant assez jeune encore, l'événement d'une petite succession me rendit maître d'une somme d'argent: l'embarras fut de l'employer. Parmi mes amis, les uns voulaient que je jouisse du fonds, les autres me conseillaient de m'en faire des rentes: je fis mes réflexions, & je jugeai cette somme trop faible pour ajouter sensiblement à mon revenu, & trop forte pour être dissipée en dépenses frivoles. Des circonstances heureuses avaient habitué ma jeunesse à l'étude; j'avais pris le goût, la passion même de l'instruction; mon fonds me parut un moyen nouveau de satisfaire ce goût, & d'ouvrir une plus grande carrière à mon éducation. J'avais lu & entendu répéter que de tous les moyens d'orner l'esprit & de former le jugement, le plus efficace était de voyager: j'arrêtai le plan d'un voyage; le théâtre me restait à choisir: je le voulais nouveau, ou du moins brillant.

PRÉFACE.

Mon pays & les États voisins me parurent trop connus, ou trop faciles à connaître: l'Amérique naissante & les Sauvages me tentaient; d'autres idées me décidèrent pour l'Asie; la Syrie sur-tout & l'Égypte, sous le double rapport de ce qu'elles furent jadis, & de ce qu'elles sont aujourd'hui, me parurent un champ propre aux observations politiques & morales dont je voulais m'occuper. « C'est en ces contrées, me dis-je,
» que sont nées la plupart des opinions qui
» nous gouvernent; c'est de-là que sont
» sorties ces idées religieuses qui ont influé
» si puissamment sur notre morale pu-
» blique & particulière, sur nos loix, sur
» tout notre état social. Il est donc inté-
» ressant de connaître les lieux où ces idées
» prirent naissance, les usages & les
» mœurs dont elles se composèrent, l'es-
» prit & le caractère des Nations qui les
» ont consacrées. Il est intéressant d'exa-
» miner jusqu'à quel point cet esprit, ces
» mœurs, ces usages, se sont altérés ou
» conservés; de rechercher quelles ont pu
» être les influences du climat, les effets

PRÉFACE.

» du gouvernement, les causes des ha-
» bitudes; en un mot, de juger par l'état
» présent quel fut l'état des temps passés ».

D'autre part, considérant les circonstances politiques où l'Empire Turk se trouve depuis vingt ans, & méditant sur les conséquences qu'elles peuvent avoir, ce me parut un objet piquant de curiosité, de prendre des notions exactes de son régime intérieur, pour en déduire ses forces & ses ressources. C'est dans ces vues que je partis vers la fin de 1782 pour me rendre en Égypte. Après un séjour de sept mois au *Kaire*, trouvant trop d'obstacles à parcourir l'intérieur du pays, & trop peu de secours pour apprendre la langue Arabe, je résolus de passer en Syrie. L'état moins orageux de cette province a mieux répondu à mes intentions : huit mois de résidence chez les Druzes, dans un couvent Arabe, m'ont rendu la langue familière; j'en ai retiré l'avantage de parcourir librement la Syrie dans toute sa longueur pendant une année entière. De retour en France après une absence totale de près de trois ans, j'ai cru que mes recherches pouvaient avoir quelqu'utilité, & je me suis décidé à publier des observations sur l'état présent de la *Syrie* & de l'*Égypte*; je m'y suis enhardi sur-tout par la raison que des voyages en ces contrées étant difficiles, l'on n'en n'a que des relations rares, & des notions imparfaites. La plupart des Voyageurs se sont occupés de recherches d'antiquités plutôt que de l'état moderne; presque tous, parcourant le pays à la hâte, ont manqué de deux grands moyens de le connaître; le temps & l'usage de la langue: sans la langue, l'on ne saurait apprécier le génie & le caractère d'une Nation: la traduction des Interprètes n'a jamais l'effet d'un entretien direct. Sans le temps, l'on ne peut juger sainement; car le premier aspect des objets nouveaux nous étonne, & jette le désordre dans notre esprit; il faut attendre que le premier tumulte soit calmé, & il faut revenir plus d'une fois à l'observation pour s'assurer de sa justesse. Bien voir est un art qui veut plus d'exercice que l'on ne pense.

PRÉFACE.

A mon retour en France, j'ai trouvé qu'un Voyageur récent m'avait prévenu sur l'Égype par un premier volume de *Lettres*; depuis ce temps, il en a publié deux autres : mais comme le champ eſt vaſte & riche, il reſte encore des parties neuves où l'on peut moiſſonner; & peut-être ſur les objets déjà connus, ne ſera-t-on pas fâché d'entendre deux témoins.

La Syrie, ſans être moins intéreſſante que l'Égypte, eſt un ſujet plus neuf à traiter. Ce qu'en ont écrit quelques Voyageurs a vieilli, & n'eſt qu'incomplet; je m'étais d'abord preſcrit de ne parler que de ce que j'y ai vu par moi-même; mais deſirant, pour la ſatisfaction des lecteurs, completter le tableau de cette province, je n'ai pas cru devoir me priver d'obſervations étrangères, lorſque j'ai pu par analogie compter ſur leur véracité.

Dans ma relation, j'ai tâché de conſerver l'eſprit que j'ai porté dans l'examen des faits; c'eſt-à-dire, un amour impartial de la vérité. Je me ſuis interdit tout tableau d'imagination, quoique je n'ignore pas les avantages de l'illusion auprès de la plupart des lecteurs; mais j'ai pensé que le genre des voyages appartenait à l'Histoire, & non aux Romans. Je n'ai donc point représenté les pays plus beaux qu'ils ne m'ont paru : je n'ai point peint les hommes meilleurs ou plus méchans que je ne les ai vus; & j'ai peut-être été propre à les voir tels qu'ils sont, puisque je n'ai reçu d'eux ni bienfaits ni outrages.

Quant à la forme de cet Ouvrage, je n'ai point suivi la méthode ordinaire des relations, quoique peut-être la plus simple. J'ai rejeté, comme trop longs, l'ordre & les détails itinéraires, ainsi que les aventures personnelles; je n'ai traité que par tableaux généraux, parce qu'ils rassemblent plus de faits & d'idées, & que dans la foule des livres qui se succèdent, il me paraît important d'économiser le temps des lecteurs. Pour rendre plus clair ce que je dis du local de l'Égypte & de la Syrie, j'y ai joint les Cartes Géographiques de ces deux provinces. Celle de l'Égypte pour le Delta & le Désert du Sinaï, a été dressée

PRÉFACE.

sur les observations astronomiques de M. Niébuhr, Voyageur du Roi de Danemark en 1761 : ce sont les plus récentes & les plus exactes que l'on ait publiées. Ce même Voyageur m'a fourni des secours pour la carte de Syrie, que j'ai complettée sur celle de Danville & sur mon Itinéraire. Enfin, j'ai cru que les amateurs des arts anciens me sauraient gré d'accompagner du dessin, la description que je donne des deux plus belles ruines de l'Asie, les ruines de Palmyre, & celles du Temple du Soleil à Balbek ; & j'ai lieu de penser que les amateurs des arts modernes verront avec plaisir l'exécution des deux Planches gravées de ces monumens. La Table qui suit va rendre compte du plan & des matières de cet Ouvrage.

TABLE

Des Matières du Tome Premier.

PREMIÈRE PARTIE.

État Physique de l'Égypte.

CHAP. I. DE l'Égypte en général, & de la ville d'Alexandrie, Pag. 1

CHAP. II. Du Nil, & de l'extenſion du Delta, 17.—Si le Delta a gagné ſur la mer autant que le prétend M. Savari ? 20

CHAP. III. De l'exhauſſement du Delta 31. — S'il eſt vrai que le Nil n'ait plus les mêmes degrés d'inondation qu'autrefois ? Vues générales ſur le Delta.

CHAP. IV. Des vents en Égypte, & de leurs phénomènes, 50.—Du vent chaud du Déſert, 55

CHAP. V. *Du climat & de l'air de l'É-*
gypte, 61

DEUXIÈME PARTIE.

État politique de l'Égypte.

CHAP. VI. *Des diverses races des habitans de l'Égypte. Des Arabes-paysans ; des Arabes-Bedouins ou Pasteurs. Des Coptes, des Turks, des Mamlouks,* 67

CHAP. VII. *Précis de l'histoire des Mamlouks*, 90

CHAP. VIII. *Précis de l'Histoire d'Ali Bek*, 104

CHAP. IX. *Précis des événemens arrivés depuis la mort d'Ali-Bek jusqu'en 1785*, 130

CHAP. X. *État présent de l'Égypte*, 148

CHAP. XI. *Constitution de la milice des Mamlouks*, 150.—*De leurs vêtemens*, 154.—*De leur équipage*, 156.—*De* leurs armes, 159. — De leur éducation & de leurs exercices, 160. — De leur art militaire, 163. — De leur discipline, 166. — De leurs mœurs, 168

CHAP. XII. Gouvernement des Mamlouks, 160. — État du peuple en Égypte, 171. — Misère & famine des dernières années, 175. — État des arts & des esprits, 186

CHAP. XIII. État du commerce, 188

CHAP. XIV. De l'isthme de Suez, 192. — Si la jonction immédiate de la Mer-Rouge à la Méditerranée est possible ?

CHAP. XV. Des douanes & impôts, 202. — Du commerce des Francs au Kaire, 205

CHAP. XVI. De la ville du Kaire, 211. — Population du Kaire & de l'Égypte, 214

CHAP. XVII. Des maladies de l'Égypte, 217. — De la cécité. — De la petite vérole, 222. — Des éruptions à la peau — De la peste, 229

DES MATIÈRES.

CHAP XVIII. *Tableau résumé de l'Égypte,*
234. — *Si c'est un pays bien délicieux ?*
Des exagérations des Voyageurs, 240
CHAP. XIX. *Des ruines & des pyramides,* 244

TROISIÈME PARTIE.

État physique de la Syrie.

CHAP. XX. *Géographie & Histoire Naturelle de la Syrie,* 259. — *Aspect de la Syrie,* 261.— *Montagnes & sol* 263.
—*Structure des montagnes,* 272.
— *Volcans & tremblemens,* 274.
—*Sauterelles,* 276.—*Rivières & lacs,* 280.
—*Climat,* 284.
— *Qualités de l'air,* 292. — *Qualités des eaux,* 294. — *Des vents,* 296
CHAP. XXI. *Considérations sur les phénomènes des vents, des nuages, des pluies, des brouillards & du tonnerre,* 300

QUATRIÈME PARTIE.
État politique de la Syrie.

CHAP. XXII. *Des habitans de la Syrie, & de la langue usitée,* 325

CHAP. XXIII. *Des peuples errans ou Pasteurs en Syrie,* 337.—*Des Turkmans.*—*Des Kourdes,* 240.—*Des Arabes-Bedouins,* 245. *Des causes de la vie errante de ces peuples; idée du Désert; genre de vie, mœurs & gouvernement des Arabes.*

Fin de la Table du Premier Volume.

ERRATA.

Tome I, page 3, ligne 8, aſſaillit, *liſez* aſſaille.

Page 4, ligne 10, marqués de treillages, *liſez* maſqués de treillages.

Page 14, ligne 19, Arabes Taouahâa, *liſez* Arabes Haouàtât.

Page 17, ligne 14, d'Albukerque, *liſez* d'Albukerque.

Page 38, ligne 16, de Delta, *liſez* du Delta.

Page 46, ligne 1, prééminence des terres, *liſez* éminence.

Page 115, *Note* 1, ligne 2, Serfad, *liſez* Safad.

Page 136, ligne 12, pourpaler, *liſez* pourparler.

Page 190, ligne 12, aiſſeaux, *liſez* vaiſſeaux.

Page 224, ligne 14, tranſpirati, *liſez* tranſpiration.

Page 264, ligne 20, ſe revêtiſſent, *liſez* ſe revêtent.

Page 347, ligne 7, ſynomeme, *liſez* ſynonyme.

Page 374, *Note*, admirablement ien, *liſez* admirablement bien.

AVIS AU RELIEUR.

PLACEZ ici la Carte d'Égypte, & attachez-la par le côté marqué *Orient*.

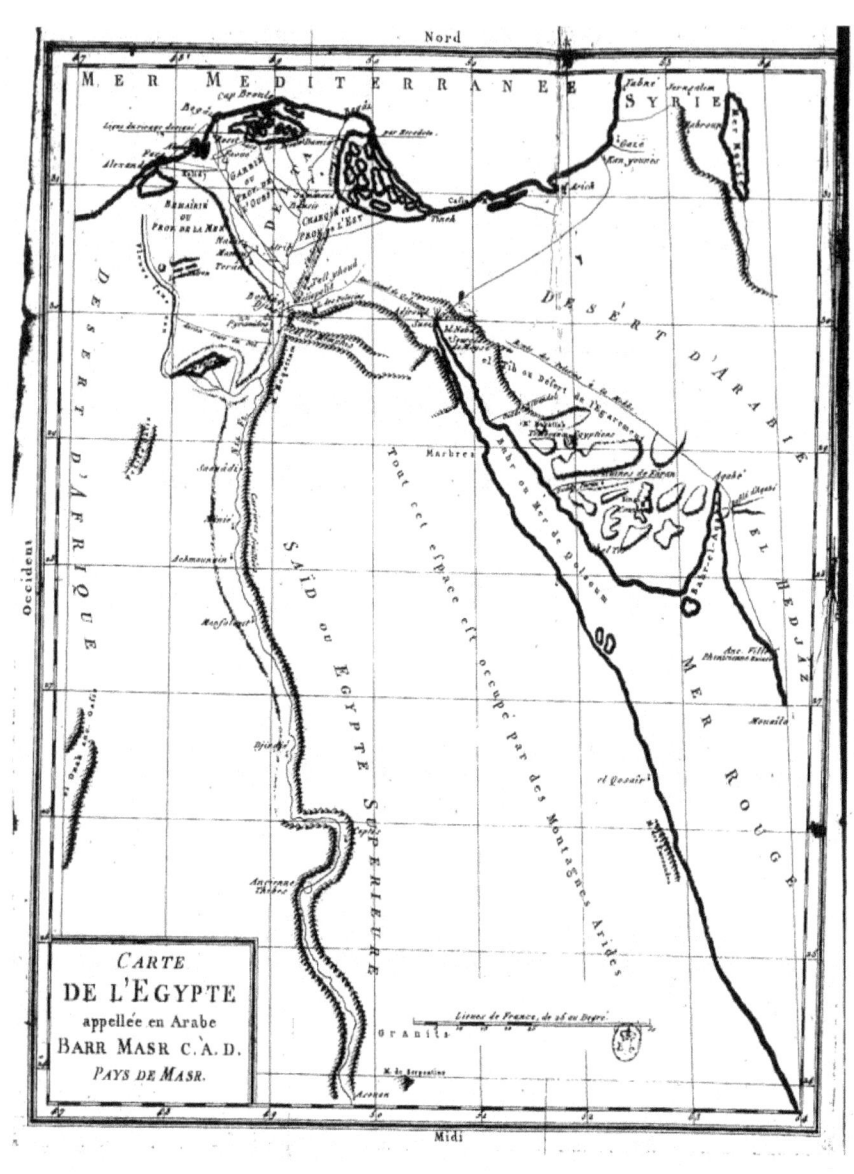

ÉTAT PHYSIQUE
DE
L'ÉGYPTE.

CHAPITRE PREMIER.

De l'Égypte en général, & de la ville d'Alexandrie.

C'EST en vain que l'on se prépare, par la lecture des livres, au spectacle des usages & des mœurs des Nations; il y aura toujours loin de l'effet des récits sur l'esprit, à celui des objets sur les sens. Les images tracées par des sons n'ont point assez de correction dans le dessin, ni de vivacité dans le coloris; leurs tableaux conservent quelque chose de nébuleux, qui ne laisse qu'une empreinte fugitive & prompte à s'effacer. Nous l'éprouvons surtout, si les objets que l'on veut nous peindre nous sont étrangers; car l'imagination ne trouvant pas alors de termes de comparaison tout formés, elle est obligée de rassembler des membres épars pour en composer des corps nouveaux; & dans ce travail prescrit vaguement & fait à la hâte, il est difficile qu'elle ne confonde pas les traits & n'altère pas les formes. Doit-on s'étonner si, venant ensuite à voir les modèles, elle n'y reconnaît pas les copies qu'elle s'en est tracées, & si elle en reçoit des impressions qui ont tout le caractère de la nouveauté?

Tel est le cas d'un Européen qui arrive, transporté par mer, en Turquie. Vainement a-t-il lu les histoires & les relations; vainement, sur leurs descriptions, a-t-il essayé de se peindre l'aspect des terreins, l'ordre des Villes, les vêtemens, les manières des Habitans: il est neuf à tous ces objets. Leur variété l'éblouit; ce qu'il en avait pensé se dissout & s'échappe, & il reste livré aux sentimens de la surprise & de l'admiration.

Parmi les lieux propres à produire ce double effet, il en est peu qui réunissent autant de moyens qu'Alexandrie en Égypte. Le nom de cette ville qui rappelle le génie d'un homme si étonnant; le nom du pays qui tient à tant de faits & d'idées ; l'afpect du lieu qui préfente un tableau fi pittorefque ; ces palmiers qui s'élèvent en parafol ; ces maifons à terraffe qui femblent dépourvues de toit ; ces flèches grêles des minarets, qui portent une baluftrade dans les airs, tout avertit le voyageur qu'il eft dans un autre monde. Defcendt-il à terre, une foule d'objets inconnus l'affaillit par tous fes fens ; c'eft une langue dont les fons barbares & l'accent âcre & guttural effrayent fon oreille ; ce font des habillemens d'une forme bizarre, des figures d'un caractère étrange. Au-lieu de nos vifages nuds, de nos têtes enflées de cheveux, de nos coëffures triangulaires, & de nos habits courts & ferrés, il regarde avec furprife ces vifages brûlés, armés de barbe & de mouftaches, ce faifceau d'étoffe roulée en plis fur une tête rafe ; ce long vêtement qui, tombant du col aux talons, voile le corps plutôt qu'il ne l'habille ; & ces pipes de fix pieds dont toutes les mains font garnies ; & ces hideux chameaux qui portent l'eau dans des facs de cuir ; & ces ânes fellés & bridés, qui tranfportent légèrement leur cavalier en pantoufles ; & ce marché mal fourni de dattes & de petits pains ronds & plats ; & cette foule immonde de chiens errans dans les rues; & ces espèces de fantômes ambulans qui, sous une draperie d'une seule pièce, ne montrent d'humain que deux yeux de femme. Dans ce tumulte, tout entier à ses sens, son esprit est nul pour la réflexion; ce n'est qu'après être arrivé au gîte si desiré, quand on vient de la mer, que, devenu plus calme, il considère avec réflexion ces rues étroites & sans pavé, ces maisons basses & dont les jours rares sont marqués de treillages, ce Peuple maigre & noirâtre, qui marche nuds pieds, & n'a pour tout vêtement qu'une chemise bleue ceinte d'un cuir ou d'un mouchoir rouge. Déjà l'air général de misère qu'il voit sur les hommes, & le mystère qui enveloppe les maisons, lui font soupçonner la rapacité de la violence, & la défiance de l'esclavage. Mais un spectacle qui bientôt attire toute son attention, ce sont les vastes ruines qu'il apperçoit du côté de terre. Dans nos contrées, les ruines sont un objet de curiosité: à peine trouve-t-on, aux lieux écartés, quelque vieux château dont le délabrement annonce plutôt la désertion du maître, que la misère du lieu. Dans Alexandrie, au contraire, à peine sort-on de la Ville-Neuve dans le Continent, que l'on est frappé de l'aspect d'un vaste terrein tout couvert de ruines. Pendant deux heures de marche, on suit une double ligne de murs & de tours, qui formaient l'enceinte de l'ancienne Alexandrie. La terre est couverte du débris des sommets ; des pans entiers sont écroulés, les voûtes enfoncées, les créneaux dégradés, & les pierres rongées & défigurées par le salpêtre. On parcourt un vaste intérieur sillonné de fouilles, percé de puits, distribué par des murs encombrés, semé de quelques colonnes anciennes, de tombeaux modernes, de palmiers, de nopals (a), & où l'on ne trouve de vivant, que des chacals, des éperviers & des hibous. Les Habitans, accoutumés à ce spectacle, n'en reçoivent aucune impression ; mais l'étranger, en qui les souvenirs qu'il rappelle s'exaltent par l'effet de la nouveauté, éprouve une émotion qui souvent passe jusqu'aux larmes, & qui donne lieu à des réflexions dont la tristesse attache autant le cœur que leur majesté élève l'âme.

Je ne répéterai point les descriptions, faites par tous les Voyageurs, des antiquités remarquables

---

(a) *Vulgò*, raquette ; arbre à cochenille.

d'Alexandrie. On trouve dans Norden, Pocoke, Niebuhr, & dans les lettres que vient de publier M. Savary, tous les détails sur les bains de Cléopâtre, sur ses deux obélisques, sur les catacombes, les citernes, & sur la colonne mal appelée de Pompée (*a*.) Ces noms ont de la majesté; mais les objets vus en original, perdent de l'illusion des gravures. La seule colonne, par la hardiesse de son élévation, par le volume de sa circonférence, & par la solitude qui l'environne, imprime un vrai sentiment de respect & d'admiration.

Dans son état moderne, Alexandrie est l'entrepôt d'un commerce assez considérable. Elle est la porte de toutes les denrées qui sortent de l'Égypte vers la Méditerrannée, les ris de Damiât exceptés. Les Européens y ont des comptoirs, où des facteurs traitent de nos marchandises par échanges. On y trouve toujours des vais-

---

(*a*) On devrait l'appeler désormais colonne de Sévère, puisque M. Savari a prouvé qu'elle appartient à cet Empereur. Les voyageurs varient sur les proportions de cette colonne; mais le calcul le plus suivi à Alexandrie, porte la hauteur du fût, y compris le chapiteau, à 96 pieds, & la circonférence à 28 pieds 3 pouces.

feaux de Marseille, de Livourne, de Venise, de Raguse, & des états du Grand-Seigneur; mais l'hyvernage y est dangereux. Le port neuf, le seul où l'on reçoive les Européens, s'est tellement rempli de sable, que dans les tempêtes les vaisseaux frappent le fond avec la quille; de plus, ce fond étant de roche, les cables des ancres sont bientôt coupés par le frottement, & alors, un premier vaisseau chassé sur un second, le pousse sur un troisième, & de l'un à l'autre ils se perdent tous. On en eut un exemple funeste, il y a seize à dix-huit ans; quarante-deux vaisseaux furent brisés contre le môle, dans un coup de vent du nord-ouest; & depuis cette époque, on a de tems à autre essuyé des pertes de quatorze, de huit, de six, &c. Le port vieux, dont l'entrée est couverte par la bande de terre appelée Cap-des Figues (*a*), n'est pas sujet à ce désastre; mais les Turcs n'y reçoivent que des bâtimens Musulmans. Pourquoi, dira t-on en Europe, ne réparent-ils pas le port neuf? C'est qu'en Turquie, l'on détruit sans jamais réparer. On détruira aussi le port vieux, où l'on jette depuis deux cens ans le lest des Bâti-

---

(*a*) Ras el-tin ; prononcez *tîne.*

mens. L'esprit Turc est de ruiner les travaux du passé & l'espoir de l'avenir, parceque dans la barbarie d'un déspotisme ignorant, il n'y a point de lendemain.

Considérée comme ville de guerre, Alexandrie n'est rien. On n'y voit aucun ouvrage de fortification; le *phare* même avec ses hautes tours, n'en est pas un. Il n'a pas quatre canons en état, & pas un canonnier qui sache pointer. Les cinq cens Janissaires qui doivent former sa garnison, réduits à moitié, sont des ouvriers qui ne savent que fumer la pipe. Les Turcs sont heureux que les *Francs* soient intéressés à ménager cette ville. Une frégate de Malte ou de Russie, suffirait pour la mettre en cendres; mais cette conquête serait inutile. Un étranger ne pourroit s'y maintenir, parce que le terrain est sans eau. Il faut la tirer du Nil par un *Kalidj*, ou canal de douze lieues, qui l'amène chaque année lors de l'inondation. Elle remplit les souterrains ou citernes creusées sous l'ancienne ville, & cette provision doit durer jusqu'à l'année suivante. L'on sent que si un étranger vouloit s'y établir, le canal lui seroit fermé.

C'est par ce canal seulement qu'Alexandrie tient à l'Égypte; car, par sa position hors du Delta,

& par la nature de son sol, elle appartient réellement au désert d'Afrique; ses environs sont une campagne de sable, plate, stérile, sans arbres, sans maisons, où l'on ne trouve que la plante (*a*) qui donne la soude, & une ligne de palmiers qui suit la trace des eaux du Nil par le *Kalidj*.

Ce n'est qu'à Rosette, appelée dans le pays *Rachid*, que l'on entre vraiment en Égypte : là, on quitte les sables qui sont l'attribut de l'Afrique, pour entrer sur un terreau noir, gras & léger, qui fait le caractère distinctif de l'Égypte; alors aussi pour la première fois, on voit les eaux de ce Nil si fameux : son lit, encaissé dans deux rives à pic, ressemble assez bien à la Seine entre Auteuil & Passy. Les bois de palmiers qui le bordent, les vergers que ses eaux arrosent, les limoniers, les orangers, les bananiers, les pêchers & d'autres arbres donnent par leur verdure perpétuelle, un agrément à Rosette, qui tire sur-tout son illusion du contraste d'Alexandrie, & de la mer que l'on quitte. Ce que l'on rencontre de-là au Kaire, est encore propre à la fortifier.

(*a*) En Arabe *el-qali*, dont on a fait le nom du sel al-kali.

Dans ce voyage, qui se fait en remontant par le fleuve, on commence à prendre une idée générale du sol, du climat & des productions de ce pays si célèbre. Rien n'imite mieux son aspect, que les marais de la basse Loire, ou les plaines de la Flandre ; mais il faut en supprimer la foule des maisons de campagne & des arbres, & y substituer quelques bois clairs de palmiers & de sycomores, & quelques villages de terre sur des élévations factices. Tout ce terrein est d'un niveau si égal & si bas, que lorsqu'on arrive par mer, on n'est pas à trois lieues de la côte, au moment que l'on découvre à l'horison les palmiers & le sable qui les porte ; de-là, en remontant le fleuve, on s'élève par une pente si douce, qu'elle ne fait pas parcourir à l'eau plus d'une lieue à l'heure. Quant au tableau de la campagne, il varie peu ; ce sont toujours des palmiers isolés ou réunis, plus rares à mesure que l'on avance ; des villages bâtis en terre & d'un aspect ruiné : une plaine sans borne, qui, selon les saisons, est une mer d'eau douce, un marais fangeux, un tapis de verdure ou un champ de poussière ; de toutes parts, un horison lointain & vaporeux, où les yeux se fatiguent & s'ennuient : enfin, vers la jonction des deux bras du fleuve, l'on commence à découvrir dans l'est les montagnes du Kaire, & dans le sud tirant vers l'ouest, trois masses isolées que l'on reconnoît, à leur forme triangulaire, pour les pyramides. De ce moment l'on entre dans une vallée qui remonte au midi, entre deux chaînes de hauteurs parallèles. Celle d'orient qui s'étend jusqu'à la mer rouge, mérite le nom de montagne par son élévation brusque, & celui de désert par son aspect nud & sauvage (a); mais celle du couchant n'est qu'une crête de rocher couvert de sable, que l'on a bien définie en l'appelant digue ou chaussée naturelle. Pour se peindre en deux mots l'Égypte, que l'on se représente d'un côté une mer étroite & des rochers; de l'autre, d'immenses plaines de sable, & au milieu, un fleuve coulant dans une vallée longue de cent-cinquante lieues, large de trois à sept, lequel parvenu à trente lieues de la mer, se divise en deux branches, dont les rameaux s'égarent sur un terrain libre d'obstacles & presque sans pente.

Le goût de l'histoire naturelle, ce goût si répandu à l'honneur du siècle, demandera sans-

___

(a) On l'appelle en Arabe *moqattam*, ou *mont-taillé*.

doute des détails sur la nature du sol & des minéraux de ce grand terrein. Mais malheureusement la manière dont on y voyage, est peu propre à satisfaire sur cette partie. Il n'en est pas de la Turquie comme de l'Europe ; chez nous, les voyages sont des promenades agréables; là, ils sont des travaux penibles & dangereux. Ils sont tels sur-tout pour les Européens, qu'un peuple superstitieux s'opiniâtre à regarder comme des sorciers qui viennent enlever par magie des trésors gardés sous les ruines par des Génies. Cette opinion ridicule, mais enracinée, jointe à l'état de guerre & de trouble habituel, ôte toute sûreté & s'oppose à toute découverte. On ne peut s'écarter seul dans les terres; on ne peut pas même s'y faire accompagner. On est donc borné aux rivages du fleuve, & à une route connue de tout le monde ; & cette marche n'apprend rien de neuf. Ce n'est qu'en rassemblant ce que l'on a vû par soi-même & ce que d'autres ont observé, que l'on peut acquérir quelques idées générales. D'après un pareil travail, on est porté à établir que la charpente de l'Égypte entière depuis *Asouan*, (ancienne Syène,) jusqu'à la Méditerranée, est un lit de pierre calcaire, blanchâtre

& peu dure, tenant des coquillages dont les analogues se trouvent dans les deux mers voisines. (a) Elle a cette qualité dans les pyramides, & dans le rocher lybique qui les supporte. On la retrouve la même dans les citernes, dans les catacombes d'Alexandrie, & dans les écueils de la côte où elle se prolonge. On la retrouve encore dans la montagne de l'est, à la hauteur du Kaire, & les matériaux de cette ville en sont composés. Enfin, c'est elle qui forme les immenses carrières qui s'étendent de *Saouâdi* à *Manfaloût*, dans un espace de plus de vingt-cinq lieues, selon le témoignage de Siccard. Ce Missionnaire nous apprend aussi que l'on trouve des marbres dans la vallée des *chariots* au pied des montagnes qui bordent la mer rouge, & dans les montagnes au nord-est d'*Asouan*. Entre cette ville & la cataracte, sont les principales carrières de granit rouge; mais il doit en exister d'autres plus bas, puisque sur la rive opposée de la mer rouge, les montagnes d'Oreb,

---

(a) Ces coquillages sont sur-tout des hérissons, des volutes, des bivalves, & une espèce en forme de lentilles. Voyez le Docteur Shaw, *Voyage au Levant*.

de Sinaï & leurs dépendances (a), à deux journées vers le nord, en font formées. Non loin d'Afouan, vers le nord-ouest, est une carrière de pierre serpentine, employée brute par les habitans à faire des vases qui vont au feu. Dans la même ligne, sur la mer rouge, était jadis une mine d'émeraudes dont on a perdu la trace. Le cuivre est le seul métal dont les anciens ayent fait mention pour ces contrées. La route de Suez est le local où l'on trouve le plus de cailloux dits d'Égypte, quoique le fond soit une pierre calcaire, dure & sonnante : c'est aussi là qu'on a recueilli des pierres que leur forme a fait prendre pour du bois pétrifié. En effet, il ressemble à des bûches taillées en biseau par les bouts, & il est percé de petits trous que l'on prendrait volontiers pour des trachées ; mais le hasard, en m'offrant une veine considérable de cette espèce dans la route des Arabes Taouhaâ (b), m'a prouvé que c'était un vrai minéral (c).

(a) Celui-là est gris, taché de noir, & quelquefois de rouge.

(b) Chaque Tribu a ses routes particulières, pour éviter les disputes.

(c) D'ailleurs il n'existe pas dix arbres dans ce désert, & il paraît incapable d'en produire.

Des objets plus intéreſſans ſont les deux lacs de Natron, décrits par le même Siccard ; ils ſont ſitués dans le déſert de *Chaïat* ou de St-Macaire, à l'oueſt du Delta. Leur lit eſt une eſpèce de foſſe naturelle de trois à quatre lieues de long, ſur un quart de large ; le fond en eſt ſolide & pierreux. Il eſt ſec pendant neuf mois de l'année ; mais en hiver il tranſude de la terre une eau d'un rouge violet qui remplit le lac à cinq ou ſix pieds de hauteur ; le retour des chaleurs la faiſant évaporer, il reſte une couche de ſel épaiſſe de deux pieds & très-dure, que l'on détache à coups de barre de fer. On en retire juſqu'à 36,000 quintaux par an. Ce phénomène, qui indique un ſol imprégné de ſel, eſt répété dans toute l'Égypte. Par-tout où l'on creuſe, on trouve de l'eau ſaumâtre, contenant du natron, du ſel marin & un peu de nitre. Lors même qu'on inonde les jardins pour les arroſer, on voit après l'évaporation & l'abſorbtion de l'eau, le ſel effleurir à la ſurface de la terre, & ce ſol comme tout le continent de l'Afrique & de l'Arabie, ſemble être de ſel ou le former.

Au milieu de ces minéraux de diverſes qualités, au milieu de ce ſable fin & rougeâtre propre à l'Afrique, la terre de la vallée du Nil se présente avec des attributs qui en font une classe distincte. Sa couleur noirâtre, sa qualité argilleuse & liante, tout annonce son origine étrangère; & en effet, c'est le fleuve qui l'apporte du sein de l'Abyssinie : l'on dirait que la nature s'est plû à former par art une isle habitable dans une contrée à qui elle avait tout refusé. Sans ce limon gras & léger, jamais l'Égypte n'eût rien produit; lui seul semble contenir les germes de la végétation & de la fecondité : encore ne les doit-il qu'au fleuve qui le dépose.

CHAPITRE II.

CHAPITRE II.

Du Nil, & de l'extension du Delta.

Toute l'existence physique & politique de l'Égypte dépend du Nil : lui-seul subvient à ce premier besoin des êtres organisés, le besoin de l'eau, si fréquemment senti dans les climats chauds, si vivement irrité par la privation de cet élément. Le Nil seul, sans le secours d'un Ciel avare de pluie, porte par-tout l'aliment de la végétation ; par un séjour de trois mois sur la terre, il l'imbibe d'une somme d'eau capable de lui suffire le reste de l'année. Sans son débordement, on ne pourrait cultiver qu'un terrein très-borné, & avec des soins très-dispendieux; & l'on a raison de dire qu'il est la mesure de l'abondance, de la prospérité, de la vie. Si le Portugais Dalbukerque eût pu exécuter son projet de le dériver de l'Éthiopie dans la Mer rouge, cette contrée si riche ne serait qu'un désert aussi sauvage que les solitudes qui l'environnent. A voir l'usage que l'homme fait de ses forces, doit-on reprocher à la nature de ne lui en avoir pas accordé davantage.

C'est donc à juste titre que les Égyptiens ont eu dans tous les tems, & conservent même de nos jours, un respect religieux pour le Nil (*a*) ; mais il faut pardonner à un Européen, si, lorsqu'il les entend vanter la beauté de ses eaux, il sourit de leur ignorance. Jamais ces eaux troubles & fangeuses n'auront pour lui le charme des claires fontaines & des ruisseaux limpides ; jamais, à moins d'un sentiment exalté par la privation, le corps d'une Égyptienne hâlé & ruisselant d'une eau jaunâtre, ne lui rappellera les Naïades sortant du bain. Six mois de l'année l'eau du fleuve est si bourbeuse, qu'il faut la déposer pour la boire (*b*) : dans les trois mois qui précèdent l'inondation, réduite à une petite profondeur,

_____

(*a*) Ils l'appellent *saint béni*, *sacré*; & lors des nouvelles eaux, c'est-à-dire, de l'ouverture des canaux, on voit les mères plonger les enfans dans le courant, avec le préjugé que ces eaux ont une vertu purifiante & divine, telle que la supposèrent les anciens à tous les fleuves.

(*b*) On se sert, pour cet effet, d'amandes amères, dont on frotte le vase, & alors elle est réellement légère & bonne. Mais il n'y a que la soif, ou la prévention, qui puisse la mettre au-dessus de nos fontaines & de nos grandes rivières, telles que la Seine & la Loire.

elle s'échauffe dans fon lit, devient verdâtre, fétide & remplie de vers ; & il faut recourir à celle que l'on a reçue & confervée dans les citernes. Dans toutes les faifons, les gens délicats ont foin de la parfumer, & de la rafraîchir par l'évaporation (*a*).

Les voyageurs & les hiftoriens ont tant écrit fur le Nil & fes phénomènes, que j'avais d'abord cru la matière épuifée; mais comme les idées varient fur les faits les plus invariables, quelquefois il ne refte rien de neuf à dire, & il refte encore à corriger. Tel m'a paru le cas de quelques opinions de M. Savari, dans les lettres qu'il a récemment publiées. Ce qu'il veut établir fur l'extenfion & l'exhauffement du Delta, diffère telle-

---

(*a*) On a foin de tenir, dans tous les appartemens, des vafes de terre cuite fans émail, d'où l'eau tranfpire fans ceffe; cette tranfpiration établit d'autant plus la fraîcheur de l'intérieur, qu'elle eft plus confidérable ; & , par cette raifon, l'on fufpend fouvent ces vafes dans les paffages où il y a des courans d'air, & à l'ombre fous les arbres. En Syrie, l'on boit en plufieurs endroits l'eau qui tranfude; mais en Égypte on boit celle qui refte. D'ailleurs, on ne fait en aucun pays un auffi grand ufage d'eau. La première chofe que fait un Égyptien, en entrant dans une maifon, eft de faifir le *qollé* (pot à l'eau) & d'en boire un grand trait; &, graces à la fueur perpétuelle, ils n'en font pas incommodés.

ment des résultats que me donnent les faits & les autorités qu'il allégue, que je crois devoir porter nos contradictions au tribunal du public. Cette discussion me paroît d'autant plus nécessaire, qu'un séjour de deux ans sur les lieux, donne au témoignage de M. Savari un poids qui ne tarderait pas de faire loi: établissons les questions, & traitons d'abord de l'extension ou agrandissement du Delta.

Un Historien grec, qui a dit sur l'Égypte ancienne presque tout ce que nous en savons, & ce que chaque jour constate, Herodote d'Halycarnasse écrivoit, il y a vingt-deux siècles:

» L'Égypte, où abordent les Grecs, (le Delta)
» est une terre acquise, un don du fleuve, ainsi
» que tout le pays marécageux qui s'étend en re-
» montant jusqu'à trois jours de navigation (a).

Les raisons qu'il allégue de cette assertion, prouvent qu'il ne les fondoit pas sur des préjugés.
» En effet, ajoute-t-il, le terrein de l'Égypte,
» qui est un limon noir & gras, diffère absolu-
» ment & du sol de l'Afrique qui est sable rouge,
» & de celui de l'Arabie, qui est argileux & ro-
» cailleux .... Ce limon est apporté de l'Éthiopie

_____

(a) Hérod. lib. II. p. 105. édit. de Wesling, in-fol.

DE L'ÉGYPTE.

» par le Nil .... & les coquillages que l'on trouve
» dans le désert, prouvent assez que jadis la mer
» s'étendoit plus avant dans les terres.

En reconnoissant cet empiétement du fleuve si conforme à la nature, Hérodote n'en a pas déterminé les proportions. M. Savary a cru pouvoir le suppléer : examinons son raisonnement.

En croissant en hauteur, » l'Égypte (a) s'est aussi
» augmentée en longueur ; entre plusieurs faits
» que l'histoire présente, j'en choisirai un seul.
» Sous le règne de Psammétique, les Milésiens
» abordèrent avec trente vaisseaux à l'embou-
» chure Bolbitine, aujourd'hui celle de Rosette,
» & s'y fortifièrent. Ils bâtirent une ville qu'ils
» nommèrent *Metelis*, (*Strabo* lib. 17). c'est la même
» que *Faoué*, qui, dans les vocabulaires Coptes, a
» conservé le nom de *Messil*. Cette ville, autrefois
» port de mer, s'en trouve actuellement éloignée de
» neuf lieues : c'est l'espace dont le Delta s'est pro-
» longé depuis Psammétique jusqu'à nous.

Rien de si précis au premier aspect que ce raisonnement ; mais en recourant à l'original, dont M. Savary s'autorise, on trouve que le fait

---

(*a*) Lettres sur l'Égypte, tom. prem. p. 16.

principal manque : voici le texte de Strabon, traduit à la lettre (a).

» Après l'embouchure Bolbitine, est un Cap
» sablonneux & bas, appelé *la corne de l'Agneau*,
» lequel s'étend assez loin (en mer); puis vient
» la *Guéritte de Persée & le mur des Milésiens*; car les
» Milésiens, au tems de Kyaxares, Roi des Mèdes,
» qui fut aussi le temps de Psammétique, Roi
» d'Égypte, ayant abordé avec trente vaisseaux à
» l'embouchure Bolbitine, y descendirent à terre,
» & construisirent l'ouvrage qui porte leur nom.
» Quelque temps après, s'étant avancés vers le
» nôme de Saïs, & ayant battu les *Jnâres* dans
» un combat sur le fleuve, ils fondèrent la ville
» de *Naucratis*, un peu au-dessous de *Schedia*.
» Après le *mur des Milésiens*, en allant vers l'em-
» bouchure Sebennytique, sont des lacs, tel que
» celui de Butos, &c. »

Tel est le passage de Strabon, au sujet des Milésiens; on n'y voit pas la moindre mention de *Metelis*, dont le nom même n'existe pas dans son ouvrage. C'est Ptolomée qui l'a fourni à Danville (b), sans le reporter aux Milésiens : & à

(a) Geogr. Strabonis interp. Casaubon, édit. de 1707. lib. 17. p. 1152.

(b) Voyez l'excellent Mémoire de Danville sur l'Égypte : in-4°. 1765, p. 77.

moins que M. Savari ne prouve l'identité de *Mételis* & *du mur Milesien* par des recherches faites sur les lieux, on ne doit pas admettre ses conclusions.

Il a pensé qu'Homère lui offrait un témoignage analogue dans les passages où il parle de la distance de l'isle du Phare à l'Égypte ; le lecteur va juger s'il est plus fondé. Je cite la traduction de Mme Dacier (*a*), moins brillante, mais plus littérale qu'aucune autre, & ici le littéral nous importe.

» Dans la mer d'Égypte, vis-à-vis du Nil,
» *raconte Ménélas*, il y a une certaine isle qu'on
» appelle le Phare ; elle est éloignée d'une des
» embouchures de ce fleuve d'autant de chemin
» qu'en peut faire en un jour, un vaisseau qui a
» le vent en pouppe... *& plus bas*, *Protée dit à*
» *Ménélas* : le destin inflexible ne vous permet
» pas de revoir votre chère patrie... que vous
» ne soyez retourné encore dans le fleuve Égyp-
» tus, & que vous n'ayez offert des hécatombes
» parfaites aux immortels.

» Il dit, *reprend Ménélas*, & mon cœur fut
» saisi de douleur & de tristesse, parce que ce
» dieu m'ordonnait de rentrer dans le fleuve

(*a*) Odyssée, lib. IV.

» Égyptus ; dont le chemin eſt difficile &
» dangereux».

De ces paſſages, & ſur-tout du premier, M. Savari veut induire que le Phare, aujourd'hui joint au rivage, en était jadis très éloigné ; mais lorſqu'Homère parle de la diſtance de cette iſle, il ne l'applique pas à ce *rivage* en face, comme l'a traduit le voyageur; il l'applique à *la terre d'Égypte*, au *fleuve du Nil*. En ſecond lieu, par *journée de navigation*, on aurait tort d'entendre l'eſpace indéfini que pouvaient parcourir les vaiſſeaux, ou, pour mieux dire, les bateaux des anciens. En uſitant ce terme, les Grecs lui attribuaient une valeur fixe de cinq cens quarante ſtades. Herodote, (*a*) qui nous apprend expreſſément ce fait, en donne un exemple quand il dit que le Nil a empiété ſur la mer le terrein qui va en remontant juſqu'à trois jours de navigation ; & les ſeize cens vingt ſtades qui en réſultent, reviennent au calcul plus précis de quinze cens ſtades qu'il compte ailleurs d'Héliopolis à la mer. Or, en prenant avec Danville les cinq cens quarante ſtades pour vingt-ſept mille toiſes ou près d'un demi degré (*b*),

---

(*a*) Hérod. lib. II. p. 106 & 107.
(*b*) Il ne s'en faut que 1,300 toiſes.

on trouve par le compas, que cette mesure est la distance du Phare au Nil même; elle s'applique sur-tout à deux tiers de lieue au-dessus de Rosette, dans un local où l'on a quelque droit de placer la ville qui donnait son nom à l'embouchure Bolbitine; & il est remarquable que c'était celle que fréquentaient les Grecs, & où abordèrent les Milésiens, un siècle & demi après Homère. Rien ne prouve donc l'empiètement du Delta ou du continent aussi rapide qu'on le suppose; & si l'on voulait le soutenir, il resterait à expliquer comment ce rivage, qui n'a pas gagné une demi-lieue depuis Alexandre, en gagna onze dans le tems infiniment moindre qui s'écoula de Ménélas à ce conquérant (a).

Il existait un moyen plus authentique d'évaluer cet empiètement; c'est la mesure positive de

___

(a) On peut reprocher à Homère de n'être pas exact, quand il dit que le Phare était vis-à-vis du Nil; mais pour l'excuser on peut dire, que parlant de l'Égypte comme du bout du monde, il n'a pas dû se piquer d'une précision stricte. En second lieu, la branche canopique allait jadis par les lats s'ouvrir près d'Abouqir; & si, comme la vue du terrein me l'a fait penser, elle passa jadis à l'ouest même d'Abouqir, qui aurait été une Isle, Homère a pu dire, avec raison, que le Phare était vis-à-vis du Nil.

l'Égypte, donnée par Herodote : voici son texte.
« La largeur de l'Égypte sur la mer, depuis le
» golfe Plintinite jusqu'au marais Serbonide, près
» du Casius, est de trois mille six - cens stades;
» & sa longueur de la mer à Héliopolis, est de
» quinze cens stades.

Ne parlons que de ce dernier article, le seul
qui nous intéresse. Par des comparaisons faites
avec cette sagacité qui lui était propre, Danville
a prouvé que le stade d'Hérodote doit s'évaluer
entre cinquante & cinquante-une toise de France;
En prenant ce dernier terme, les 1500 stades
équivalent à 76,000 toises, qui, à raison de
57,000 au degré sous ce parallèle, donnent
un degré & près de vingt minutes & demie. Or,
d'après les observations astronomiques de M.
Niebuhr, voyageur du Roi de Danemarck en
1761, (a) la différence de latitude entre Héliopolis, (aujourd'hui la Matarée) & la mer, étant
d'un degré vingt-neuf minutes sous Damiât, &
d'un degré vingt-quatre minutes sous Rosette, il en
résulte d'un côté trois minutes & demie, ou une

(a) Voyez *Voyage en Arabie*, par C. Niebuhr, in-4°. tom.
I. p. qu'il faut distinguer de la *Description de l'Arabie*, par le
même : 2 vol. in-4°.

lieue & demie d'empiètement; & huit minutes & demie, ou trois lieues & demie de l'autre; c'est-à-dire, que l'ancien rivage répond à onze mille huit cens toises au-dessous de Rosette; ce qui s'éloigne peu du sens que je trouve au passage d'Homère, tandis que sur la branche de Damiât, l'application tombe neuf cens cinquante toises au-dessous de cette ville. Il est vrai qu'en mesurant immédiatement par le compas, la ligne du rivage remonte environ trois lieues plus haut du côté de Rosette, & tombe sur Damiât même; ce qui vient du triangle opéré par la différence de longitude. Mais alors *Balbitine*, mentionnée par Hérodote, est hors de limite; & il n'est plus vrai que Busiris (Abousir) soit, comme le dit Hérodote (a), au milieu du Delta. On ne doit pas le dissimuler; ce que les Anciens rapportent, & ce que nous connaissons du local, n'est point assez précis pour déterminer rigoureusement les empiètemens successifs. Pour raisonner sûrement, il faudrait des recherches semblables à celles de M. le Comte de Choiseul sur le Méandre (b); il faudrait des fouilles sur le terrein; & de pareils travaux exigent une réunion de moyens qui n'est donnée

---

(a) Lib. II. p. 123.
(b) Voyez *Voyage Pittoresque de la Grèce* : tom 1.

qu'à peu de Voyageurs. Il y a sur-tout ici cette difficulté, que le terrein sablonneux qui forme le bas Delta, subit d'un jour à l'autre de grands changemens. Le Nil & la mer n'en sont pas les seuls agens; le vent lui-même en est un puissant; tantôt il comble des canaux & repousse le fleuve, comme il a fait pour l'ancien bras Canopique. Tantôt il entasse le sable & ensevelit les ruines, au point d'en faire perdre le souvenir. M. Niebuhr en cite un exemple remarquable. Pendant qu'il était à Rosette, (en 1762) le hasard fit découvrir dans les collines de sable qui sont au Sud de la ville, diverses ruines anciennes, & entr'autres vingt belles colonnes de marbre d'un travail grec, sans que la tradition pût dire quel avait été le nom du lieu (a). Tout le désert adjacent m'a paru dans le même cas. Cette partie, jadis coupée de grands canaux, & remplie de villes, n'offre plus que des collines d'un sable jaunâtre très-fin, que le vent entasse au pied de tout obstacle, & qui souvent submerge les palmiers. Aussi, malgré le travail de Danville, ne peut-on se tenir assuré de l'application qu'il a faite de plusieurs lieux anciens au local actuel.

_____
(a) Cette position convient beaucoup à Bolbitiné.

M. Savari a été beaucoup plus exact dans ce qu'il rapporte d'une de ces révolutions du Nil(a), par laquelle il paraît que jadis ce fleuve coula tout entier dans la Lybie, au Sud de Memphis. Mais le récit d'Hérodote, lui-même, dont il tient ce fait, souffre des difficultés. Ainsi, lorsque cet Historien dit, d'après les Prêtres d'Héliopolis, que Menès, premier Roi d'Égypte, barra le coude que faisait le fleuve deux lieues & quart (cent stades) au-dessus de Memphis (b), & qu'il creusa un lit nouveau à l'Orient de cette ville ; ne s'ensuit-il pas que Memphis eût été jusqu'alors dans un désert aride, loin de toute eau; & cette hypothèse peut-elle s'admettre? Peut-on croire littéralement ces immenses travaux de *Menès*, qui aurait fondé une ville citée comme existante avant lui ; qui aurait creusé des canaux & des lacs, jeté des ponts, construit des palais, des temples, des quais &c. ; & tout cela dans l'origine première d'une Nation, & dans l'enfance de tous les arts? Ce Menès, lui-même, est-il un être historique, & les récits des Prêtres sur cette antiquité, ne sont-ils pas tous mythologiques? Je suis donc porté à croire que le

---

(a) Lettre Ire. p. 12.
(b) Hérod. lib. II. p.

cours barré par Menès, était seulement une dérivation nuisible à l'arrosement du Delta; & cette conjecture paraît d'autant plus probable, que, malgré le témoignage d'Hérodote, cette partie de la vallée, vue des pyramides, n'offre aucun étranglement qui fasse croire à un ancien obstacle. D'ailleurs, il me semble que M. Savari a trop pris sur lui de faire aboutir à la digue mentionnée au-dessus de Memphis, le grand ravin appelé *bahr bela ma*, ou *fleuve sans eau*, comme indiquant l'ancien lit du Nil. Tous les Voyageurs cités par Danville, le font aboutir au Faioume, dont il paraît une suite plus naturelle (a). Pour établir ce fait nouveau, il faudrait avoir vu les lieux; & je n'ai jamais oui-dire au Kaire, que M. Savari se soit avancé plus au Sud que les pyramides de *Djizé*. La formation du Delta, qu'il déduit de ce changement, répugne également à concevoir; car, *dans cette révolution subite, comment imaginer que le poids énorme des eaux,*

(a) En effet, on serait plus porté, sur l'inspection de la Carte, à croire que ce fut là jadis le cours du fleuve; quant aux pétrifications de mâts & de vaisseaux entiers, dont parle Siccard, elles auraient bien besoin, pour être crues, d'être constatées par des Voyageurs plus éclairés que ce Missionnaire.

qui vint se jeter à l'entrée du golfe (a)*, fît refluer celles de la mer?* Le choc de deux maſſes liquides ne produit qu'un mélange, dont il réſulte bientôt un niveau commun; en faiſant abonder plus d'eau, on dût couvrir davantage. Il eſt vrai que le Voyageur ajoute : *les ſables & le limon que le Nil entraîne, s'y amoncelèrent ; l'iſle du Delta, peu conſidérable d'abord, ſortit des eaux de la mer, dont elle recula les limites.* Mais comment une iſle ſort-elle de la mer ? Les eaux courantes applaniſſent bien plus qu'elles n'amoncellent : ceci nous conduit à la queſtion de l'exhauſſement.

CHAPITRE III.

De l'Exhauſſement du Delta.

Hérodote, qui l'a connue auſſi bien que la précédente, ne s'eſt pas expliqué davantage ſur ſes proportions; mais il a rapporté un fait dont M. Savari s'appuie pour tirer des conſéquences poſitives; voici le précis de ſon raiſonnement :

« Du temps de Mœris, qui vivait cinq cens

_____

(a) Pag. 12. & ſuiv.

» ans avant la guerre de Troye (a), huit coudées
» suffisaient pour inonder le Delta (*Hérod. lib. 2.*)
» dans toute son étendue. Lorsque Hérodote vint
» en Égypte il en fallait quinze; sous l'Empire des
» Romains seize; sous les Arabes dix-sept; au-
» jourd'hui le terme favorable est dix-huit, &
» le Nil croît jusqu'à vingt-deux. Voilà donc, dans
» l'espace de trois mille deux cent quatre-vingt-
» quatre ans, le Delta élevé de quatorze cou-
» dées. »

Oui, si l'on admet les faits tels qu'ils sont présentés; mais en les reprenant dans leurs sources, on trouve des accessoires qui dénaturent & les principes & les conséquences. Citons d'abord le texte d'Hérodote:

« Les Prêtres Égyptiens, dit cet Auteur (b), rap-
» portent qu'au temps du Roi Mœris, le Nil
» inondait le Delta, en s'élevant seulement à
» huit coudées. De nos jours, s'il n'en atteint
» seize ou au moins quinze, il ne se répand pas
» sur le pays. Or, depuis la mort de Mœris
» jusqu'à ce moment, il ne s'est pas encore écoulé
» neuf cens ans ».

(a) Lettre Ire. p. 12.
(b) Lib. II. p. 109.

Calculons;

DE L'ÉGYPTE. 33

Calculons : de Mœris à Hérodote 900 ans.
d'Hérodote à l'an 1777 2,237
ou deux mille deux cent quarante——
si l'on veut : total . . . . 3,140.
Pourquoi cette différence de cent quarante-quatre ans, en excès dans le calcul de M. Savari ? Pourquoi suit-il d'autres comptes que ceux de son Auteur ? Mais passons sur la chronologie.

Du temps d'Hérodote, il fallait seize coudées, ou au moins quinze pour inonder le Delta. Du temps des Romains, il n'en fallait pas davantage : quinze & seize sont toujours le terme désigné.

Avant Pétrone, dit Strabon, (a) *l'abondance ne régnait en Égypte que quand le Nil s'élevait à quatorze coudées*. Mais ce Gouverneur obtenant par art ce que refusait la nature, on a vu *sous sa préfecture l'abondance régner à douze*. Les Arabes ne s'expriment pas autrement. Il existe un livre en cette langue, qui contient le tableau de toutes les crûes du Nil, depuis la première année de l'Hégire (622) jusqu'à la 875ᵉ (1470) ; & cet ouvrage constate que dans les époques les plus récentes, toutes les fois que le Nil a quatorze

_____

(a) Lib. 17.

Tom. I.   C

coudées de profondeur dans son lit, il y a récolte & provision pour une année; que s'il en a seize, il y a provision pour deux ans; mais au-dessous de quatorze, & arrivant à dix-huit, il y a disette; ce qui revient exactement au récit d'Hérodote. Le livre que je cite est Arabe, mais ses résultats sont aux mains de tout le monde; il suffit de consulter le mot *Nil* dans la bibliothèque Orientale d'Herbelot, ou les *Extraits* de Kalkachenda, dans le *Voyage* du Docteur Shaw.

La nature des coudées ne peut faire équivoque. Fréret, Danville & M. Bailli, ont prouvé que la coudée Égyptienne, toujours définie de vingt-quatre doigts, égalait vingt & demi de nos pouces (*a*); & la coudée actuelle, appelée *Drâa Masri*, est précisément divisée en vingt-quatre doigts, & revient à vingt & demi de nos pouces. Mais les colonnes employées pour mesurer la hauteur du fleuve, ont subi une altération qu'il importe de ne pas omettre.

» Dans les premiers tems que les Arabes oc-

(*a*) J'en ai mesuré plusieurs avec un pied-de-roi de cuivre, mais j'ai trouvé qu'elles variaient toutes depuis une jusqu'à trois lignes. Le Drâa Stambouli a vingt-huit doigts, ou vingt-quatre pouces moins une ligne.

» cupèrent l'Égypte, a dit *Kalkachenda*, ils s'ap-
» perçurent que lorsque le Nil n'atteignait pas
» le terme de l'abondance, chacun s'empressait de
» faire sa provision pour l'année; ce qui trou-
» blait incontinent l'ordre public. On en porta
» plainte au Kâlif Omar, qui donna ordre à
» *Amrou* d'examiner la chose ; & voici ce
» qu'Amrou lui manda : Ayant fait les re-
» cherches que vous nous avez prescrites, nous
» avons trouvé que quand le Nil monte à qua-
» torze coudées, il procure une récolte *suffi-*
» *sante* pour l'année ; que s'il atteint seize coudées,
» elle est *abondante;* mais qu'à douze & à dix-huit,
» elle est mauvaise. Or, ce fait étant connu au
» peuple par les proclamations d'usage, il s'en-
» suit des mesures qui portent du trouble dans
» le commerce».

Omar, pour remédier à cet abus, eût peut-
être voulu abolir les proclamations; mais la chose
n'étant pas praticable, il imagina, sur l'avis d'A-
boutaaleb, un expédient qui vint au même but.
jusqu'alors la *colonne de mesure*, dite *Nilomètre* (a),
avait été divisée par coudées de vingt - quatre

(*a*) En Arabe, *meqids*, *instrument mesureur. Mesuroir.*

doigts ; Omar la fit détruire, & lui en substituant une autre qu'il établit dans l'isle de Rouda, il prescrivit que les douze coudées inférieures fussent composées de vingt-huit doigts au-lieu de vingt-quatre, pendant que les coudées supérieures resteraient comme auparavant à vingt-quatre. De-là, il arriva que désormais, lorsque le Nil marqua douze coudées sur la colonne, il en avoit réellement quatorze ; car ces douze coudées ayant chacune quatre doigts en excès, il en résultait une surabondance de quarante-huit doigts ou deux coudées. Alors, quand on proclama *quatorze* coudées, terme d'une récolte *suffisante*, l'inondation était réellement au degré *d'abondance* ; la multitude par-tout trompée par les mots, s'en laissa imposer. Mais cette altération n'a pu échapper aux Historiens Arabes ; & ils ajoutent que les colonnes du *Saïd* ou haute-Égypte, continuèrent d'être divisées par vingt-quatre doigts; que le terme *dix-huit*, (vieux style,) fut toujours nuisible ; que dix-neuf était très-rare, & vingt presqu'un prodige (*a*).

───────────

(*a*) Le Docteur Pocoke, qui a plusieurs bonnes observations sur le Nil, s'est tout-à fait perdu dans l'explication du texte de Kàlkàchenda ; il a cru sur un premier passage louche, que le Nilomètre du temps d'Omar n'était que de douze coudées ; & il a bâti sur cette erreur un édifice de conjectures fausses. *Voyage de Pocoke*, tom. 2 p. 2, 78.

Rien n'est donc moins constant que la progression alléguée, & nous pouvons établir contr'elle un premier fait, que dans une période connue de dix-huit siècles, l'état du Nil n'a pas changé. Comment arrive-t-il donc aujourd'hui qu'il se montre si différent ? Comment, depuis l'an mil quatre cent soixante-treize, a t'il passé si subitement de quinze à vingt deux ? Ce problême me paraît facile à résoudre. Je n'en chercherai pas l'explication dans les faits physiques, mais dans les accessoires de la chose. Ce n'est point le Nil qui a changé, c'est la colonne ; ce sont ses dimensions. Le mystère dont les Turcs l'enveloppent, empêche la plupart des Voyageurs de s'en assurer ; mais Pocoke, qui parvint à la voir en mil sept cent trente-neuf, rapporte que tout était confus & inégal dans l'échelle des coudées. Il observe même qu'elle lui parut neuve, & cette circonstance fait penser que les Turcs, à l'imitation d'Omar, se sont permis une nouvelle altération. Enfin, il est un fait qui lève tout doute à cet égard : M. Niébuhr (a), qu'on ne suspectera pas d'avoir imaginé une observation, ayant mesuré en mil sept cent soixante-deux les vestiges de l'inondation

_____

(a) *Voyage en Arabie*, tom. I. p. 102.

sur un mur de Djizé, a trouvé que le premier Juin, le Nil avait baiſſé de vingt-quatre pieds de France. Or, vingt-quatre pieds réduits en coudées, à raiſon de vingt pouces & demi chacune, font préciſément quatorze coudées un pouce. Il eſt vrai qu'il reſte encore dix-huit jours de décroiſſance; mais en les portant à une demi-coudée par une eſtimation dont Pocoke fournit le terme de comparaiſon (a), on n'a que quatorze coudées & demie, qui reviennent exactement au calcul ancien.

Il eſt un dernier fait allégué par M. Savari, auquel je ne puis non plus ſouſcrire ſans reſtriction. *Depuis mon ſéjour en Égypte*, dit-il, lettre première, page quatorze, » j'ai fait deux fois » le tour de Delta, je l'ai même traverſé par » le canal de Menoufe. Le fleuve coulait à » pleines rives dans les grandes branches de Ro- » ſette, de Damiette & dans celles qui traverſent » l'intérieur du pays; mais il ne débordait pas ſur » la terre, excepté dans les lieux bas, où l'on ſai-

---

(a) Le 17 Mai la colonne avait onze pieds hors de l'eau; le 3 Juin elle en avait onze & demi : donc en 17 jours il y eut une demie coudée. *Voyage de Pocoke*, tom. II.

» gnait les digues pour arroser les campagnes
» couvertes de riz. *De-là il conclud* que le Delta
» est actuellement dans la situation la plus favo-
» rable pour l'agriculture ; parce qu'en perdant
» l'inondation, cette isle a gagné chaque année
» les trois mois que la Thébaïde reste sous les
» eaux. Il faut l'avouer, rien de plus étrange
que ce gain. Si le Delta a gagné à n'être plus
inondé, pourquoi desira-t-on si fort de tout temps,
l'inondation ? — *Les saignées y suppléent.* — Mais
on a tort de comparer le Delta aux marais de la
Seine. L'eau n'est à fleur de terre que vers la mer;
par-tout ailleurs, elle est inférieure au niveau
du sol, & le rivage s'élève d'autant plus qu'on
remonte davantage. Enfin, si je dois citer mon témoignage, j'atteste que descendant du Kaire à
Rosette par le canal de Manouf, j'ai observé,
les vingt-six, vingt-sept & vingt-huit Septembre
mil sept cent quatre-vingt-trois, que, quoique
les eaux se retirassent depuis plus de quinze jours,
les campagnes étaient encore submergées en
partie, & qu'elles portaient aux lieux découverts
les traces de l'inondation. Le fait allégué par M.
Savari, ne peut donc être attribué qu'à une mauvaise inondation ; & l'on ne doit point croire

que l'exhauffement ait changé l'état du Delta (*a*), ni que les Égyptiens foient réduits à n'avoir plus d'eau que par des moyens méchaniques, auffi difpendieux que bornés (*b*).

Il nous refte à réfoudre la difficulté des huit coudées de Mœris, & je ne penfe pas qu'elle ait des caufes d'une autre nature. Il paraît qu'après ce Prince, il arriva une révolution dans les mefures, & que d'une coudée, l'on en fit deux. Cette conjecture eft d'autant plus probable, que du temps de Mœris, l'Égypte ne formait pas un même Royaume; il y en avait au moins trois d'Afouan à la mer. Séfoftris, qui fut poftérieur à Mœris, les réunit par conquête. Mais après ce Prince, ils rentrèrent dans leur divifion, qui dura jufqu'à Pfammetik. Cette révolution dans les mefures, conviendrait très-bien à Séfoftris, qui en opéra une générale dans le

---

(*a*) Le lit du fleuve s'eft exhauffé lui-même comme le refte du terrein.

(*b*) Dans le bas Delta, on arrofe par le moyen des roues, parce que l'eau eft à fleur de terre; mais dans le haut Delta, il faut établir des chapelets fur les roues, ou élever l'eau par des potences mobiles. On en voit beaucoup fur la route de Rofette au Kaire, & l'on fe convainc que ce travail pénible a un effet très-borné.

Gouvernement. C'est lui qui établit des loix & une administration nouvelles ; qui fit élever des digues & des chaussées pour asseoir les villes & les villages, & creuser une quantité de canaux telle, dit Hérodote (a), que l'Égypte abandonna les chariots dont elle avait jusqu'alors fait usage.

Au reste, il est bon d'observer que les degrés de l'inondation ne sont pas les mêmes par toute l'Égypte. Ils suivent au contraire une règle de diminution graduelle, à mesure que le fleuve descend. A Asouan, le débordement est d'un sixième plus fort qu'au Kaire ; & lorsque dans cette dernière ville, on compte vingt-sept pieds, à peine en a-t-on quatre à Rosette & à Damiât. La raison en est qu'outre la masse d'eau qu'absorbent les terreins, le fleuve, resserré dans un seul lit & dans une vallée étroite, s'élève davantage : quand au contraire il a passé le Kaire, n'étant plus contenu par les montagnes, & se divisant en mille rameaux, il arrive nécessairement que sa nappe

---

(a) Hérod. lib. II. Cette anecdote chagrine beaucoup les Chronologistes modernes, qui placent Sésostris avant Moyse, au temps duquel les chariots subsistaient encore ; mais ce n'est pas la faute d'Hérodote, si l'on n'a pas entendu son système de chronologie, le meilleur de l'antiquité.

perd en profondeur ce qu'elle gagne en surface.

On jugera sans doute, d'après ce que j'ai dit, que l'on s'est trop tôt flatté de connaître les termes précis de l'agrandissement & de l'exhaussement du Delta. Mais en rejetant des circonstances illusoires, je ne prétends pas nier le fond même des faits; leur existence est trop bien attestée par le raisonnement & l'inspection du terrein. Par exemple, l'exhaussement du sol me paraît prouvé par un fait sur lequel on a peu insisté. Quand on va de Rosette au Kaire, dans les eaux basses comme en Mars, on remarque à mesure que l'on remonte, que le rivage s'élève graduellement au-dessus de l'eau; en sorte que s'il débordait de deux pieds à Rosette, il déborde de trois & quatre dès Faoué, & de plus de douze au Kaire(a): or, en raisonnant sur ce fait, on en peut tirer la preuve d'un exhaussement par dépôt; car la couche du limon étant en proportion avec l'épaisseur des nappes d'eau qui la déposent, elle doit être plus forte ou plus faible, selon que ces nappes

---

(a) Il serait curieux de constater en quelle proportion il continue jusqu'à Asouan. Des Coptes que j'ai interrogés à ce sujet, m'ont assuré qu'il était infiniment plus élevé dans tout le Saïd qu'au Kaire.

font plus ou moins profondes ; & nous avons vu qu'elles obfervent une gradation analogue d'Afouan à la mer.

D'un autre côté, l'accroiffement du Delta s'annonce d'une manière frappante par la forme de l'Égypte fur la méditerranée. Quand on en confidère la projection fur une carte, on voit que le terrein qui eft dans la ligne du fleuve, ce terrein formé d'une matière étrangère, a pris une faillie demi-circulaire, & que les lignes du rivage d'Arabie & d'Afrique qu'il déborde, ont une direction rentrante vers le fond du Delta, qui décèle que jadis ce terrein fut un golfe que le temps a rempli.

Ce comblement commun à tous les fleuves, s'eft exécuté par un méchanifme qui leur eft également commun : les eaux des pluies & des neiges roulant des montagnes dans les vallées, ne ceffent d'entraîner les terres qu'elles arrachent par leur chûte. La partie pefante de ces débris, comme les cailloux & les fables, s'arrête bientôt, fi un courant rapide ne la chaffe. Mais fi les eaux ne trouvent qu'un terreau fin & léger, elles s'en chargent en abondance, & en roulent les bancs avec facilité. Le Nil, qui a trouvé de pareils matériaux dans l'Abyssinie & l'Afrique intérieure, s'en est servi pour hâter ses travaux ; ses eaux s'en sont chargées, son lit s'en est rempli ; souvent même il s'en embarrasse au point d'être gêné dans son cours. Mais quand l'inondation lui rend ses forces, il chasse ces bancs vers la mer, en même-temps qu'il en amène d'autres pour la saison suivante : arrivées à son embouchure, les boues s'entassent & forment des grèves, parce que la pente ne donne plus assez d'action au courant, & parce que la mer forme un équilibre de résistance. La stagnation qui s'ensuit, force la partie tenue, qui jusqu'alors avoit surnagé, à se déposer, & elle se dépose sur-tout aux lieux où il y a moins de mouvement, tels que les rivages. Ainsi la côte s'enrichit peu-à-peu des débris du pays supérieur, & du Delta même ; car si le Nil enlève à l'Abyssinie pour donner à la Thébaïde, il enlève à la Thébaïde pour porter au Delta, & au Delta pour porter à la mer. Par tout où ses eaux ont un courant, il dépouille le même sol qu'il enrichit. Quand on remonte au Kaire dans les eaux basses, on voit par-tout les bords taillés à pic, s'écrouler par pans. Le Nil qui les mine par le pied, privant d'appui leur terre légère, elle tombe dans son lit. Dans les grandes eaux, elle s'imbibe, se délaye; & lorsque le soleil & la sécheresse reviennent, elle se gerce, & s'écroule encore par grands pans, que le Nil entraîne. C'est ainsi que plusieurs canaux se sont comblés, & que d'autres se sont élargis, en élevant sans cesse le lit du fleuve. Le plus fréquenté de nos jours, celui qui vient de *Nadir* à la branche de Damiette, est dans ce cas. Ce canal, creusé d'abord de main d'homme, est devenu semblable à la Seine en plusieurs endroits. Il supplée même à la branche-mère qui va de *Batn el Baqara* à *Nadir*, & qui se comble au point que si on ne la dégorge pas, elle finira par devenir terre ferme: la raison en est que le fleuve tend sans cesse à la ligne droite dans laquelle il a plus de force; c'est par cette même raison qu'il a préféré la branche Bolbitine, qui n'était d'abord qu'un canal factice, à la branche Canopique (a).

De ce méchanisme du fleuve, il résulte encore que les principaux comblemens doivent se faire sur la ligne des plus grandes embouchures & du plus fort courant; l'aspect du terrein est conforme à cette théorie. En jetant l'œil sur la carte, on s'ap-

---

(a) Hérod. lib. II.

perçoit que la prééminence des terres est sur-tout dans la direction des branches de Rosette & de Damiette. Le terrein latéral & l'intermédiaire sont demeurés lac & marais, indivis entre le continent & la mer, parce que les petits canaux qui s'y rendent, n'ont pu opérer qu'un comblement imparfait. Ce n'est qu'avec la plus grande lenteur que les dépôts & les limons s'élèvent; sans-doute même ce moyen ne parviendroit jamais à les porter au-dessus des eaux, s'il ne s'y joignait un autre agent plus actif, qui est la mer. C'est elle qui travaille sans relâche à élever le niveau des rives basses, au-dessus de ses propres eaux. En effet, les flots venant expirer sur le rivage, poussent le sable & le limon qu'ils rencontrent en arrivant ; leur battement accumule ensuite cette digue légère, & lui donne un exhaussement qu'elle n'eût jamais pris dans des eaux tranquilles. Ce fait est sensible pour quiconque marche aux bords de la mer, sur un rivage bas & mouvant; mais il faut que la mer n'ait pas de courant sur la plage; car si elle perd aux lieux où elle est en *remous*, elle gagne à ceux où elle est en mouvement. Quand les grèves sont enfin à fleur d'eau, la main des hommes s'en empare.

Mais au-lieu de dire qu'elle en élève le niveau au-dessus de l'eau, on devrait dire qu'elle abaisse le niveau de l'eau au dessous, vu que les canaux que l'on creuse, rassemblent en de petits espaces les nappes qui étaient répandues sur de plus grands (a). C'est ainsi que le Delta a dû se former avec une lenteur qui a demandé plus de siècles que nous n'en connaissons; mais le temps ne manque pas à la Nature.

Il reste certainement beaucoup d'observations à faire ou à recommencer dans ce pays; mais, comme je l'ai déjà dit, elles ont de grandes difficultés. Pour les vaincre, il faudrait du temps, de l'adresse & de la dépense; à bien des égards même, les obstacles accessoires sont plus graves que ceux du fond. M. le Baron de Tott en a fait une épreuve récente pour le Nilomètre. En vain a-t-il tenté de séduire les gardiens; en vain a-t-il donné & promis des sequins aux *crieurs*, pour en obtenir les vraies hauteurs du Nil; leurs rapports contradictoires ont prouvé leur mauvaise

---

(a). Cette quantité de canaux est une raison qui peut faire varier les degrés de l'inondation; car s'il y en a beaucoup, & qu'ils soient profonds, l'eau s'écoulera plus vîte, & s'élevera moins; s'il y en a peu, & qu'ils soient superficiels, il arrivera le contraire.

foi ou leur ignorance commune. On dira peut-être qu'il faudrait établir des colonnes dans des maisons particulières; mais ces opérations, simples en théorie, sont impossibles en pratique : on s'exposerait à des risques trop graves. Cette curiosité même que les Francs portent avec eux, chagrine de plus en plus les Turcs. Ils pensent que l'on en veut à leur pays ; & ce qui se passe de la part des Russes, joint à des préjugés répandus, affermit leurs soupçons. C'est un bruit général dans l'Empire à ce moment, que *les temps prédits sont arrivés ; que la puissance & la religion des Musulmans vont être détruites que le Roi Jaune ; va venir établir un Empire nouveau*, &c. Mais il est temps de reprendre nos idées.

Je passe légèrement sur la saison (*a*) du débordement, assez connue, sur sa gradation insensible & non subite comme celle de nos rivières ; sur ses diversités, qui le montrent tantôt faible & tantôt fort, quelquefois même nul : cas très-rare, mais dont on cite deux ou trois exemples. Tous ces objets sont trop connus pour les répéter ; on

---

(*a*) On l'assigne au 19 Juin précis, mais il serait difficile d'en déterminer les premiers instans aussi rigoureusement que le veulent faire les Coptes.

fait

fait également que les caufes de ces phénomènes, qui furent un énigme pour les anciens (*a*), n'en font plus un pour les Européens. Depuis que leurs Voyageurs leur ont appris que l'Abyffinie, & la partie adjacente de l'Afrique, font inondées de pluies en Mai, Juin & Juillet, ils ont conclu, avec raifon, que ce font ces pluies qui, par la difpofition du terrein, affluant de mille rivières, fe raffemblent dans une même vallée, pour venir fur des rives lointaines, offrir le fpectacle impofant d'une maffe d'eau qui emploie trois mois à s'écouler. On laiffe au Phyficiens grecs cette action des vents de nord ou étéfiens, qui, par une prétendue preffion, arrêtaient le cours du fleuve; il eft même étonnant qu'ils ayent jamais admis cette explication; car le vent n'agiffant que fur la furface de l'eau, il n'empêche point le fond d'obéir à la pente. En vain des modernes ont allégué l'exemple de la Méditerranée, qui, par la durée des vents d'*eft*, découvre la côte de Syrie d'un pied ou un pied & demi, pour recouvrir de la même quantité celles d'Ef-

---

(*a*) Cependant Démocrite l'avait deviné. Voyez *Hift.* de Diodore de Sicile, lib. II.

pagne & de Provence; & qui, par les vents d'ouest, opère l'inverse : il n'y a aucune comparaison entre une mer sans pente & un fleuve, entre la nappe de la Méditerranée & celle du Nil, entre vingt-six pieds & dix-huit pouces.

CHAPITRE IV.

Des Vents, & de leurs phénomènes.

CES vents de nord, dont le retour a lieu chaque année aux mêmes époques, ont un emploi plus vrai, celui de porter en Abyssinie une prodigieuse quantité de nuages. Depuis Avril jusqu'en Juillet, on ne cesse d'en voir remonter vers le sud, & l'on serait quelquefois tenté d'en attendre de la pluie ; mais cette terre brûlée leur demande en vain un bienfait qui doit lui revenir sous une autre forme. Jamais il ne pleut dans le Delta en été ; dans tout le cours de l'année même, il y pleut rarement & en petite quantité. L'année 1761, observée par M. Niebuhr, fut un cas extraordinaire que l'on cite encore. Les accidens que les pluies causèrent dans la basse Égypte, dont une foule de villages, bâtis en terre, s'écroulèrent, prouvent assez qu'on y regarde comme rare cette abondance d'eau. Il faut d'ailleurs observer qu'il pleut d'autant moins que l'on s'élève davantage vers le Saïd. Ainsi, il pleut plus souvent à Alexandrie & à Rosette qu'au Kaire, & au Kaire qu'à *Minié*. La pluie est presqu'un prodige à *Djirdjé*. Nous autres Habitans de contrées humides, nous ne concevons pas comment un pays peut subsister sans pluie (*a*); mais dans l'Égypte, outre la somme d'eau dont la terre fait provision lors de l'inondation, les rosées qui tombent dans les nuits d'été, suffisent à la végétation. Les melons, appelés *pasteques*, en sont une preuve sensible; car souvent ils n'ont au pied qu'une poussière sèche, & cependant leurs feuilles ne manquent pas de fraîcheur. Ces rosées ont de commun avec les pluies qu'elles sont plus abondantes vers la mer, & plus faibles à mesure qu'elles s'en éloignent; & elles en diffèrent en ce qu'elles sont moindres l'hiver, &

(*a*) Lorsqu'il tombe de la pluie en Égypte & en Palestine, c'est une joie générale de la part du peuple; il s'assemble dans les rues, il chante, il s'agite & crie à pleine tête, ya allah! ya mobârek! *c'est-à-dire* : *ô dieu! ô béni!* &c.

plus fortes l'été. A Alexandrie, dès le coucher du soleil, en Avril, les vêtemens & les terrasses sont trempés comme s'il eût plu. Comme les pluies encore, ces rosées sont fortes ou faibles à raison de l'espèce du vent qui souffle. Le sud & le sud-est n'en donnent point ; le nord en apporte beaucoup, & l'ouest encore davantage. On explique aisément ces différences, quand on observe que les deux premiers viennent des déserts de l'Afrique & de l'Arabie, où ils ne trouvent pas une goutte d'eau ; que le nord, au contraire, & l'ouest chassent sur l'Égypte l'évaporation de la Méditerranée, qu'ils traversent l'une dans le sens de largeur, & l'autre dans toute sa longueur. Je trouve même, en comparant mes observations à ce sujet en Provence, en Syrie & en Égypte, à celles de M. Niebuhr, en Arabie & à Bombai, que cette position respective des mers & des continens, est la cause des diverses qualités d'un même vent qui se montre pluvieux dans un pays, pendant qu'il est toujours sec dans l'autre ; ce qui dérange beaucoup les systêmes des Astrologues anciens & modernes, sur les influences des planètes.

Un autre phénomène aussi remarquable, est

le retour périodique de chaque vent, & son appropriation, pour ainsi dire, à certaines saisons de l'année. L'Égypte & la Syrie offrent en ce genre une régularité digne de fixer l'attention.

En Égypte, lorsque le soleil se rapproche de nos zônes, les vents qui se tenaient dans les parties de l'est, passent aux rumbs de nord, & s'y fixent. Pendant Juin, ils soufflent constamment nord & nord-ouest; aussi est-ce la vraie saison du passage au levant, & un vaisseau peut espérer de jeter l'ancre en Chypre ou à Alexandrie, le quatorzième & quelquefois le onzième jour de son départ de Marseille. Les vents continuent en Juillet de souffler nord, variant à droite & à gauche, du nord-ouest au nord-est Sur la fin de Juillet, dans tout le cours d'Août, & la moitié de Septembre, ils se fixent nord pur, & ils sont modérés, plus vifs le jour, plus calmes la nuit; alors même il règne sur la Méditerranée une bonace générale, qui prolonge les retours en France jusqu'à soixante-dix & quatre-vingt jours.

Sur la fin de Septembre, lorsque le soleil repasse la ligne, les vents reviennent vers l'est, & sans y être fixés, ils en soufflent plus que d'aucun autre rumb, le nord seul excepté. Les vaisseaux profitent de cette saison, qui dure tout Octobre & une partie de Novembre, pour revenir en Europe, & les traversées pour Marseille, sont de trente à trente cinq jours. A mesure que le soleil passe à l'autre tropique, les vents deviennent plus variables, plus tumultueux ; leurs régions les plus constantes, sont le nord, le nord-ouest & l'ouest. Ils se maintiennent tels en Décembre, Janvier & Février, qui, pour l'Égypte comme pour nous, sont la saison d'hiver. Alors les vapeurs de la Méditerranée, entassées & appesanties par le froid de l'air, se rapprochent de la terre, & forment les brouillards & les pluies. Sur la fin de Février & en Mars, quand le soleil revient vers l'équateur, les vents tiennent plus que dans aucun autre temps des rumbs de midi. C'est dans ce dernier mois, & pendant celui d'Avril, qu'on voit régner le sud-est, le sud pur & le sud-ouest. Ils sont mêlés d'ouest, de nord & d'est ; celui ci devient le plus habituel sur la fin d'Avril ; & pendant Mai, il partage avec le nord l'empire de la mer, & rend les retours en France encore plus courts que dans l'autre équinoxe.

Du Vent chaud ou Kamsín.

Ces vents du sud dont je viens de parler, ont en Égypte le nom générique de vents de *cinquante* (jours), (*a*) non qu'ils durent cinquante jours de suite; mais parce qu'ils paroiſſent plus fréquemment dans les cinquante jours qui entourent l'équinoxe. Les Voyageurs les ont fait connoître en Europe ſous le nom de vents *empoiſonnés* (*b*), ou plus correctement, *vents chauds du Déſert*. Telle eſt en effet leur propriété; elle eſt portée à un point ſi exceſſif, qu'il eſt difficile de s'en faire une idée ſans l'avoir éprouvée; mais on en peut comparer l'impreſſion à celle qu'on reçoit de la bouche d'un four bannal, au moment qu'on en tire le pain. Quand ces vents commencent à ſouffler, l'air prend un aſpect inquiétant. Le ciel, toujours ſi pur en ces climats, devient trouble; le ſoleil perd ſon éclat, & n'offre plus qu'un diſque violacé. L'air

---

(*a*) En Arabe, *kamsín*; mais le *k* repréſente le *jota* eſpagnol ou *ch* allemand.

(*b*) Les Arabes du Déſert, les appellent *ſemoum* ou *poiſon*; & les Turcs *chámyell*, ou vent de Syrie, dont on a fait vent *ſamiel*.

n'est pas nébuleux, mais gris & poudreux, & réellement il est plein d'une poussière très-déliée, qui ne se dépose pas, & qui pénètre par-tout. Ce vent, toujours léger & rapide, n'est pas d'abord très-chaud; mais à mesure qu'il prend de la durée, il croît en intensité. Les corps animés le reconnoissent promptement au changement qu'ils éprouvent. Le poumon, qu'un air trop raréfié ne remplit plus, se contracte & se tourmente. La respiration devient courte, laborieuse, la peau est sèche, & l'on est dévoré d'une chaleur interne. On a beau se gorger d'eau, rien ne rétablit la transpiration. On cherche en vain la fraîcheur. Les corps qui avoient coutume de la donner, trompent la main qui les touche. Le marbre, le fer, l'eau, quoique le soleil soit voilé, sont chauds. Alors on déserte les rues, & le silence règne comme pendant la nuit. Les habitans des villes & des villages s'enferment dans leurs maisons, & ceux du Désert dans leurs tentes ou dans des puits creusés en terre, où ils attendent la fin de ce genre de tempête. Communément elle dure trois jours. Si elle passe, elle devient insupportable. Malheur aux Voyageurs qu'un tel vent surprend en route loin de tout asyle; ils en subissent tout l'effet qui, est quelquefois porté jusqu'à la mort. Le danger est sur-tout au moment des rafales; alors la vîtesse accroît la chaleur, au point de tuer subitement. Cette mort est une vraie suffocation; le poumon respirant à vuide, entre en convulsion; la circulation se trouble dans les vaisseaux; tout le sang chassé par le cœur afflue à la tête & à la poitrine; & de-là cette hémorrhagie par le nez & la bouche qui arrive après la mort. Ce vent attaque sur-tout les gens replets, & ceux en qui la fatigue a brisé le ressort des muscles & des vaisseaux. Le cadavre reste long-temps chaud; il enfle, devient bleu & se déchire aisément : accidens qui tous dénotent la fermentation putride qui s'établit dans les corps des animaux, lorsque les humeurs y deviennent stagnantes. On se dérobe à ces accidens, en se bouchant le nez & la bouche avec des mouchoirs; un moyen efficace, est celui des chameaux, qui enfoncent le nez dans le sable, & y attendent que la rafale s'appaise.

Une autre qualité de ce vent, est son extrême siccité; elle est telle, que l'eau dont on arrose un appartement, s'évapore en peu de minutes; par cette extrême avidité, il flétrit & dépouille les plantes, & en pompant trop subitement l'émanation des corps animés, il crispe la peau, ferme les pores, & cause cette chaleur fébrile qui accompagne toute transpiration supprimée.

Ces vents chauds ne sont point particuliers à l'Égypte, ils ont lieu en Syrie, plus cependant sur la côte & dans le désert que sur les montagnes. M. Niebuhr les a trouvés en Arabie, à Bombai, dans le Diarbekr; l'on en éprouve aussi en Perse, en Afrique & même en Espagne; par-tout leurs effets se ressemblent, mais leur direction diffère selon les lieux. En Égypte, le plus violent vient du sud sud ouest; à la *Mecque*, il vient de l'est; à *Surate*, du nord; à *Basra*, du nord-ouest; à *Bagdad*, de l'ouest, & en *Syrie*, du sud-est. Ce contraste, qui embarrasse au premier coup-d'œil, devient à la réflexion le moyen de résoudre l'énigme. En examinant les sites géographiques, on trouve que c'est toujours des continens déserts que vient le vent chaud; & en effet, il est naturel que l'air qui couvre les immenses plaines de la Lybie & de l'Arabie, n'y trouvant ni ruisseaux, ni lacs, ni forêts, s'y échauffe par l'action d'un soleil ardent, par la réflection du sable, & prenne le degré de chaleur & de sécheresse dont il est capable. S'il survient une cause quelconque qui détermine un courant à cette masse, elle s'y précipite, & porte avec elle les qualités étonnantes qu'elle a acquises : il est si vrai que ces qualités sont dûes à l'action du soleil sur les sables, que ces mêmes vents n'ont point dans toutes les saisons la même intensité. En Égypte, par exemple, on assure que les vents du sud, en Décembre & Janvier, sont aussi froids que le nord; & la raison en est, que le soleil, passé à l'autre tropique, n'embrâse plus l'Afrique septentrionale, & que l'Abyssinie, si montueuse, est couverte de neige : il faut que le soleil se soit rapproché de l'équateur, pour produire ces phénomènes. Par une raison semblable, le sud a un effet bien moindre en Chypre, où il arrive rafraîchi par les vapeurs de la Méditerranée. Dans cette Isle, c'est le nord qui le remplace : on s'y plaint qu'en été il est d'une chaleur insupportable, pendant qu'il est glacial en hiver ; ce qui résulte évidemment de l'état de l'Asie mineure, qui, dans l'été, est embrâsée, pendant qu'en hiver elle est couverte de glaces. Au reste, ce sujet offre une foule de problêmes faits pour piquer la curiosité d'un Physicien. Ne seroit-il pas en effet intéressant de savoir, 1°.

d'où vient ce rapport des saisons & de la marche du soleil à l'espèce des vents, & aux régions d'où ils soufflent?

2°. Pourquoi, sur toute la Méditerranée, les rumbs de nord sont les plus habituels, au point que sur douze mois, on peut dire qu'ils en règnent neuf?

3°. Pourquoi les vents d'est reviennent si régulièrement après les équinoxes, & pourquoi à cette époque, il y a communément un coup de vent plus fort?

4°. Pourquoi les rosées sont plus abondantes en été qu'en hiver; & pourquoi les nuages étant un effet de l'évaporation de la mer, & l'évaporation étant plus forte l'été que l'hiver, il y a cependant plus de nuages l'hiver que l'été?

5°. Enfin, pourquoi la pluie est si rare en Égypte, & pourquoi les nuages se rendent de préférence en Abyssinie?

Mais il est temps d'achever le tableau physique que j'ai commencé.

CHAPITRE V.

Du Climat & de l'Air.

LE climat de l'Égypte passe avec raison pour très-chaud, puisqu'en Juillet & Août, le thermomètre de Réaumur se soutient dans les appartemens les plus tempérés à 24 & 25° au-dessus de la glace. Au Saïd, il monte encore plus haut, quoique je ne puisse rien dire de précis à cet égard. Le voisinage du soleil, qui dans l'été est presque perpendiculaire, est sans doute une cause première de cette chaleur; mais quand on considère que d'autres pays, sous la même latitude, sont plus frais, on juge qu'il en existe une seconde cause aussi puissante que la première, laquelle est le niveau du terrein peu élevé au-dessus de la mer. A raison de cette température, l'on ne doit distinguer que deux saisons en Égypte, le printems & l'été, c'est-à-dire, la fraîcheur & les chaleurs. Ce second état dure depuis Mars jusqu'en Novembre, & même dès la fin de Février, le soleil, à neuf heures du matin, n'est pas supportable pour un Européen. Dans toute cette saison, l'air est embrasé, le ciel étincelant, & la chaleur accablante pour les corps qui n'y sont pas habitués. Sous l'habit le plus léger & dans l'état du plus grand repos, on fond en sueur. Elle devient même si nécessaire, que la moindre suppression est une maladie; ensorte qu'au-lieu du salut ordinaire : *comment vous portez-vous ?* on devrait dire : *comment suez-vous ?* L'éloignement du soleil tempère un peu ces chaleurs. Les vapeurs de la terre, abreuvée par le Nil, & celles qu'apportent les vents d'ouest & de nord, absorbant le feu répandu dans l'air, procurent une fraîcheur agréable, & même des froids piquans, si l'on en voulait croire les naturels & quelques Négocians Européens; mais les Égyptiens, presque nuds & accoutumés à suer, frissonnent à la moindre fraîcheur. Le thermomètre, qui se tient au plus bas en Février à neuf & huit degrés de Réaumur au-dessus de la glace, fixe nos idées à cet égard, & l'on peut dire que la neige & la grêle sont des phénomènes que tel Égyptien de cinquante ans n'a jamais vus. Quant à nos Négocians, ils doivent leur sensibilité à l'abus des fourrures; il est porté au point que dans l'hiver, ils ont souvent deux ou trois enveloppes de renard, & que dans les ardeurs de Juin, ils confervent l'hermine ou le petit-gris ; ils prétendent que la fraîcheur qu'on éprouve à l'ombre en eft une raifon indifpenfable ; & en effet les courans de nord & d'oueft qui règnent prefque toujours, établiffent une affez grande fraîcheur par-tout où le foleil ne donne pas ; mais le nœud fecret & plus véritable, eft que la peliffe eft le galon de la Turquie & l'objet favori du luxe ; elle eft l'enfeigne de l'opulence, l'étiquette de la dignité, parce que l'inveftiture des places importantes eft toujours conftatée par le préfent d'une peliffe, comme fi l'on voulait dire à l'homme qu'on en revêt, qu'il eft déformais affez grand Seigneur pour ne s'occuper qu'à fuer.

Avec ces chaleurs & l'état marécageux qui dure trois mois, on pourrait croire que l'Égypte eft un pays mal-fain ; ce fut ma première penfée en y arrivant ; & lorfque je vis au Kaire les maifons de nos Négocians affifes le long du *Kalidj*, où l'eau croupit jufqu'en Avril, je crus que les exhalaifons devaient leur caufer bien des maladies ; mais leur expérience trompe cette théorie ; les émanations des eaux ftagnantes, fi' meurtrières en Chypre & à Alexandrette, n'ont point cet effet en Égypte. La raison m'en paraît dûe à la siccité habituelle de l'air établie, & par le voisinage de l'Afrique & de l'Arabie, qui aspirent sans cesse l'humidité, & par les courans perpétuels des vents qui passent sans obstacle. Cette siccité est telle, que les viandes exposées, même en été, au vent du nord, ne se putréfient point, mais se dessèchent & se durcissent à l'égal du bois. Les déserts offrent des cadavres ainsi desséchés, qui sont devenus si légers, qu'un homme soulève aisément d'une seule main la charpente entière d'un chameau (*a*).

A cette sécheresse, l'air joint un état salin dont les preuves s'offrent par-tout. Les pierres sont rongées de natron, & l'on en trouve dans les lieux humides de longues aiguilles cryftallisées que l'on prendrait pour du salpêtre. Le mur du jardin des Jésuites au Kaire, bâti avec des briques & de la terre, est par-tout recouvert d'une croûte de ce natron, épaisse comme un écu de six

___

(*a*) Cependant il faut observer que l'air, sur la côte, est infiniment moins sec qu'en remontant dans les terres; aussi ne peut-on laisser, à Alexandrie & à Rosette, du fer exposé vingt-quatre heures à l'air qu'il ne soit tout rouillé.

livres,

livres; & lorsqu'on a inondé les quarrés de ce jardin avec l'eau du *Kalidj*, on voit à sa retraite la terre brillant de toutes parts de cryſtaux blancs que l'eau n'a certainement pas apportés, puiſqu'elle ne donne aucun indice de ſel au goût & à la diſtillation.

C'eſt ſans doute cette propriété de l'air & de la terre, jointe à la chaleur, qui donne à la végétation une activité preſque incroyable dans nos climats froids. Par-tout où les plantes ont de l'eau, leurs développemens ſe font avec une rapidité prodigieuſe. Quiconque va au Kaire ou à Roſette, peut conſtater que l'eſpèce de courge appelée *qara*, pouſſe en vingt-quatre heures des filons de près de quatre pouces de long; mais une obſervation importante par laquelle je termine, eſt que ce ſol paraît excluſif & intolérant. Les plantes étrangères y dégénèrent rapidement : ce fait eſt conſtaté par des expériences journalières. Nos Négocians ſont obligés de renouveler chaque année les graines, & de faire venir de Malthe des choux-fleurs, des bettraves, des carottes & des ſalſifis : ces graines ſemées réuſſiſſent d'abord très-bien; mais ſi l'on ſème enſuite les graines qu'elles produiſent, il n'en résulte que des plantes étiolées. Pareille chose est arrivée aux abricots, aux poires & aux pêches qu'on a transportés à Rosette. La végétation de cette terre paraît trop brusque pour bien nourrir des tissus spongieux & charnus; il faudrait que la Nature s'y fût accoutumée par gradation, & que le climat se les fût appropriés par les soins de la culture.

ÉTAT POLITIQUE
DE
L'ÉGYPTE.

CHAPITRE VI.

Des diverses races des Habitans de l'Égypte.

Au milieu des révolutions, qui n'ont cessé d'agiter la fortune des peuples, il est peu de pays qui ayent conservé purs & sans mélange leurs Habitans naturels & primitifs. Par-tout cette même cupidité qui porte les individus à empiéter sur leurs propriétés respectives, a suscité les Nations les unes contre les autres : l'issue de ce choc d'intérêts & de forces, a été d'introduire dans les États un Étranger vainqueur qui, tantôt usurpateur insolent, a dépouillé la Nation vaincue du domaine que la Nature lui avait accordé ; & tantôt conquérant plus timide ou plus civilisé, s'est contenté de participer à des avantages que son sol natal lui avait refusés. Par-là, se sont

E ij

établies dans les États, des races diverses d'Habitans, qui quelquefois se rapprochant de mœurs & d'intérêts, ont mêlé leur sang; mais qui, le plus souvent divisés par des préjugés politiques ou religieux, ont vécu rassemblés sur le même sol, sans jamais se confondre. Dans le premier cas, les races perdant par leur mélange les caractères qui les distinguaient, ont formé un peuple homogène, où l'on n'a plus apperçu les traces de la révolution. Dans le second, demeurant distinctes, leurs différences perpétuées sont devenues un monument qui a survécu aux siècles, & qui peut, en quelques cas, suppléer au silence de l'Histoire.

Tel est le cas de l'Égypte : enlevée depuis vingt-trois siècles à ses propriétaires naturels, elle a vu s'établir successivement dans son sein, des Perses, des Macédoniens, des Romains, des Grecs, des Arabes, des Géorgiens, & enfin, cette race de Tartares connue sous le nom de Turcs Ottomans. Parmi tant de peuples, plusieurs y ont laissé des vestiges de leur passage; mais comme dans leur succession, ils se sont mêlés, il en est résulté une confusion qui rend moins facile à connaître le caractère de chacun. Cependant on peut encore distinguer la population de l'Égypte, en quatre races principales d'Habitans.

La première & la plus répandue, est celle des Arabes, qu'on doit diviser en trois classes; 1°. la postérité de ceux qui, lors de l'invasion de ce pays par Amrou, l'an 640, accoururent de l'Hedjâz & de toutes les parties de l'Arabie s'établir dans ce pays, justement vanté pour son abondance. Chacun s'empressa d'y posséder des terres, & bientôt le Delta fut rempli de ces étrangers, au péjudice des Grecs vaincus. Cette première race, qui s'est perpétuée dans la classe actuelle des *fellâhs* ou *laboureurs*, & des artisans, a conservé sa physionomie originelle; mais elle a pris une taille plus forte & plus élevée; effet naturel d'une nourriture plus abondante que celle des déserts. En général, les paysans d'Égypte atteignent cinq pieds quatre pouces; plusieurs vont à cinq pieds six & sept; leur corps est musculeux sans être gras, & robuste comme il convient à des hommes endurcis à la fatigue. Leur peau hâlée par le soleil est presque noire; mais leur visage n'a rien de choquant. La plupart ont la tête d'un bel oval, le front large & avancé, & sous un sourcil noir, un œil noir, enfoncé, & brillant; le nez assez grand sans être aquilin, la bouche bien taillée, & toujours de belles dents,

Les habitans des villes, plus mélangés, ont une physionomie moins uniforme, moins prononcée. Ceux des villages, au contraire, ne s'alliant jamais que dans leurs familles, ont des caractères plus généraux, plus constans, & quelque chose de rude dans la mine, qui tire sa cause des passions d'une âme sans cesse aigrie par l'état de guerre & de tyrannie qui les environne.

2°. Une deuxième classe d'Arabes est celle des Africains ou Occidentaux (*a*) venus à diverses reprises & sous divers Chefs se réunir à la première; comme elle, ils descendent des conquérans Musulmans qui chassèrent les Grecs de la Mauritanie; comme elle, ils exercent l'Agriculture & les métiers; mais ils sont plus spécialement répandus dans le *Saïd*, où ils ont des villages, & même des Princes particuliers.

La troisième classe est celle des *Bedouins* ou hommes des déserts (*b*), connus des Anciens sous le nom de *Scenites*, c'est-à-dire, habitant sous des tentes. Parmi ceux-là, les uns, dispersés par familles,

---

(*a*) En Arabe, *magárbe*, pluriel de *magrebi*, homme du *garb*, ou *couchant*: ce sont nos *barbaresques*.

(*b*) En Arabe, *beddoui*, formé de *béd*, *désert*, *pays sans habitations*.

habitent les rochers, les cavernes, les ruines & les lieux écartés où il y a de l'eau; les autres, réunis par Tribus, campent sous des tentes basses & enfumées, & passent leur vie dans un voyage perpétuel. Tantôt dans le désert, tantôt sur les bords du fleuve, ils ne tiennent à la terre qu'autant que l'intérêt de leur sûreté ou la subsistance de leurs troupeaux les y attachent. Il est des Tribus qui, chaque année, après l'inondation, arrivent du sein de l'Afrique pour profiter des herbes nouvelles, & qui au printemps se renfoncent dans le désert; d'autres sont stables en Égypte, & y louent des terrains qu'elles ensemencent & changent annuellement. Toutes observent entr'elles des limites convenues qu'elles ne franchissent point, sous peine de guerre. Toutes ont à-peu-près le même genre de vie, les mêmes usages, les mêmes mœurs. Ignorans & pauvres, les Bedouins conservent un caractère original distinct des Nations qui les environnent. Pacifiques dans leur camp, ils sont par-tout ailleurs dans un état habituel de guerre. Les laboureurs qu'ils pillent, les haïssent; les voyageurs qu'ils dépouillent, en médisent; les Turcs qui les craignent, les divisent & les corrompent. On estime que leurs Tribus en Égypte pourroient former 30,000 cavaliers; mais ces forces sont tellement dispersées & défunies, qu'on les y traite comme des voleurs & des vagabonds.

Une seconde race d'habitans est celle des *Coptes*, appelés en Arabe *el Qoubt*. On en trouve plusieurs familles dans le Delta ; mais le grand nombre habite le *Saïd*, où ils occupent quelquefois des villages entiers. L'Histoire & la tradition attestent qu'ils descendent du peuple dépouillé par les Arabes, c'est-à-dire, de ce mélange d'Égyptiens, de Perses, & sur-tout de Grecs, qui, sous les Ptolomées & les Constantins, ont si long-temps possédé l'Égypte. Ils diffèrent des Arabes par leur religion, qui est le Christianisme; mais ils sont encore distincts des chrétiens par leur secte, qui est celle d'Eutychès. Leur adhésion aux opinions théologiques de cet homme, leur a attiré de la part des autres Grecs des persécutions qui les ont rendus irréconciliables. Lorsque les Arabes conquirent le pays, ils en profitèrent pour les affoiblir mutuellement. Les *Coptes* ont fini par expulser leurs rivaux ; & comme ils connaissent de tout temps l'administration intérieure de l'Égypte, ils sont devenus les dépositaires des regiſtres des terres & des Tribus. Sous le nom d'*Écrivains*, ils ſont au Kaire les *Intendans*, les *Secrétaires* & les *Traitans* du Gouvernement & des Beks. Ces *Écrivains*, mépriſés des *Turcs* qu'ils ſervent, & haïs des payſans qu'ils vexent, forment une eſpèce de Corps dont eſt chef l'Écrivain du *Commandant* principal. C'eſt lui qui diſpoſe de tous les emplois de cette partie, qu'il n'accorde, ſelon l'eſprit de ce Gouvernement, qu'à prix d'argent.

On prétend que le nom des *Coptes* leur vient de la ville de *Coptos*, où ils ſe retirèrent, dit-on, lors des perſécutions des Grecs; mais je lui crois une origine plus naturelle & plus ancienne. Le terme Arabe *Qoupti*, un *obte*, me ſemble une altération évidente du Grec *Ai-goupti-os*, un *Égyptien*; car on doit remarquer que *y*, était prononcé *ou*, chez les anciens Grecs, & que les Arabes n'ayant ni $\bar{p}$ ni $\bar{g}$ devant *a o u*, remplacent toujours ces lettres par *q* & *b* : les *Coptes* ſont donc proprement les repréſentans des Égyptiens (*a*); ils ont *dj* qui ne varie point

---

(*a*) D'autant mieux qu'on les retrouve au Saïd dès avant Dioclétien, & qu'il paraît que le Saïd fut moins rempli par les Grecs que le Delta.

devant les voyelles, comme notre *g* ; & il est un fait singulier, qui rend cette acception encore plus probable. En considérant le visage de beaucoup d'individus de cette race, je lui ai trouvé un caractère particulier qui a fixé mon attention : tous ont un ton de peau jaunâtre & fumeux, qui n'est ni Grec ni Arabe ; tous ont le visage bouffi, l'œil gonflé, le nez écrasé, la lèvre grosse ; en un mot, une vrai figure de Mulâtre. J'étais tenté de l'attribuer au climat (*a*), lorsqu'ayant été visiter le Sphinx, son aspect me donna le mot de l'énigme. En voyant cette tête caractérisée *Nègre* dans tous ses traits, je me rappelai ce passage remarquable d'Hérodote, où il

_____

(*a*) En effet, j'observe que la figure des Nègres représente précisément cet état de contraction que prend notre visage, lorsqu'il est frappé par la lumière & une forte réverbération de chaleur. Alors le sourcil se fronce ; la pomme des joues s'élève ; la paupière se serre ; la bouche fait *la moue*. Cette contraction, qui a lieu perpétuellement dans le pays nud & chaud des Nègres, n'a-t-elle pas dû devenir le caractère propre de leur figure ? Le grand froid, le vent & la neige opèrent le même effet, & il se retrouve avec ces circonstances chez les Tartares, pendant que dans les zônes tempérées, où cet état n'a pas lieu, les traits sont allongés, les yeux plus à fleur-de-tête, & toute la figure plus épanouie.

dit (a): *Pour moi, j'estime que les Colches sont une colonie des Égyptiens, parce que, comme eux, ils ont la peau noire & les cheveux crêpus*; c'est-à-dire, que les anciens Égyptiens étaient de vrais Nègres de l'espèce de tous les naturels d'Afrique; & dès-lors, on explique comment leur sang, allié depuis plusieurs siècles à celui des Romains & des Grecs, a dû perdre l'intensité de sa première couleur, en conservant cependant l'empreinte de son moule originel. On peut même donner à cette observation une étendue très-générale, & poser en principe, que la physionomie est une sorte de monument propre en bien des cas à constater ou éclaircir les témoignages de l'Histoire, sur les origines des peuples. Parmi-nous, un laps de neuf cents ans n'a pu effacer la nuance qui distinguait les habitans des Gaules, de ces *hommes du Nord*, qui, sous Charles-le-Gros, vinrent occuper la plus riche de nos Provinces. Les Voyageurs qui vont par mer de Normandie en Danemarck, parlent avec surprise de la ressemblance fraternelle des habitans de ces deux contrées, conservée malgré la distance des lieux & des temps. La même observa-

―――――――――――――――
(a) Lib. 2. p. 150.

tion se présente, quand on passe de Franconie en Bourgogne; & si l'on parcourait avec attention la France, l'Angleterre ou toute autre contrée, on y trouverait la trace des émigrations écrite sur la face des habitans. Les Juifs n'en portent-ils pas d'ineffaçables, en quelque lieu qu'ils soient établis ? Dans les États où la Noblesse représente un Peuple étranger introduit par conquête, si cette Noblesse ne s'est point alliée aux indigènes, ses individus ont une empreinte particulière. Le sang Kalmouque se distingue encore dans l'Inde; & si quelqu'un avait étudié les diverses Nations de l'Europe & du nord de l'Asie, il retrouverait peut-être des analogies qu'on a oubliées.

Mais en revenant à l'Égypte, le fait qu'elle rend à l'Histoire, offre bien des réflexions à la Philosophie. Quel sujet de méditation, de voir la barbarie & l'ignorance actuelles des Coptes, issues de l'alliance du génie profond des Égyptiens, & de l'esprit brillant des Grecs; de penser que cette race d'hommes noirs, aujourd'hui notre esclave & l'objet de nos mépris, est celle-là même à qui nous devons nos arts, nos sciences, & jusqu'à l'usage de la parole; d'imaginer enfin, que c'est au-milieu des peuples qui se disent les plus amis de la liberté & de l'humanité, que l'on a sanctionné le plus barbare des esclavages, & mis en problême *si les hommes noirs ont une intelligence de l'espèce des hommes blancs!*

Le langage est un autre monument dont les indications ne sont pas moins justes ni moins instructives. Celui dont usaient ci-devant les *Coptes*, s'accorde à constater les faits que j'établis. D'un côté, la forme de leurs lettres & la majeure partie de leurs mots, démontrent que la Nation Grecque, dans un séjour de mille ans, a imprimé fortement son empreinte sur l'Égypte (*a*); mais d'autre part, l'Alphabet Copte a cinq lettres, & le Dictionnaire nombre de mots qui sont comme les débris & les restes de l'ancien Égyptien. Ces mots, examinés avec critique, ont une analogie sensible avec les idiômes des anciens peuples adjacens, tels que les Arabes, les Éthiopiens, les Syriens, & même les Riverains de l'Euphrate; & l'on peut établir comme un fait certain, que toutes ces langues ne furent que des dialectes dérivés d'un fonds commun. Depuis plus de trois siècles, celui

---

(*a*) Voyez *le Dic. Copte*, par Lacroze.

des Coptes est tombé en désuétude; les Arabes conquérans, en dédaignant l'idiôme des peuples vaincus, leur ont imposé avec leur joug, l'obligation d'apprendre leur langue. Cette obligation même devint une loi, lorsque, sur la fin du premier siècle de l'*Hedjire*, le Kalife *Ouâled I*, prohiba la langue Grecque dans tout son Empire : de ce moment l'Arabe prit un ascendant universel; les autres langues, reléguées dans les livres, ne subsistèrent plus que pour les Savans, qui les négligèrent. Tel a été le sort du Copte, dans les livres de dévotion & d'église, les seuls connus où il existe, les Prêtres & les Moines ne l'entendent plus; & en Égypte comme en Syrie, Musulman ou Chrétien, tout parle Arabe, & n'entend que lui.

Il se présente à ce sujet des observations, qui dans la Géographie & l'Histoire, ne sont pas sans importance. Les Voyageurs, en traitant des pays qu'ils ont vus, sont dans l'usage, & souvent dans l'obligation de citer des mots de la langue qu'on y parle. C'est une obligation, par exemple, s'il s'agit de noms propres de peuples, d'hommes, de villes, de rivières, & d'objets naturels propres au pays; mais de-là est sorti l'abus, que tranſportant les mots d'une langue à l'autre, on les a défigurés à les rendre méconnoiſſables. Ceci eſt arrivé ſur-tout aux pays dont je traite; & il en eſt réſulté dans les livres d'Hiſtoire & de Géographie, un chaos incroyable. Un Arabe qui ſauroit le Français, ne reconnoîtroit pas dans nos cartes dix mots de ſa langue, & nous-mêmes lorſque nous l'avons apprise, nous éprouvons le même inconvénient. Il a pluſieurs cauſes.

1°. L'ignorance où ſont la plupart des Voyageurs de la langue Arabe, & ſur-tout de ſa prononciation; & cette ignorance a été cauſe que leur oreille, novice à des ſons étrangers, en a fait une comparaiſon vicieuſe aux ſons de leur propre langue (*a*).

2°. La nature de pluſieurs prononciations qui n'ont point d'analogues dans la langue où on les tranſporte. Nous l'éprouvons tous les jours dans le *th* des Anglais & dans le *jota* des

---

(*a*) Il n'y a pas juſqu'au ſavant Pocoke, qui, expliquant ſi bien les livres, ne put jamais ſe paſſer d'interprète. Récemment, Vonhaven, Profeſſeur d'Arabe en Danemarck, ne put pas entendre même le *ſalam alai-kam* (le bon jour), lorſqu'il vint en Égypte; & ſon conpagnon, le jeune Forſkal, au bout d'un an, fut plus avancé que lui.

Espagnols : quiconque ne les a pas entendus, ne peut s'en faire une idée; mais c'est bien pis avec les Arabes, dont la langue a trois voyelles, & sept à huit consonnes étrangères aux Européens. Comment les peindre pour leur conserver leur nature, & ne les pas confondre avec d'autres qui font des sens différens ?

3°. Enfin, une troisième cause de désordre, est la conduite des Écrivains dans la rédaction des livres & des cartes. En empruntant leurs connoissances de tous les Européens qui ont voyagé en Orient, ils ont adopté l'orthographe des noms propres, telle qu'ils l'ont trouvée dans chacun ; mais ils n'ont pas fait attention que les diverses Nations de l'Europe, en usant également des lettres Romaines, leur donnent des valeurs différentes. Par exemple, l'*u* des Italiens, n'est pas notre *u*; mais *ou*. Leur *g h*, n'est pas *gé*; mais *gué*. Leur *c*, n'est pas *cé*; mais *tché* : de-là une diversité apparente de mots qui sont cependant les mêmes. C'est ainsi que celui qu'on doit écrire en Français, *chaik* ou *chêk*, est écrit tour-à-tour *schek* (*a*), *shekh*, *schech*, *sciek*, selon qu'on l'a

---

(*a*) Pour faire sentir ces différences à la lecture, il faut appeler les lettres une à une.

tiré

tiré de l'Anglois, de l'Allemand ou de l'Italien, chez qui ces combinaisons de *sh, sch, sc,* ne sont que notre *ché.* Les Polonois écriraient *szech,* & les Espagnols, *chej;* cette différence de finale, *j, ch,* & *kh,* vient de ce que la lettre Arabe est le *jota* Espagnol, *ch* Allemand (*a*), qui n'existe point chez les Anglais, les Français & les Italiens. C'est encore par des raisons semblables, que les Anglais écrivent *Rooda,* l'Isle que les Italiens écrivent *Ruda,* & que nous devons prononcer comme les Arabes, *Rouda;* que Pocoke écrit *harammée* pour *harâmi,* un *voleur;* que Niebuhr écrit *dsjebel* pour *djebel,* une *montagne;* que Danville, qui a beaucoup usé de Mémoires Anglais, écrit *Shâm* pour *Châm,* la *Syrie; wadi* pour *ouâdi,* une vallée, & mille autres exemples.

Par-là, comme je l'ai dit, s'est introduit un désordre d'orthographe qui confond tout; & si l'on n'y remédie, il en résultera, pour le moderne, l'inconvénient dont on se plaint pour l'ancien. C'est avec leur ignorance des Langues

___

(*a*) Pas dans tous les cas, mais après l'*o* & l'*u*, comme dans *buch,* un livre.

Barbares, & avec leur manie d'en plier les sons à leur gré, que les Grecs & les Romains nous ont fait perdre la trace des noms originaux, & nous ont privé d'un moyen précieux de reconnaître l'état ancien, dans celui qui subsiste. Notre langue, comme la leur, a cette délicatesse ; elle dénature tout, & notre oreille rejette comme barbare, tout ce qui lui est inusité. Sans doute il est inutile d'introduire des sons nouveaux ; mais il serait à-propos de nous rapprocher de ceux que nous traduisons, & de leur assigner, pour représentans, les plus rapprochés des nôtres, en leur ajoutant des signes convenus. Si chaque peuple en faisait autant, la nomenclature deviendrait une, comme ses modèles (*a*); & ce serait un premier pas vers une opération qui devient de jour en jour plus pressante & plus facile, un alphabet général qui puisse convenir à toutes les langues, ou du-moins à celles de l'Europe. Dans le cours de cet Ouvrage, je citerai le moins qu'il me sera possible de mots Arabes ; mais lorsque j'y serai

---

(*a*) Lorsque les Voyageurs François qui font actuellement le tour du monde, seront revenus, on verra la confusion qu'apportera dans leurs récits, la variété des orthographes Anglaise & Française.

DE L'ÉGYPTE. 83

obligé, qu'on ne s'étonne pas si je m'éloigne souvent de l'orthographe de la plupart des Voyageurs. A en juger par ce qu'ils ont écrit, il ne paraît pas qu'aucun ait saisi les vrais élémens de l'alphabet Arabe, ni connu les principes à suivre dans la translation des mots dans notre écriture : je reviens à mon sujet.

Une troisième race d'Habitans, en Égypte, est celle des *Turks*, qui sont les maîtres du pays, ou qui du moins en ont le titre. Dans l'origine, ce nom de *Turk* n'était point particulier à la Nation à qui nous l'appliquons; il désignait en général des peuples répandus à l'orient, & même au nord de la mer Caspienne, jusqu'au-delà du lac Aral, dans les vastes contrées qui ont pris d'eux leur denomination de *Tourk-estân* (a). Ce sont ces mêmes peuples dont les anciens Grecs ont parlé sous le nom de Parthes, de Massagètes, & même de Scythes, auquel nous avons substitué celui de *Tartares*. Pasteurs & vagabonds comme les Arabes Bedouins, ils se montrèrent, dans tous les temps, guerriers farouches & redoutables. Ni

---

(a) *Estân* est un terme Persan qui signifie *pays*, & s'applique en finale aux noms propres; ainsi l'on dit *arab-estân*, *frank-estân*, &c.

F ij

Cyrus ni Alexandre ne purent les subjuguer; mais les Arabes furent plus heureux. Environ quatre-vingts ans après Mahomet, ils entrèrent, par ordre du Kalif *Ouâled* I. dans les pays des Turks, & leur firent connaître leur Religion & leurs armes. Ils leur imposèrent même des tributs; mais l'anarchie s'étant glissée dans l'Empire, les Gouverneurs rébelles se servirent d'eux pour résister aux *Kalifs*, & ils furent mêlés dans toutes les affaires. Ils ne tardèrent pas d'y prendre un ascendant qui dérivait de leur genre de vie. En effet, toujours sous des tentes, toujours les armes à la main, ils formaient un peuple guerrier, & une milice rompue à toutes les manœuvres des combats. Ils étaient divisés, comme les Bedouins, en tribus ou *camps*, appelés dans leur langue *ordou*, dont nous avons fait *horde*, pour désigner leurs peuplades. Ces tribus, alliées ou divisées entr'elles pour leurs intérêts, avaient sans cesse des guerres plus ou moins générales; & c'est à raison de cet état, que l'on voit dans leur Histoire plusieurs peuples également nommés *Turks*, s'attaquer, se détruire & s'expulser tour-à-tour. Pour éviter la confusion, je réserverai le nom de *Turks* propres, à ceux de Constantinople, & j'appellerai Turkmans ceux qui les précédèrent.

Quelques hordes de Turkmans ayant donc été introduites dans l'Empire Arabe, elles parvinrent en peu de temps à faire la loi à ceux qui les avoient appelées comme Alliées ou comme Stipendiaires. Les *Kalifs* en firent eux-mêmes une expérience remarquable. *Motazzam* (*a*), frère & successeur d'*Almamoun*, ayant pris pour sa garde un corps de Turkmans, se vit contraint de quitter Bagdâd à cause de leurs désordres. Après lui, leur pouvoir & leur insolence s'accrûrent au point qu'ils devinrent les arbitres du trône & de la vie des Princes ; ils en massacrèrent trois en moins de trente ans. Les Kalifs, délivrés de cette première tutelle, ne devinrent pas plus sages. Vers l'an 935 *Radi B'ellah* (*b*) ayant encore déposé son autorité dans les mains d'un Turkman, ses successeurs retombèrent dans les premières chaînes ; & sous la garde des *Emirs-el-omara*, ils ne furent plus que des fantômes de puissance. Ce fut dans les désordres de cette anarchie qu'une foule de

———

(*a*) En 834.
(*b*) *Qui se plaît en Dieu.*

hordes Turkmanes pénétrèrent dans l'Empire, & qu'elles fondèrent divers Etats indépendans plus ou moins paſſagers dans le *Kerman*, le *Koraſan*, à *Iconium*, à *Alep*, à *Damas* & en *Égypte*.

Juſqu'alors les Turks actuels, diſtingués par le nom d'*Ogouz'ans*, étoient reſtés à l'orient de la Caſpienne & vers le Djihoun; mais dans les premières années du treizième ſiècle, *Djenkiz-Kan* ayant amené toutes les Tribus de la haute Tartarie contre les Princes de *Balk* & de *Samarqand*, les Ogouzians ne jugèrent pas à propos d'attendre *les Mogols*; ils partirent ſous les ordres de leur Chef *Soliman*, & pouſſant devant eux leurs troupeaux, ils vinrent (en 1214), camper dans *l'Aderbedjân*, au nombre de cinquante mille Cavaliers. Les Mogols les y ſuivirent, & les pouſsèrent plus à l'oueſt dans l'Arménie. Soliman s'étant noyé (en 1220) en voulant paſſer l'Euphrate à cheval, *Ertogrul*, ſon fils, prit le commandement des hordes, & s'avança dans les plaines de l'Aſie-mineure, où des pâturages abondans attirèrent ſes troupeaux. La bonne conduite de ce chef lui procura dans ces contrées une force & une conſidération qui firent rechercher ſon alliance par d'autres Princes. De ce nombre fut le Turkman *Ala-el-din*, Sultan à Iconium. Cet Ala-el-din se voyant vieux & inquiété par les Tartares de *Djenkiz-Kan*, accorda des terres aux Turks d'Ertogrul, & le fit même Général de toutes ses troupes. Ertogrul répondit à la confiance du Sultan, battit les *Mogols*, acquit de plus en plus du crédit & de la puissance, & les transmit à son fils *Osman*, qui reçut d'un *Ala-el-din*, successeur du premier, le Qofetân, le tambour & les queues de cheval, symboles du commandement chez tous les Tartares. Ce fut cet *Osman* qui, pour distinguer ses *Turks* des autres, voulut qu'ils portassent désormais son nom, & qu'on les appelât *Osmanlès*, dont nous avons fait Ottomans (a). Ce nouveau nom devint bientôt redoutable aux Grecs de Constantinople, sur qui Osman envahit des terreins assez considérables pour en faire un Royaume puissant. Bientôt il lui en donna le titre en prenant lui-même, en 1300, la qualité de *Soltân*, qui signifie *Souverain absolu*. On sait comment ses successeurs, héritiers de son ambition & de son activité, conti-

---

(a) Cette différence du *t* a l'*s*, vient de ce que la lettre originale est le *th* Anglais, que les étrangers traduisent tantôt *t*, tantôt *s*.

nuèrent de s'agrandir aux dépens des Grecs; comment de jour en jour, leur enlevant des Provinces en Europe & en Asie, ils les resserrèrent jusques dans les murs de Constantinople; & comment enfin Mahomet II, fils d'Amurat, ayant emporté cette ville en 1453, anéantit ce rejeton de l'Empire de Rome. Alors les Turks se trouvant libres des affaires d'Europe, reportèrent leur ambition sur les Provinces du Midi. Bagdad, subjuguée par les Tartares, n'avait plus de Kalifs depuis deux cents ans (a); mais une nouvelle puissance formée en Perse, avait succédé à une partie de leurs domaines. Une autre, formée dans l'Égypte dès le dixième siècle, & subsistant alors sous le nom de *Mamlouks*, en avoit détaché la Syrie. Les Turks se proposèrent de dépouiller ces rivaux. *Bayazid*, fils de Mahomet, exécuta une partie de ce dessein contre le *Sofi* de Perse, en s'emparant de l'Arménie; & Sélim son fils le completta contre les *Mamlouks*. Ce Sultan les ayant attirés près d'Alep en 1517, sous prétexte de l'aider dans la guerre de Perse, tourna subitement ses armes contre eux, &

(a) En 1239, Holagoukan, descendant de Djenkiz, abolit le Kalifat dans la personne de *Mostazem*.

DE L'ÉGYPTE. 89

leur enleva de fuite la Syrie & l'Égypte, où il les poursuivit. De ce moment le sang des Turks fut introduit dans ce pays; mais il s'est peu répandu dans les villages. On ne trouve presque qu'au Kaire des individus de cette Nation; ils y exercent les arts, & occupent les emplois de Religion & de guerre. Ci-devant ils y joignaient toutes les places *du Gouvernement;* mais depuis environ trente ans, il s'est fait une révolution tacite, qui, sans leur ôter le titre, leur a dérobé la réalité du pouvoir.

Cette révolution a été l'ouvrage d'une 4e & dernière race, dont il nous reste à parler. Ses individus, nés tous au pied du Caucase, se distinguent des autres Habitans par la couleur blonde de leurs cheveux, étrangère aux Naturels de l'Égypte. C'est cette espèce d'hommes que nos Croisés y trouvèrent dans le treizième siècle, & qu'ils appelèrent *Mamelus*, ou plus correctement *Mamlouks*. Après avoir demeuré presqu'anéantis pendant deux cens trente ans sous la domination des Ottomans, ils ont trouvé moyen de reprendre leur prépondérance. L'histoire de cette Milice, les faits qui l'amenèrent pour la première fois en Égypte, la manière dont elle s'y est perpétuée & rétabli, enfin son genre de Gouvernement, sont des phénomènes politiques si bizarres, qu'il est nécessaire de donner quelques pages à leur développement.

CAPITRE VII.

Précis de l'Histoire des Mamlouks.

Les Grecs de Constantinople, avilis par un Gouvernement despotique & bigot, avaient vu, dans le cours du septième siècle, les plus belles provinces de leur Empire devenir la proie d'un peuple nouveau. Les Arabes, exaltés par le fanatisme de *Mahomet*, & plus encore par le délire de jouissances jusqu'alors inconnues, avaient conquis, en quatre-vingts ans, tout le nord de l'Afrique jusqu'aux Canaries, & tout le midi de l'Asie jusqu'à l'Indus, & aux déserts Tartares. Mais le livre du *Prophète*, qui enseignait la méthode des ablutions, des jeûnes & des prières, n'avoit point appris la science de la législation, ni ces principes de la morale naturelle, qui sont la base des Empires & des sociétés. Les Arabes savaient vaincre, & nullement gouverner : aussi l'édifice informe de leur puissance ne tarda-t-il pas de s'écrouler. Le vaste Empire des *Kalifs*, passé du despotisme à l'anarchie, se démembra de toutes parts. Les Gouverneurs temporels désabusés de la sainteté de leur Chef spirituel, s'érigèrent par-tout en Souverains, & formèrent des États indépendans. L'Égypte ne fut pas la *dernière* à suivre cet exemple ; mais ce ne fut qu'en 969 (a) qu'il s'y établit une puissance régulière, dont les Princes, sous le nom *de Kalifs Fâtmîtes*, disputèrent à ceux de Bagdâd jusqu'au titre de leur dignité. Ces derniers, à cette époque, privés de leur autorité par la Milice Turkmâne, n'étaient plus capables de réprimer ces prétentions. Ainsi les *Kalifs* d'Égypte restèrent maîtres paisibles de ce riche pays, & ils en eussent pu former un État puissant. Mais toute l'Histoire des Arabes s'accorde à prouver que cette Nation n'a jamais connu *la science du Gouvernement*. Les Souverains d'Égypte, despotes comme ceux de Bagdâd, marchèrent par les mêmes routes à la même destinée.

(*a*) Ou 971, selon d'Herbelot.

Ils se mêlèrent de querelles de sectes; ils en firent même de nouvelles, & persécutèrent pour avoir des prosélytes. L'un d'eux, nommé *Hâkem b'amr-ellâh,* (a) eut l'extravagance de se faire reconnaître pour Dieu incarné, & la barbarie de mettre le feu au Kaire pour se désennuyer. D'autres dissipèrent les fonds publics par un luxe bizarre. Le peuple foulé les prit en aversion; & leurs courtisans, enhardis par leur faiblesse, aspirèrent à les dépouiller. Tel fut le cas d'*Adhad-el-dîn*, dernier rejeton de cette race. Après une invasion des Croisés, qui lui avaient imposé un tribut, un de ses Généraux, déposé, le menaça de lui enlever un pouvoir dont il se montrait peu digne. Se sentant incapable de résister par lui-même, & sans espoir dans sa Nation qu'il avoit aliénée, il eut recours aux Étrangers. En vain le raisonnement & l'expérience de tous les temps lui dictaient que ces Étrangers, dépositaires de sa personne, en seraient aussi les maîtres; une première imprudence en nécessita une seconde; il appela une race de ces Turkmans, dont la Milice avoit asservi les Kalifs de Bagdad, & il

---

(a) *Commandant par ordre de Dieu.*

implora *Nour-el-dín*, Souverain d'Alep, qui dévorant déjà l'Égypte, se hâta d'y envoyer une armée. Elle délivra effectivement *Adhad* du tribut des Francs & des prétentions de son Général. Mais le Kalif ne fit que changer d'ennemis : on ne lui laissa que l'ombre de la puissance; & *Seláh-el-din*, qui prit, en 1171, le commandement des troupes, finit par le faire étrangler. C'est ainsi que les Arabes d'Égypte furent assujettis à des Étrangers, dont les Princes commencèrent une nouvelle dynastie dans la personne de *Seláh-el-dín*.

Pendant que ces choses se passoient en Égypte, pendant que les Croisés d'Europe se faisaient chasser de Syrie pour leurs désordres, des mouvemens extraordinaires préparaient d'autres révolutions dans la haute-Asie. Djenkiz-Kan, devenu seul chef de presque toutes les hordes Tartares, n'attendait que le moment d'envahir les États voisins : une insulte faite à des Marchands sous sa protection, détermina sa marche contre le Sultan de Balk, & l'orient de la Perse. Alors, c'est-à-dire, vers 1218, ces contrées devinrent le théâtre d'une des plus sanglantes calamités dont l'Histoire des Conquérans fasse mention.

Les Mogols, le fer & la flamme à la main, pillant, égorgeant, brûlant sans distinction d'âge ni de sexe, réduisirent tout le pays du Sihoun au Tigre, en un désert de cendres. Ayant passé au nord de la Caspienne, ils poussèrent leurs ravages jusques dans la Russie & le Cuban. Ce fut cette expédition, arrivée en 1227, dont les suites introduisirent les Mamlouks en Égypte. Les Tartares, las d'égorger, avaient ramené une foule de jeunes esclaves des deux sexes; leurs camps & les marchés de l'Asie en étoient remplis. Les successeurs de *Selâh-el-dîn*, qui, à titre de *Turkmans*, conservaient des correspondances vers la Caspienne, virent dans cette rencontre une occasion de se former à bon marché une Milice dont ils connoissaient la beauté & le courage. Vers l'an 1230, l'un d'eux fit acheter jusqu'à 12,000 jeunes gens qui se trouvèrent *Tcherkâsses*, *Mingreliens* & *Abazans*. Il les fit élever dans les exercices militaires, & en peu de temps il eut une légion des plus beaux & des meilleurs soldats de l'Asie, mais aussi des plus mutins, comme il ne tarda pas à l'éprouver. Bientôt cette Milice, semblable aux gardes Prétoriennes, lui fit la loi. Elle fut encore plus audacieuse sous son succesfeur, qu'elle déposa. Enfin, en 1250, peu-à-près le défastre de Saint-Louis, ces soldats tuèrent le dernier Prince *Turkman*, & lui substituèrent un de leurs chefs, avec le titre de *Sultan* (*a*), en gardant pour eux celui de *Mamlouks*, qui signifie un esclave militaire (*b*).

Telle est cette Milice d'esclaves devenus despotes, qui, depuis plusieurs siècles, décide du sort de l'Égypte. Dès l'origine, les effets répondirent aux moyens : sans contrat social entr'eux que l'intérêt du moment, sans droit public avec la Nation, que celui de la conquête; les Mamlouks n'eurent pour règle de conduite & de gouvernement, que la violence d'une soldatesque effrénée & grossière. Le premier Chef qu'ils élurent, ayant occupé cet esprit turbulent à la conquête de la Syrie, il obtint un règne de dix-sept ans; mais depuis lui, pas un seul n'est parvenu à ce terme. Le fer, le cordon, le poison, le meurtre public ou l'assassinat

---

(*a*). Nos Anciens en firent *Soldan* & Soudan, par le changement fréquent d'ol en ou; *fol, fou, mol, mou.*

(*b*) *Mamlouk*, participe passif de *malak*, posséder, signifie *l'homme possédé* en propriété; ce qui a le sens *d'esclave*. Mais cette espèce est distinguée des esclaves domestiques, ou noirs, qu'on appelle *abd*.

particulier, ont été le fort d'une suite de tyrans, dont on compte quarante-sept dans un espace de deux cens cinquante-sept ans. Enfin, en 1517, Sélim, Sultan des Ottomans, ayant pris & fait pendre Toumâm Bek, leur dernier Chef, mit fin à cette Dynastie.

Selon les principes de la politique Turque, Sélim devoit exterminer tout le corps des Mamlouks ; mais une vue plus raffinée le fit pour cette fois déroger à l'usage. Il sentit, en établissant un Pacha dans l'Égypte, que l'éloignement de la Capitale deviendroit une grande tentation de révolte, s'il lui confioit la même autorité que dans les autres Provinces. Pour parer à cet inconvénient, il combina une forme d'administration, telle que les pouvoirs partagés entre plusieurs Corps, gardassent un équilibre qui les tînt tous dans sa dépendance ; la portion des Mamlouks échappés à son premier massacre, lui parut propre à ce dessein. Il établit donc un *Diouân*, ou *Conseil* de Régence, qui fut composé du Pacha & des Chefs des sept Corps Militaires. L'office du Pacha fut de notifier à ce Conseil les ordres de la *Porte*, de faire passer le tribut, de veiller à la sûreté du pays contre les

ennemis

ennemis extérieurs, de s'opposer à l'agrandissement des divers partis; de leur côté, les Membres du Conseil eurent le droit de rejeter les ordres du Pacha, en motivant les refus; de le déposer même, & de ratifier toutes les ordonnances civiles ou politiques. Quant aux *Mamlouks*, il fut arrêté qu'on prendroit parmi eux les vingt-quatre Gouverneurs ou Beks des Provinces: on leur confia le soin de contenir les Arabes, de veiller à la perception des tributs, & à toute la police intérieure; mais leur autorité fut purement passive, & ils ne dûrent être que les instrumens des volontés du Conseil. L'un d'eux, résidant au Kaire, eut le titre de *Chaik-El-beled* (*a*), qu'on doit traduire par *Gouverneur de la ville*, dans un sens purement civil, c'est-à-dire, sans aucun pouvoir militaire.

Le Sultan établit aussi des tributs, dont une partie fut destinée à soudoyer 20,000 hommes de pied, & un Corps de 12,000 cavaliers, résidens sur le pays: l'autre, à procurer à la Mekke

---

(*a*) *Chaik* signifie proprement un *vieillard*, *senior populi*; il a pris la même acception en Orient que parmi nous, & il désigne un *Seigneur*, un Commandant.

Tom. I.   G

& à Médine, des provisions de bled, dont elles manquent; & la troisième, à grossir le Kazné ou Trésor de Constantinople, & à soutenir le luxe du *Sérail.* Du reste, le peuple qui devoit subvenir à ces dépenses, ne fut compté, comme l'a très-bien observé M. Savari, que comme un agent passif, & resta soumis comme auparavant à toute la rigueur d'un despotisme militaire.

Cette forme de Gouvernement n'a pas mal répondu aux intentions de Sélim, puisqu'elle a duré plus de deux siècles; mais depuis cinquante ans, la Porte s'étant relâchée de sa vigilance, il s'est introduit des nouveautés dont l'effet a été de multiplier les *Mamlouks*; de reporter en leurs mains les richesses & le crédit; & enfin, de leur donner sur les Ottomans un ascendant qui a réduit à peu de chose le pouvoir de ceux-ci. Pour concevoir cette révolution, il faut connaître par quels moyens les *Mamlouks* se sont perpétués & multipliés en Egypte.

En les voyant subsister en ce pays depuis plusieurs siècles, on croirait qu'ils s'y sont reproduits par la voie ordinaire de la génération; mais si leur premier établissement fut un fait singulier, leur perpétuation en est un autre qui n'est pas moins bizarre. Depuis cinq cent-cinquante ans qu'il y a des *Mamlouks* en Égypte, pas un seul n'a donné lignée subsistante; il n'en existe pas une famille à la seconde génération : tous leurs enfans périssent dans le premier ou le second âge. Les Ottomans sont presque dans le même cas, & l'on observe qu'ils ne s'en garantissent qu'en épousant des femmes indigènes ; ce que les *Mamlouks* ont toujours dédaigné (*a*). Qu'on explique pourquoi des hommes bien constitués, mariés à des femmes saines, ne peuvent naturaliser sur les

---

(*a*) Les femmes des Mamlouks sont, comme eux, des esclaves transportées de Géorgie, de Mingrelie, &c. On parle toujours de leur beauté, & il faut y croire sur la foi de la renommée. Mais un Européen qui n'a été qu'en Turquie, n'a point le droit d'en rendre témoignage. Ces femmes y sont encore plus invisibles que les autres, & c'est sans doute à ce mystère qu'elles doivent l'idée qu'on se fait de leur beauté. J'ai eu occasion d'en demander des nouvelles à l'épouse d'un de nos Négocians au Kaire, à laquelle le commerce des galons & des étoffes de Lyon ouvrait tous les *Harem* ; cette dame, qui a plus d'un droit d'en bien juger, m'a assuré que sur mille à douze cents femmes d'élite qu'elle a vues, elle n'en a pas trouvé dix qui fussent d'une vraie beauté. Mais les Turcs ne sont pas si difficiles. Pourvu qu'une femme soit blanche, elle est belle ; si elle est grasse, elle est admirable : *son visage est comme la pleine lune ; ses hanches sont comme des coussins, disent-ils* pour exprimer le superlatif de la beauté. On peut

bords du Nil, un sang formé aux pieds du Caucase! & qu'on se rappelle que les plantes d'Europe refusent également d'y maintenir leur espèce! on pourra se refuser à croire ce double phénomène; mais il n'en est pas moins constant, & il ne paraît pas nouveau. Les Anciens ont des observations qui y sont analogues : ainsi, lorsqu'Hippocrate (*a*) dit que chez les Scythes & les Égyptiens, tous les individus se ressemblent, & que ces deux Nations ne ressemblent à aucune autre; lorsqu'il ajoute que dans le pays de ces deux peuples, le climat, les saisons, les élémens & le terrain ont une uniformité qu'ils n'ont point ailleurs, n'est-ce pas reconnaître cette espèce d'intolérance dont je parle ? Quand de tels pays impriment un caractère si particulier à ce qui leur appartient, n'est-ce pas une raison de repousser tout ce qui leur est étranger ? Il semble alors que le seul moyen de naturalisation pour les

---

dire qu'ils la mesurent au quintal. Ils ont d'ailleurs un proverbe remarquable pour les physiciens : *Prends une blanche pour tes yeux, mais pour le plaisir prends une Egyptienne.* L'expérience leur a prouvé que les femmes du nord sont réellement plus froides que celles du midi.

(*a*) *Hippocrates lib. De Aere, Locis & Aquis.*

animaux & pour les plantes, est de se ménager une affinité avec le climat, en s'alliant aux espèces indigènes; & les *Mamlouks*, ainsi que je l'ai dit, s'y sont refusés. Le moyen qui les a perpétués & multipliés, est donc le même qui les y a établis : c'est-à-dire, qu'ils se sont régénérés par des esclaves transportés de leur pays originel. Depuis les Mogols, ce commerce n'a pas cessé sur les bords du Kuban & du Phase (*a*) : comme en Afrique il s'y entretient, & par les guerres que se font les nombreuses peuplades de ces contrées, & par la misère des habitans qui vendent leurs propres enfans pour vivre. Ces esclaves des deux sexes, transportés d'abord à Constantinople, sont ensuite répandus dans tout l'Empire, où ils sont achetés par les gens riches. Les Turcs, en s'emparant de l'Égypte, auraient dû sans doute y prohiber cette dangereuse marchandise : ne l'ayant pas fait, ils se sont attiré le revers qui aujourd'hui les dépossède ; ce revers a été préparé

(*a*) Ce pays fut de tout temps une pépinière d'esclaves ; il en fournissait aux Grecs, aux Romains, & à l'ancienne Asie. Mais n'est-il pas singulier de lire dans Hérodote, que jadis la Colchide (aujourd'hui la Géorgie) reçut des Habitans noirs de l'Égypte, & de voir qu'aujourd'hui elle lui en rende de si différens ?

de longue main par plusieurs abus. Depuis longtemps, la Porte négligeait les affaires de cette Province. Pour contenir les Pachas, elle avait laissé le Divan étendre son pouvoir, & les Chefs des *Janissaires* & des *Azabs* étaient devenus tout-puissans. Les soldats eux-mêmes, devenus citoyens par les mariages qu'ils avaient contractés, n'étaient plus les créatures de Constantinople. Un changement arrivé dans la discipline, avait aggravé le désordre. Dans l'origine, les sept Corps Militaires avaient des caisses communes; & quoique la société fût riche, les particuliers ne disposant de rien, ne pouvaient rien. Les Chefs, que cette disposition gênait, eurent le crédit de la faire abolir, & ils obtinrent la permission de posséder des propriétés foncières, des terres & des villages. Or, comme ces terres & ces villages dépendaient des Gouverneurs *Mamlouks*, il fallut les ménager, pour qu'ils ne les grevassent point. De ce moment, les *Beks* acquirent du crédit sur les gens de guerre, qui jusqu'alors les avaient dédaignés; & ce crédit devint d'autant plus grand, que leur gestion leur procurait des richesses considérables: ils les employèrent à se faire des amis & des créatures; ils multiplièrent leurs esclaves,

& après les avoir affranchis, ils les pousserent de tout leur crédit aux grades de la Milice & du Gouvernement. Ces parvenus, conservant pour leurs patrons un respect que l'usage de l'Orient consacre, ils leur formèrent des factions dévouées à toutes leurs volontés. Telle fut la marche par laquelle *Ybrahim*, l'un des Kiâyas (a) ou Colonels vétérans des *Janissaires*, parvint vers 1746 à se saisir de tous les pouvoirs; il avoit tellement multiplié & avancé ses affranchis, que sur les vingt-quatre Beks que l'on devait compter, il y en avait huit de sa *Maison*. Il en retirait une prépondérance d'autant plus certaine, que le Pacha laissait toujours des places vacantes pour en percevoir les émolumens. D'autre part, ses largesses lui avaient attaché les Officiers & les soldats de son Corps. Enfin l'association de *Rodoan*, le plus puissant des Colonels *Azabs*, mettait le sceau à son crédit. Le Pacha, maîtrisé par cette faction, ne fut plus qu'un fantôme, & les ordres du Sultan s'évanouirent devant ceux d'Ybrahim.

(a) Les corps Militaires des Janissaires, Azabs, &c. étaient commandés par des Kiâyas, qui, après un an d'exercice, se démettoient de leur emploi, & devenoient vétérans avec voix au *Diouân*.

A sa mort, arrivée en 1757, sa *Maison*, c'est-à-dire, ses affranchis, divisés entr'eux, mais réunis contre les autres, continuèrent de faire la loi. Rodoan qui avait succedé à son collègue, ayant été chassé & tué par une cabale de jeunes *Beks*, on vit divers *Commandans* se succéder dans un assez court espace. Enfin, vers 1766, un des principaux acteurs des troubles, *Ali-Bek*, qui pendant plusieurs années a fixé l'attention de l'Europe, prit un ascendant décidé sur ses rivaux, & sous le titre d'*Emir-hadj* & de *Chaik-el-beled*, parvint à s'arroger toute la puissance. L'Histoire des Mamlouks étant liée à la sienne, nous allons continuer l'une, en exposant l'autre.

CHAPITRE VIII.

Précis de l'Histoire d'Ali-Bek (a).

LA naissance d'Ali-Bek est soumise aux mêmes incertitudes que celle de la plupart des *Mam-*

(a) Depuis la rédaction de cet article, M. Savari a publié deux nouveaux Volumes sur l'Égypte, dans l'un desquels se

Iouks. Vendus en bas âge par leurs parens, ou enlevés par des ennemis, ces enfans conservent

trouve la vie de ce même Ali-bek. Je comptois y trouver des récits propres à vérifier ou à redresser les miens : mais quel a été mon étonnement de voir que nous n'avons presque rien de commun ! Cette diversité m'a été d'autant plus désagréable, que déjà ne m'étant pas trouvé du même avis sur d'autres objets, il pourra sembler à bien des lecteurs que je prends à tâche de contrarier ce Voyageur. Mais outre que je ne connais point la personne de M. Savari, je proteste que de telles partialités n'entrent point dans mon caractère. Par quel accident arrive-t-il donc qu'ayant été sur les mêmes lieux, ayant dû voir les mêmes témoins, nos récits soient si divers ? J'avoue que je n'en vois pas bien la raison : tout ce que je puis assurer, c'est que pendant six mois que j'ai vécu au Kaire, j'ai interrogé avec soin ceux de nos Négocians & des Marchands Chrétiens, à qui une longue résidence & un esprit sage m'ont paru donner un témoignage plus authentique. Je les ai trouvés d'accord sur les faits principaux ; & j'ai eu l'avantage d'entendre confirmer leurs récits par un Négociant Vénitien (M. C. Rosetti), qui a été l'un des Conseillers intimes d'Ali-bek, & le promoteur de ses liaisons avec les Russes, & de ses projets sur le commerce de l'Inde. Dans la Syrie, j'ai trouvé une foule de témoins oculaires des événemens communs aux *Chaikdaher*, & à Ali-bek : & j'ai pû juger du degré d'instruction de mes Auteurs d'Égypte. Pendant huit mois que j'ai demeuré chez les Druzes, j'ai appris de l'Évêque d'Alep, alors Évêque d'Acre, mille particularités d'autant plus certaines, que le Ministre de Dâher, *Ibrahim-Sabbâr*, était fréquemment dans sa maison. En Palestine j'ai vécu avec des Chrétiens &

peu le souvenir de leur origine & de leur patrie; souvent même ils les celent. L'opinion la plus ac-

des Musulmans qui ont commandé des Troupes de Dâher, fait le premier siége de Yâfa avec Ali-Bek, & soutenu le second contre Mohammad-bek. J'ai vu les lieux, j'ai entendu les témoins. J'ai reçu des notes historiques de l'Agent de Venise à *Yâfa*, qui a essuyé sa part de tous les troubles. Voilà les matériaux sur lesquels j'ai rédigé ma narration. Ce n'est pas que je n'aye trouvé quelques *variantes* de circonstances : quels faits n'en ont pas ? La bataille de Fontenoi n'a-t-elle pas dix versions différentes ? Il suffit d'obtenir les principaux résultats, d'admettre les plus grandes probabilités ; & j'ai pu apprendre par moi-même, en cette occasion, combien la stricte vérité des faits historiques est difficile à établir.

Ce n'est pas non plus que je n'aye entendu quelques-uns des récits de M. Savari ; & lui-même ne peut être taxé de les avoir imaginés ; car sa narration est mot pour mot celle d'un livre Anglais imprimé en 1783, & intitulé *Précis de la Révolte d'Ali-bek* (1), quoiqu'il n'y ait que quarante pages consacrées à ce sujet, & que le reste ne traite que de lieux communs de mœurs, & de géographie. J'étais au Kaire lorsque les Papiers publics rendirent compte de cet Ouvrage ; & je me rappelle bien que lorsque nos Négocians entendirent parler d'une Marie, femme d'Ali-bek; d'un Grec Dâoud, père de ce Commandant; d'une reconnaissance comme celle de Joseph, ils se regardèrent avec étonnement, & finirent *par rire des contes que l'on faisait en Europe*. Ainsi le Facteur Anglais qui était en Égypte en 1771, a beau réclamer l'autorité du

(1) An account of History of the revolt of Ali-bek, &c. London 1783, 1 vol; in-8°.

créditée sur Ali, est qu'il naquit parmi les **Aba-**zans, l'un des peuples qui habitent le Caucase, & dont les esclaves sont les plus recherchés (*a*). Les Marchands qui font ce commerce, le transportèrent dans l'une de leurs cargaisons annuelles, au Kaire; il y fut acheté par les frères Isaac & Yousef, Juifs Douaniers, qui en firent présent à Ybrahim Kiaya. On estime qu'il pouvoit avoir alors douze à quatorze ans; mais les Orientaux, tant Musulmans que Chrétiens, ne tenant point

---

Kiaya d'Ali-bek, & d'une foule de Beks qu'il a consultés *sans savoir l'Arabe*; on ne peut le regarder comme bien instruit. Je le suspecte d'autant plus d'erreur, qu'il débute par une faute impardonnable, en disant que le pays *d'Abaza* est la même chose qu'*Amasée*, puisque l'un est une contrée du Caucase, en tirant vers le Kuban, & l'autre une ville de l'ancienne Cappadoce, ou Natolie moderne. Au reste, il existe à Paris des *Mémoires sur Ali-bek*, recueillis par une personne de distinction, qui a été en Égypte comme M. Savari & moi; & ces Mémoires pourront lever les doutes qui resteraient sur cette matière.

(*a*) Les Turcs estiment en premier lieu les esclaves Tchercasses ou Circassiens, puis les Abazans; 3°. les Mingrelins; 4°. les Géorgiens; 5°. les Russes & les Polonais; 6°. les Hongrois & les Allemands; 7°. les Noirs; & enfin les derniers de tous sont les Espagnols, les Maltois & autres Francs qu'ils déprisent comme étant ivrognes, débauchés, mutins & de peu de travail.

de registres de naissance, on ne sait jamais leur âge précis. Ali chez son nouveau Patron, remplit les fonctions des Mamlouks, qui sont presqu'en tout celles des Pages chez les Princes. Il reçut l'éducation d'usage, qui consiste à bien manier un cheval, à tirer la carabine & le pistolet, à lancer le *djerid*, à frapper du sabre, & même un peu à lire & à écrire. Dans tous ces exercices il montra une pétulance qui lui valut le surnom Turk de *djendâli*, c'est-à-dire, *fou*. Mais les soucis de l'ambition parvinrent à la calmer. Vers l'âge de dix-huit à vingt ans, son Patron lui laissa croître la barbe, c'est-à-dire, qu'il l'affranchit; car chez les Turks un visage sans moustaches & sans barbe n'appartient qu'aux esclaves & aux femmes, & de là cette impression défavorable qu'ils reçoivent du premier aspect de tout Européen. En l'affranchissant, Ybrahim lui donna une femme, des revenus, & le promut au grade de *Kâchef* ou *Gouverneur* de district : enfin il le mit au rang des vingt-quatre Beks. Ces divers grades, le crédit & les richesses qu'il y acquit, éveillèrent l'ambition d'Ali-Bek. La mort de son Patron, arrivée en 1757, ouvrit à ses projets une libre carrière. Il se mêla dans toutes les intrigues qui se firent pour élever ou fupplanter les Commandans. Rodoan Kiaya lui dut fa ruine. Après Rodoan, diverfes factions portèrent tour-à-tour leurs Chefs à fa place. Celui qui l'occupoit en 1762 étoit Abd-el-Rahmân, peu puiffant par lui-même, mais foutenu par plufieurs Maifons confédérées. Ali étoit alors *Chaik-el-beled;* il faifit le moment qu'Abd-el-Rahmân conduifoit la caravane de la Mekke, pour le faire exiler; mais lui-même eut bientôt fon tour, & fut condamné de paffer à Gaze. Gaze, dépendant d'un Pacha Turk, n'étoit point un lieu affez agréable ni affez sûr pour qu'il acceptât cet exil ; auffi n'en prit-il la route que par feinte, & dès le troifième jour il tourna vers le *Saïd,* où il fut rejoint par fes partifans. Ce fut à Djirdjé qu'un féjour de deux ans mûrit fa tête, & qu'il prépara les moyens d'obtenir & d'affurer le pouvoir qu'il ambitionnoit. Les amis que fon argent lui fit au Kaire l'ayant enfin rappelé en 1766, il parut fubitement dans cette Ville, & en une feule nuit il tua quatre Beks de fes ennemis, en exila quatre autres, & fe trouva déformais Chef du parti le plus nombreux. Devenu dépofitaire de toute l'autorité, il réfolut de l'employer à s'agrandir encore davantage. Son ambition ne se borna plus au simple titre de *Commandant*. La suzeraineté de Constantinople offensa son orgueil, & il n'aspira pas moins qu'au titre de *Sultan* d'Égypte. Toutes ses démarches furent relatives à ce but; il chassa le Pacha, qui n'était plus qu'un être de représentation; il refusa le tribut accoutumé: enfin en 1768 il battit monnoie à son propre coin (*a*). La Porte ne vit pas sans indignation ces atteintes à son autorité; mais pour les réprimer, il eût fallu une guerre ouverte, & les circonstances n'étaient pas favorables. L'Arabe *Daher* établi dans *Acre*, tenait en échec la Syrie; & le Divan de Constantinople occupé des affaires de la Pologne & des prétentions des Russes, n'avait d'attention que pour le Nord. On tenta la voie usitée des capidjis; mais le poison ou le poignard prévinrent toujours le cordon qu'ils portaient. *Ali-Bek* profitant des circonstances, poussa de plus en plus ses entreprises & ses succès. Depuis plusieurs années une partie du Saïd était occupée par des Chaiks Arabes peu soumis. L'un

_____

(*a*) Lors de sa ruine, ses piastres perdirent vingt pour cent, parce qu'on prétendit qu'elles étoient surchargées d'alliage. Un Négociant en fit passer dix mille à Marseille, & elles rendirent à la fonte un bénéfice assez considérable.

d'eux, nommé *Hammam*, y formoit une puissance capable d'inquiéter. Ali commença par se délivrer de ce souci, & sous prétexte que ce Chaik receloit un dépôt confié par Ybrahim Kiaya, & qu'il accueilloit des rebelles, il envoya, contre lui en 1769 un corps de Mamlouks commandé par son favori Mohammad-Bek, qui détruisit en une seule journée & Hammâm & sa puissance.

La fin de cette même année vit une autre expédition dont les suites devaient rejaillir jusques sur l'Europe. Ali-Bek arma des vaisseaux à *Suez*, & les chargeant de Mamlouks, il ordonna au Bek *Hassan* de les conduire à Djedda, port de la Mekke, & de l'occuper, pendant qu'un corps de cavalerie, sous la conduite de Mohammad-Bek, alla par terre s'emparer de la Mekke même, qui fut livrée au pillage. Son dessein était de faire de Djedda l'entrepôt du commerce de l'Inde ; & ce projet suggéré par un jeune Négociant Vénitien (*a*) admis à sa confiance, devait faire abandonner le trajet par le Cap de Bonne-Espérance,

_____

(*a*) M. C. Rosetti ; son frère, Balthazar Rosetti devait être Douanier de Djédda.

& lui substituer l'ancienne route de la Méditerranée & de la mer Rouge; mais la suite des faits a prouvé qu'on s'étoit trop pressé, & qu'avant d'introduire l'or dans un pays, il faut y établir des loix.

Ali, vainqueur d'un petit Prince du Saïd, & conquérant des huttes de la Mekke, se crut fait désormais pour commander au monde entier. Ses courtisans lui dirent qu'il étoit aussi puissant que le Sultan de Constantinople, & il le crut comme ses courtisans. Un peu de raisonnement lui eût démontré que la proportion de l'Égypte au reste de l'Empire, n'en fait qu'un bien petit État, & que sept ou huit mille Cavaliers qu'il commandait, étaient peu de chose en comparaison de cent mille Janissaires, dont le Sultan pouvoit disposer; mais les Mamlouks ne savent point de géographie; & Ali, qui voyoit l'Égypte de près, la trouvait plus grande que la Turquie qu'il voyait de loin. Il résolut donc de commencer le cours de ses conquêtes; la Syrie qui était à sa porte, fut naturellement la première qu'il se proposa: tout favorisait ses vues. La guerre des Russes ouverte en 1769, occupait toutes les forces des Turcs dans le Nord. Le Chaïk Daher révolté,

était

était un allié puissant & fidèle; enfin les concussions du Pacha de Damas, en disposant les esprits à la révolte, offraient la plus belle occasion d'envahir son Gouvernement, & de mériter le titre de Libérateur des Peuples. Ali saisit très-bien cet ensemble, & il ne différa de se mettre en mouvement, qu'autant que l'exigeaient les préparatifs nécessaires. Toutes les mesures étant prises, il détacha en Décembre 1770, sous les ordres de cinq Beks, un corps d'environ cinq cens Mamlouks, tous cavaliers, (car ils ne vont jamais à pied), & il les envoya occuper Gaze, pour s'assurer l'entrée de la Palestine. Osman, Pacha de Damas, n'apprit pas plutôt l'invasion, qu'il accourut. Les Mamlouks, effrayés de sa diligence & du nombre de ses troupes, se tinrent la bride en main, prêts à fuir au premier signal; mais *Daher*, l'homme le plus diligent qu'ait vu depuis long-temps la Syrie, *Daher* accourut d'Acre, & les tira d'embarras. Osman, campé près de Yâfa, prit la fuite sans rendre de combat. Daher occupa Yâfa, Ramlé & toute la Palestine, & la route resta ouverte à la grande armée qu'on attendait.

Elle arriva sur la fin de Février 1771 : les Gazettes du temps qui comptèrent 60,000 hommes, ont fait croire en Europe que c'était une armée semblable à celles de Russie ou d'Allemagne; mais les Turcs, & sur-tout ceux de l'Asie, diffèrent encore plus des Européens par l'état militaire, que par les usages & les mœurs. Il s'en faut beaucoup que soixante mille hommes chez eux, soient soixante mille soldats, comme les nôtres. L'armée dont il s'agit, en est un exemple: elle pouvait monter réellement à quarante mille têtes, qu'il faut classer comme il suit; savoir, cinq mille Mamlouks, tous à cheval, & c'était-là véritablement l'armée; environ 1500 Barbaresques à pied, & pas d'autre Infanterie. Les Turcs n'en connaissent pas: chez eux, l'homme à cheval est tout; en outre, chaque Mamlouk ayant à sa suite deux valets à pied armés d'un bâton, il en résulte 10,000 valets; plus, un excédent de valets & de *serrâdjs* ou valets à cheval pour les Beks & Kâ, chefs, évalué 2,000, & tout le reste vivandiers & goujats: voilà cette armée, telle que me l'ont dépeinte en Palestine des personnes qui l'ont vue & suivie. Elle étoit commandée par le favori d'*Ali-Bek*, *Mohammad-Bed*, surnommé *Aboudâhâb*, ou père de l'or, à raison du luxe de sa tente & de ses harnois. Quant à l'ordre & à la discipline, il n'en faut pas faire mention. Les armées des Mamlouks & des Turks, ne font qu'un amas confus de cavaliers fans uniformes, de chevaux de toute taille & de toutes couleurs, marchant fans obferver ni rangs, ni diftributions. Cette foule s'achemina vers Acre, laiffant fur fon paffage les traces de fon indifcipline & de fa rapacité : là fe fit la réunion des troupes du Chaïk Dâher, qui confiftaient en quinze cents *Safadiens*(a) à cheval, commandés par fon fils *Ali* ; en douze cens cavaliers *Motouâlis*, ayant pour Chef le Chaïk *Nâfif*, & à-peu-près mille Barbarefques à pied. Cette réunion achevée & le plan concerté, l'on marcha vers Damas dans le courant d'Avril. Ofman, qui avait eu le loifir de fe préparer, avait de fon côté raffemblé une armée auffi nombreufe & auffi mal ordonnée. Les Pachas de Saide, (b) de Tripoli & d'Alep, s'étaient joints à lui, & ils attendoient l'ennemi fous les murs mêmes de Damas. Il ne faut pas s'imaginer ici des mouvemens combinés, tels que ceux qui depuis cent ans, ont fait de la guerre parmi

---

(a) Les gens de Dâher portaient ce nom, parce que le fiège originel de l'État de Dâher, était à *Serfad*, village de Galilée.

(b) Prononcez *Sêde* ; c'eft la ville qui a fuccédé à Sidon.

nous une science de calcul & de réflexion. Les Asiatiques n'ont pas les premiers élémens de cette conduite. Leurs armées sont des *cohues*, leurs marches des pillages, leurs campagnes des incursions, leurs batailles des batteries; le plus fort ou le plus hardi va chercher l'autre, qui souvent fuit sans combat; s'il attend de pied ferme, on s'aborde, on se mêle, on tire les carabines, on rompt des lances, on se taille à coups de sabre, on n'a presque jamais de canon; & lorsqu'il y en a, il est de peu de service. La terreur se répand souvent sans raison : un parti fuit; l'autre le presse, & crie victoire. Le vaincu subit la loi du vainqueur, & souvent la campagne finit avec la bataille.

Tel fut en partie ce qui se passa en Syrie en 1771. L'armée d'Ali-Bek & de Dâher marcha contre Damas. Les Pachas l'attendirent; on s'approcha, & le 6 Juin on en vint à une affaire décisive : les Mamlouks & les Safadiens fondirent avec tant de fureur sur les Turks, que ceux-ci épouvantés du carnage, prirent la fuite; les Pachas ne furent pas les derniers à se sauver; les Alliés, maîtres du terrain, s'emparèrent sans effort de la ville, qui n'avoit ni soldats ni murs. Le château seul résista. Ses murailles ruinées n'avoient pas un canon, encore moins des cannoniers; mais il y avoit un fossé marécageux, & derrière les ruines quelques fusiliers; & cela suffit pour arrêter cette armée de cavaliers : cependant comme les assiégés étoient vaincus par l'opinion, ils capitulèrent le troisième jour, & la place devait être livrée le lendemain, lorsque le point du jour amena la plus étrange des révolutions. Au moment que l'on attendoit le signal de la reddition, Mohammad fait tout-à-coup crier la retraite, & tous ses cavaliers tournent vers l'Égypte. En vain Ali - Daher & Nâsif surpris accourent & demandent la cause d'un retour si incroyable : le *Mamlouk* ne répond à leurs instances que par une menace hautaine, & tout décampe en confusion. Ce ne fut pas une retraite, mais une fuite; on eût dit que l'ennemi les chassoit l'épée dans les reins; la route de Damas au Kaire fut couverte de piétons, de cavaliers épars, de munitions & de bagages abandonnés. On attribua dans le temps cette aventure bizarre à un prétendu bruit de la mort d'Ali-Bek; mais le vrai nœud de l'énigme fut une conférence secrette qui se passa de nuit dans la tente de Mohammad-Bek. Osman ayant vu que la force était sans succès, employa la séduction. Il trouva moyen d'introduire chez le Général Égyptien un agent délié qui, sous prétexte de traiter de pacification, tenta de semer la révolte & la discorde. Il insinua à Mohammad que le rôle qu'il jouait était aussi peu convenable à son honneur qu'à sa sûreté; qu'il se trompait s'il croyait que le Sultan dût laisser impunies les saillies d'Ali-Bek; que c'étoit un sacrilége de violer une ville sainte comme Damas, l'une des deux portes de la *Kabé* (a); qu'il s'étonnait que lui Mohammad préférât à la faveur du Sultan, celle d'un de ses esclaves, & qu'il plaçât un second maître entre son Souverain & lui ; que d'ailleurs on savoit que ce maître, en l'exposant chaque jour à de nouveaux dangers, le sacrifiait, & à son ambition personnelle & à la jalousie de son Kiâya, le Copte *Rezq*. Ces raisons, & sur-tout ces deux dernières, qui portaient sur des faits connus, frappèrent vivement Mohammad & ses Beks : aussi-tôt ils délibérèrent, & se lièrent par serment sur le *sabre* & le *Qaran*; ils décidèrent qu'on

───────────────

(a) A raison du pélerinage, dont les deux grandes Caravannes partent du Kaire & de Damas.

partirait sans délai pour le Kaire. Ce fut en conséquence de ce dessein qu'ils décampèrent si brusquement, en abandonnant leur conquête, ils marchèrent avec tant de précipitation, que le bruit de leur arrivée ne les précéda au Kaire que de six heures. Ali-Bek en fut épouvanté, & il eût desiré de punir sur-le-champ son Général; mais Mohammad parut si bien accompagné, qu'il n'y eut pas moyen de rien tenter contre sa personne: il fallut dissimuler, & Ali-Bek s'y soumit d'autant plus aisément, qu'il devoit sa fortune à cet art bien plus qu'à son courage.

Privé tout-à-coup des fruits d'une guerre dispendieuse, Ali-Bek ne renonça pas à ses projets. Il continua d'envoyer des secours à son allié Dâher, & il prépara une seconde armée pour l'année 1772; mais la fortune, lasse de faire pour lui plus que sa prudence, cessa de le favoriser. Un premier revers fut la perte de plusieurs *cayâsses* ou bateaux qu'un corsaire Russe enleva à la vue de Damiette au moment qu'ils portaient des riz à Dâher; mais un autre accident bien plus grave, fut l'évasion de Mohammad-Bek. Ali-Bek avait de la peine à oublier l'affaire de Damas; néanmoins, par un reste de cet amour que l'on a pour ceux à qui l'on a fait du bien, il ne pouvait se décider à un coup violent, quand un propos glissé par le Négociant Vénitien qui jouissoit de sa confiance, vint l'y déterminer. « Les Sultans des Francs, disoit un jour Ali-Bek à cet Européen, de qui je le tiens, les Sultans des Francs ont-ils des enfans aussi riches que mon fils Mohammad ? Non, Seigneur, lui répondit le courtisan : ils s'en donnent bien de garde; car ils prétendent que les enfans trop grands sont souvent pressés d'hériter de leurs pères. » Ce mot pénétra comme un trait dans le cœur d'Ali-Bek. De ce moment il vit dans Mohammad un rival dangereux, & il résolut sa perte. Pour l'effectuer sans risques, il envoya d'abord un ordre à toutes les portes du Kaire de ne laisser sortir aucun Mamlouk dans la soirée ou la nuit; puis il fit signifier à Mohammad d'aller sur-le-champ en exil au Saïd, Il comptait par cette contradiction que Mohammad serait arrêté aux portes, & que les gardiens s'emparant de sa personne, on en auroit bon marché; mais le hasard trompa ces mesures vagues & timides. La fortune voulut que par un mal-entendu, on crût Mohammad chargé d'ordres particuliers d'Ali. On le laissa passer avec sa suite, & de ce moment tout fut perdu. Ali-Bek, instruit de la méprise, le fit poursuivre; mais Mohammad tint une contenance si menaçante, qu'on n'osa l'attaquer. Il se retira au Saïd frémissant de colère, & plein du desir de la vengeance. Un autre danger l'y attendoit. Ayoub-Bek, commandant pour Ali, feignant d'entrer dans les ressentimens de l'exilé, l'accueillit avec transport, & jura sur le sabre & le qoran de faire cause commune avec lui. Peu de jours après on surprit des lettres de cet Ayoub à Ali, par lesquelles il lui promettait incessamment la tête de son ennemi. Mohammad ayant découvert la trame, fit saisir le traître; & après lui avoir coupé les poings & la langue, il l'envoya au Kaire recevoir la récompense de son Patron.

Cependant les Mamlouks, las des hauteurs d'Ali-Bek, accouroient en foule auprès de son rival. En quarante jours Mohammad se vit assez fort pour descendre du Saïd les armes à la main. De son côté Ali-Bek envoya contre lui ses partisans; mais plusieurs passèrent encore chez l'ennemi: enfin au mois d'Avril 1772, il y eut aux portes du Kaire, dans la plaine d'*El Masâteb*, un choc dont l'issue fut d'introduire dans la ville Mohammad & les fiens, la maffe d'armes & le fabre à la main. Ali-Bek n'eut que le temps de fe fauver avec huit cens Mamlouks qui le fuivirent. Il fe rendit à Gaze pour la première fois de fa vie : il voulait paffer fur-le-champ jufqu'à Acre, chez fon allié Dâher ; mais les habitans de Nâblous & de Yafa lui fermèrent la route. Il fallut que Dâher vînt lui-même lever les obftacles. L'Arabe le reçut avec cette fimplicité & cette franchife qui de tout temps ont fait le caractère de fa nation, & il l'emmena à Acre. Saide alors affiégée par les troupes d'Ofman & par les Druzes, demandait des fecours. Il alla les porter, & Ali l'y accompagna. Leurs troupes réunies formoient environ fept mille cavaliers. A leur approche les Turks levèrent le fiège, & fe retirèrent à une lieue au nord de la ville, fur la rivière d'*Aoula*. Ce fut là que fe livra en Juillet 1772, la bataille la plus confidérable & la plus méthodique de toute cette guerre. L'armée Turque, trois fois plus forte que celle des deux Alliés, fut complettement battue. Les fept Pachas qui la commandoient prirent la fuite, & Saide refta à *Dâher* & à fon Gouverneur *Degnizlé*. De retour à *Acre*, Ali-Bek & Dâher allèrent châtier les habitans de Yafa, qui s'étoient révoltés pour garder à leur profit un dépôt de munitions & de vêtemens qu'une flottille d'Ali y avait laissé avant qu'il fût chassé du Kaire. La ville, occupée par un Chaik de *Nablous*, ferma ses portes, & il fallut l'assiéger. Cette expédition commença en Juillet, & dura huit mois, quoique Yafa n'eût pour enceinte qu'un vrai mur de jardin sans fossé ; mais en Syrie & en Égypte on est encore plus novice dans la guerre de siège que dans celle de campagne : enfin, les assiégés capitulèrent en Février 1773. Ali, désormais libre, ne songea plus qu'à repasser au Kaire. *Dâher* lui offrait des secours ; les Russes, avec qui Ali avait contracté une alliance en traitant l'affaire du corsaire, promettaient de le seconder : seulement il fallait du temps pour rassembler ces moyens épars, & Ali s'impatientait. Les promesses de Rezq, son oracle & son Kiaya, irritoient encore sa pétulance. Ce Copte ne cessait de lui dire que l'heure de son retour était venue, que les astres en présentaient les signes les plus favorables ; que la perte de Mohammad était présagée de la manière la plus certaine. Ali qui, comme tous les Turks, croyait fermement à l'Astrologie, & qui se fiait d'autant plus à Rezq, que souvent ses prédictions avaient réussi, ne pouvait plus supporter de délais. Les nouvelles du Kaire achevèrent de lui faire perdre patience. Dans les premiers jours d'Avril on lui remit des lettres signées de ses amis, par lesquelles ils lui marquaient qu'on était las de son ingrat esclave, & qu'on n'attendait que sa présence pour le chasser. Sur-le-champ il arrêta son départ ; & sans donner aux Russes le temps d'arriver, il partit avec ses Mamlouks & quinze cens Safadiens commandés par *Osman*, fils de *Dáher*; mais il ignorait que les lettres du Kaire étaient une ruse de Mohammad; que ce Bek les avait exigées par violence pour le tromper & l'attirer dans un piége qu'il lui tendait. En effet, Ali s'étant engagé dans le désert qui sépare Gaze de l'Égypte, rencontra près de *Saléhie* un corps de mille Mamlouks d'élite qui l'attendaient. Ce corps était conduit par le jeune Bek *Mourâd*, qui, épris de la femme d'Ali-Bek, l'avait obtenue de Mohammad au cas qu'il livrât la tête de cet illustre infortuné. A peine Mourâd eut-il apperçu la poussière qui annonçait au loin les ennemis, que fondant sur eux avec sa troupe il les mit en désordre; pour comble de bonheur il rencontra Ali-Bek dans la mêlée, l'attaqua, le blessa au front d'un coup de sabre, le prit & le conduisit à Mohammad. Celui-ci, campé deux lieues en arrière, reçut son ancien maître avec ce respect exagéré si familier aux *Turks*, & cette sensibilité que fait feindre la perfidie. Il lui donna une tente magnifique, recommanda qu'on en prît le plus grand soin, se dit mille fois *son esclave, baisant la poussière de ses pieds* ; mais le troisième jour ce spectacle se termina par la mort d'Ali-Bek, dûe, selon les uns, aux suites de sa blessure, selon les autres au poison; les deux cas sont si également probables, qu'on n'en peut rien décider.

Ainsi se termina la carrière de cet homme, qui, pendant quelque temps, avait fixé l'attention de l'Europe, & donné à bien des Politiques l'espérance d'une grande révolution. On ne peut nier qu'il ait été un homme extraordinaire; mais l'on s'en fait une idée exagérée, quand on le met dans la classe des grands hommes : ce que racontent de lui des témoins dignes de foi, prouve que s'il eut le germe des grandes qualités, le défaut de culture les empêcha de prendre ce développement qui en fait de grandes vertus. Passons sur sa crédulité en Astrologie, qui détermina plus souvent ses actions que des motifs réfléchis. Passons aussi sur ses trahisons, ses parjures, l'assassinat même de ses bienfaiteurs (*a*), par lesquels il acquit ou maintint sa puissance. Sans doute, la morale d'une société anarchique est moins sévère que celle d'une société paisible; mais en jugeant les ambitieux par leurs propres principes, on trouvera qu'Ali-Bek a mal connu ou mal suivi son plan d'agrandissement, & qu'il a lui-même préparé sa perte. On a droit sur-tout de lui reprocher trois fautes. 1°. Cette imprudente passion de conquêtes, qui épuisa sans fruit ses revenus & ses forces, & lui fit négliger l'administration intérieure de son propre pays. 2°. Le repos précoce auquel il se livra, ne faisant plus rien que par ses Lieutenans; ce qui diminua parmi les Mamlouks le respect qu'on avait pour lui, & enhardit les esprits à la révolte. 3°. Enfin, les richesses excessives qu'il entassa sur la tête de son favori, & qui lui procurèrent le crédit dont il abusa. En supposant Mohammad vertueux, Ali ne devoit-il pas craindre la séduction des adulateurs, qui en tout pays se

---

(*a*) Tel que Sâlêh-Bek.

raſſemblent autour de l'opulence? Cependant il faut admirer dans Ali-Bek une qualité qui le diſtingue de la foule des tyrans qui ont gouverné l'Égypte : ſi les vices d'une mauvaiſe éducation l'empêchèrent de connaître la vraie gloire, il eſt du-moins conſtant qu'il en eut le deſir, & ce deſir ne fut jamais celui des ames vulgaires. Il ne lui manqua que d'être approché par des hommes qui en connuſſent les routes ; & parmi ceux qui commandent, il en eſt peu dont on puiſſe faire cet éloge.

Je ne puis paſſer ſous ſilence une obſervation que j'ai entendu faire au Kaire. Ceux des Négocians Européens qui ont vu le règne d'Ali-Bek & ſa ruine, après avoir vanté la bonté de ſon adminiſtration, ſon zèle pour la juſtice & ſa bienveillance pour les Francs, ajoutent avec ſurpriſe que le peuple ne le regretta point ; ils en prennent occaſion de répéter ces reproches d'inconſtance & d'ingratitude qu'on a coutume de faire au peuple ; mais en examinant tous les acceſſoires, ce fait ne m'a pas paru ſi bizarre qu'il en a l'apparence. En Égypte, comme en tout pays, les jugemens du peuple ſont dictés par l'intérêt de ſa ſubſiſtance; c'eſt ſelon que ſes Gouverneurs la lui rendent aisée ou difficile, qu'il les aime ou les hait, les blâme ou les approuve, & cette manière de juger ne peut être ni aveugle ni injuste. En vain lui diront-ils que l'honneur de l'Empire, la gloire de la Nation, l'encouragement du commerce & des beaux-arts exigent telle ou telle opération. Le besoin de vivre doit passer avant tout; & quand la multitude manque de pain, elle a du moins le droit de refuser sa reconnoissance & son admiration. Qu'importait au peuple d'Égypte qu'Ali-Bek conquît le Saïd, la Mekke & la Syrie, si ces conquêtes ne rendaient pas son sort meilleur? Et il en devint pire; car ces guerres agravèrent les contributions par leurs frais. La seule expédition de la Mekke coûta vingt-six millions de France. Les sorties de bled qu'occasionnèrent les armées, jointes au monopole de quelques Négocians en faveur, causèrent une famine qui désola le pays pendant tout le cours de 1770 & 1771. Or, quand les habitans du Kaire & les paysans des villages mouraient de faim, avaient-ils tort de murmurer contre Ali-Bek? avaient-ils tort de condamner le commerce de l'Inde, si tous ses avantages devaient se concentrer en quelques mains? Quand Ali dépensait

deux

deux cens vingt-cinq mille livres pour l'inutile poignée d'un *kandjar* (*a*); si les joailliers vantaient sa magnificence, le peuple n'avait-il pas le droit de détester son luxe ? Cette libéralité que ses courtisans appelaient vertu, le peuple, aux dépens de qui elle s'exerçait, n'avait-il pas raison de l'appeler vice ? Était-ce un mérite à cet homme de prodiguer un or qui ne lui coûtait rien ? Était ce une justice de satisfaire, aux dépens du public, ses affections ou ses obligations particulières, comme il fit avec son Pannetier (*b*). On ne peut le nier, la plupart des actions d'Áli-Bek offrent bien moins les principes généraux de la justice & de l'humanité, que les motifs d'une ambi-

___

(*a*) Poignard qu'on porte à la ceinture.

(*b*) Ali-Bek partant pour un exil, car il fut exilé jusqu'à trois fois, était campé près du Kaire, ayant un délai de vingt-quatre heures pour payer ses dettes : un nommé Hafan, Janif-faire, à qui il devait cinq cens fequins (3750 liv.) vint le trouver. Ali croyant qu'il demandait fon argent, commença de s'excufer. Mais Hafan tirant cinq cens autres fequins, lui dit : tu es dans le malheur; prends encore ceux-ci. Ali, confondu de cette générofité, jura par la tête du Prophète que s'il revenait, il ferait à cet homme une fortune fans exemple. En effet, à fon retour il le créa fon Fourniffeur général des vivres; & quoiqu'on l'avertit des concuffions fcandaleufes de Hafan, jamais il ne les réprima.

Tom. I.   I

tion & d'une vanité perfonnelles. L'Égypte, n'était à fes yeux qu'un domaine, & le peuple un troupeau, dont il pouvait difpofer à fon gré. Doit-on s'étonner après cela fi les hommes qu'il traita en maître impérieux, l'ont jugé en mercenaires mécontens.

CHAPITRE IX.

Précis des Événemens arrivés depuis la mort d'Ali-Bek jufqu'en 1785.

DEPUIS la mort d'Ali-Bek, le fort des Égyptiens ne s'eft pas amélioré ; fes fucceffeurs n'ont pas même imité ce qu'il y avait de louable dans fa conduite. Mohammad-Bek, qui prit fa place au mois d'Avril 1773, n'a montré, pendant deux ans de règne, que les fureurs d'un brigand & les noirceurs d'un traître. D'abord, pour colorer fon ingratitude envers fon patron, il avait feint de n'être que le vengeur de droits du Sultan, & le miniftre de fes volontés; en conféquence, il avait envoyé à Conftantinople le tribut interrompu depuis six ans, & le serment d'une obéissance sans bornes. Il renouvela sa soumission à la mort d'Ali-Bek; &, sous prétexte de prouver son zèle pour le Sultan, il demanda la permission de faire la guerre à l'Arabe *Dâher*. La Porte, qui eût elle-même sollicité cette démarche comme une faveur, se trouva trop heureuse de l'accorder comme une grace : elle y ajouta le titre de Pacha du Kaire, & Mohammad ne songea plus qu'à cette expédition. On pourra demander quel intérêt politique avait un Gouverneur d'Égypte à détruire l'Arabe *Dâher*, rebelle en Syrie ? Mais ici la politique n'était pas plus consultée qu'en d'autres occasions. Les mobiles étaient des passions particulières, & entr'autres, un ressentiment personnel à Mohammad-Bek. Il ne pouvait oublier une lettre sanglante que *Dâher* lui avait écrite lors de la révolution de Damas, ni toutes les démarches hostiles que le Chaïk avait faites contre lui en faveur d'Ali-Bek. D'ailleurs la cupidité se joignoit à la haine. Le Ministre de Dâher, *Ybrahim-Sabbâr* (a) passait pour avoir

─────────

(a) *Sabbâr* en grasseyant l'*r* ; ce qui signifie *Teinturier*, avec l'*r* ordinaire, le mot signifierait *Sondeur*.

I ij

entassé des trésors extraordinaires, & l'Égyptien voyait en perdant Dâher, le double avantage de s'enrichir & de se venger. Il ne balança donc pas à entreprendre cette guerre, & il en fit les préparatifs avec toute l'activité que donne la haine. Il se munit d'un train d'artillerie extraordinaire; il fit venir des Canonniers étrangers, & il en confia le commandement à l'Anglais Robinson; il fit transporter de Suez un canon de seize pieds de longueur, qui restait depuis long-temps inutile. Enfin, au mois de Février 1776, il parut en Palestine avec une armée égale à celle qu'il avait menée contre Damas. A son approche, les gens de Dâher qui occupaient *Gaze*, ne pouvant espérer de s'y soutenir, se retirèrent; il s'en empara, &, sans s'arrêter, il marcha contre Yâfa. Cette ville qui avait une garnison, & dont les habitans avaient tous l'habitude de la guerre, se montra moins docile que Gaze, & il fallut l'assiéger. L'Histoire de ce siége serait un monument curieux de l'ignorance de ces contrées dans l'art militaire; quelques faits principaux en donneront une idée suffisante.

Yafa, l'ancienne Ioppé, est située sur un

rivage dont le niveau général est peu élevé au-dessus de la mer. Le seul emplacement de la ville se trouve être une colline en pain de sucre, d'environ cent-trente pieds perpendiculaires. Les maisons distribuées sur la pente, offrent le coup-d'œil pittoresque des gradins d'un amphithéâtre; la pointe porte une petite citadelle qui domine sur le tout; le bas de la colline est enceint d'un mur sans rempart, de douze à quatorze pieds de haut, sur deux ou trois d'épaisseur. Les créneaux qui régnent sur son faîte, sont les seuls signes qui le distinguent d'un mur de jardin. Ce mur, qui n'a point de fossé, est entouré de jardins, où les limons, les oranges & les poncirs acquièrent dans un sol léger une grosseur prodigieuse : voilà la ville qu'attaquait Mohammad. Elle avait pour défenseurs cinq à six cens *Safadiens*, & autant d'habitans, qui, à la vue de l'ennemi, prirent leur sabre & leur fusil à pierre & à mèche. Ils avaient quelques canons de bronze de vingt-quatre livres de balles, sans affût; ils les élevèrent tant bien que mal sur quelques charpentes faites à la hâte : & comptant le courage & la haine pour la force, ils répondirent aux sommations de l'ennemi par des menaces & des coups de fusil.

Mohammad, voyant qu'il fallait les emporter de vive force, vint asseoir son camp devant la ville; mais le Mamlouk savait si peu les règles de l'art, qu'il se plaça à mi-portée de canon; les boulets qui plurent sur ses tentes, l'avertirent de sa faute: il recula: nouvelle expérience, nouvelle leçon; enfin il trouva la mesure, & se fixa: on planta sa tente, où le luxe le plus effréné fut déployé de toutes parts: on dressa tout-autour & sans ordre, celles des Mamlouks; les Barbaresques se firent des huttes avec les troncs & les branches des orangers & des limoniers; & la suite de l'armée s'arrangea comme elle put: on distribua, tant bien que mal, quelques gardes, &, sans faire de retranchemens, on se réputa campé. Il falloit dresser les batteries; on choisit un terrein un peu élevé vers le sud-est de la ville, & là, derrière quelques murs de jardin, on pointa huit pièces de gros canon à deux cens pas de la ville, & l'on commença de tirer, malgré les fusiliers de l'ennemi, qui, du haut des terrasses, tuèrent plusieurs cannoniers. Tout cet ordre paraîtra si étrange en Europe, que l'on sera tenté d'en douter; mais ces faits n'ont pas onze ans; j'ai vu les lieux, j'ai entendu nombre de témoins oculaires, & je regarde comme un devoir de n'altérer ni en bien ni en mal, des faits sur lesquels l'esprit d'une Nation doit être jugé.

On sent qu'un mur de trois pieds d'épaisseur & sans rempart, fut bientôt ouvert d'une large brèche; il fallut, non pas y monter, mais la franchir. Les Mamlouks voulaient qu'on le fît à cheval; mais on leur fit comprendre que cela étoit impossible; &, pour la première fois, ils consentirent à marcher à pied. Ce dût être un spectacle curieux de les voir avec leurs immenses culottes de *sailles* de Venise, embarrassés de leurs beniches retroussés, le sabre courbe à la main & le pistolet au côté, avancer en trébuchant parmi les décombres d'une muraille. Ils crurent avoir tout surmonté, quand ils eurent franchi cet obstacle; mais les assiégés, qui jugeaient mieux, attendirent qu'ils eussent débouché sur le terrein vuide qui est entre la ville & le mur : là, ils les assaillirent du haut des terrasses & des fenêtres des maisons, d'un telle grêle de balles, que les Mamlouks n'eurent pas même l'envie de mettre le feu ; ils se retirèrent, persuadés que cet endroit était un coupe-gorge insurmontable, puisqu'on n'y pouvait entrer à cheval. Morad-Bek les ramena plusieurs fois, toujours inutilement, Mohammad-Bek séchait de désespoir, de rage & de soucis : quarante-six jours se passèrent ainsi. Cependant les assiégés, dont le nombre diminuait par les attaques réitérées, & qui ne voyaient pas qu'on leur préparât des secours du côté d'*Acre*, s'ennuyaient de soutenir seuls la cause de Dâher. Les Musulmans, sur tout, se plaignaient que les Chrétiens, occupés à prier, se tenaient plus dans les Églises qu'au champ de bataille. Quelques personnes ouvrirent des pourparler : on proposa d'abandonner la place, si les Égyptiens donnaient des sûretés : on arrêta des conditions, & l'on pouvoit regarder le traité comme conclu, lorsque dans la sécurité qu'il occasionnait, quelques Mamlouks entrèrent dans la ville. La foule les suivit, ils voulurent piller, on voulut se défendre, & l'attaque recommença ; l'armée alors s'y précipita en foule, & la ville éprouva les horreurs du sac : femmes, enfans, vieillards, hommes faits, tout fut passé au fil du sabre, & Mohammad, aussi lâche que barbare, fit ériger sous ses yeux pour monument de sa victoire, une pyramide de toutes les têtes de ces infortunés : on assure qu'elles passaient douze cens. Cette catastrophe, arrivée le 19 Mai 1776, répandit la terreur dans tout le pays. Le Chaïk Dâher même s'enfuit d'Acre, où son fils Ali le remplaça. Cet Ali, dont la Syrie célèbre encore l'active intrépidité, mais qui en a terni la gloire par ses révoltes perpétuelles contre son père; cet Ali crut que Mohammad, avec qui il avait fait un traité, le respecterait; mais le Mamlouk, arrivé aux portes d'Acre, lui déclara que pour prix de son amitié, il voulait la tête de Dâher même. Ali trompé, rejeta ce parricide, & abandonna la ville aux Égyptiens; ils la pillèrent complettement; à peine les Négocians Français furent-ils épargnés: bientôt même ils se virent dans un danger affreux. Mohammad, instruit qu'ils étaient dépositaires des richesses d'Ybrahim, Kiaya de Dâher, leur déclara que s'ils ne les restituaient, il les ferait tous égorger. Le Dimanche suivant était assigné pour cette terrible recherche, quand le hasard vint les délivrer, eux & la Syrie, de ce fléau. Mohammad, saisi d'une fièvre maligne, périt en deux jours à la fleur de l'âge (a). Les Chrétiens

---

(a) Au mois de Juin 1776.

de Syrie sont persuadés que cette mort fut une punition du Prophète Élie, dont il viola l'Église sur le Carmel. Ils racontent même qu'il le vit plusieurs fois sous la forme d'un vieillard, & qu'il s'écrioit sans cesse : *ôtez-moi ce vieillard qui m'assiége & m'épouvante*. Mais ceux qui approchèrent de ce Général dans ses derniers momens, ont rapporté au Kaire, à des personnes dignes de foi, que cette vision, effet du délire, avait son origine dans le souvenir de meurtres particuliers, & que la mort de Mohammad fut dûe aux causes bien naturelles d'un climat connu pour mal-sain, d'une chaleur excessive, d'une fatigue immodérée, & des soucis cuisans que lui avait causé le siége de Yâfa. Il n'est pas hors de propos de remarquer à ce sujet, que si l'on écrivait l'Histoire des temps modernes sous la dictée des Chrétiens de Syrie & d'Égypte, elle seroit aussi remplie de prodiges & d'apparitions, qu'au temps passé.

Cette mort ne fut pas plutôt connue, que toute cette armée, par une déroute semblable à celle de Damas, prit en tumulte le chemin de l'Égypte. Morad-Bek, à qui la faveur de Mohammad avait acquis un grand crédit, se hâta de regagner le Kaire, pour y difputer le commandement à Ybrahim-Bek. Celui-ci, également affranchi & favori du mort, n'eut pas plutôt appris l'état des affaires, qu'il prit des mefures pour s'affurer une autorité dont il était dépofitaire depuis l'abfence de fon patron. Tout annonçait une guerre ouverte; mais les deux rivaux mefurant chacun leurs moyens, fe trouvèrent une égalité qui leur fit craindre l'iffue d'un combat. Ils prirent le parti de la paix, & ils pafsèrent un accord, par lequel l'autorité refta indivife, à condition cependant qu'Ybrahim conferverait le titre de *Chaik-Elbeled*, ou de *Commandant* : l'intérêt de leur sûreté commune décida fur-tout cet arrangement. Depuis la mort d'Ali-Bek, les Beks & les Kachefs, iffus de fa *Maifon* (a), frémiffaient en fecret de voir la puiffance paffée aux mains d'une faction nouvelle; la fupériorité de Mohammad, ci-devant leur égal, avait bleffé leurs prétentions; celle de fes efclaves leur parut encore plus infupportable : ils réfolurent de s'en affranchir; & ils commencèrent des intrigues & des cabales, qui aboutirent à former une ligue,

---

(a) C'eft à-dire, dont il avoit été le patron : chez les Mamlouks l'affranchi paffe pour l'enfant de la *maifon*.

qu'on appela la *Maiſon d'Aly-Bek*. Les Chefs en furent *Haſan-Bek*, ci-devant Gouverneur de *Gedda*, & ſurnommé par cette raiſon *El-djed-dâoui*; il eut pour collègue *Iſmaël*, ſeul Bek reſtant de la création d'Ybrahim Kiâya. Ces confédérés conduiſirent ſi bien leur trame, que Morad & Ybrahim furent obligés d'évacuer le Kaire; ils ſe retirèrent au Saïd, où on les exila; mais s'y étant fortifiés en peu de temps par les transfuges qui les allèrent trouver, ils revinrent au Kaire, & avec quatre cens cavaliers, ils battirent leurs ennemis, trois fois plus nombreux. *Iſmaël* & *Haſan*, chaſſés à leur tour, paſſèrent au Saïd, où ils ſont encore. Morad & Ybrahim, inquiets de la durée de ce parti, ont tenté pluſieurs fois de le détruire, ſans en pouvoir venir à bout. Ils avaient fini par accorder aux rébelles un diſtrict au-deſſus de Djirdjé; mais les Mamlouks, qui ne ſoupirent qu'après les délices du Kaire, ayant fait quelques mouvemens en 1783, Morad-Bek crut devoir faire une nouvelle tentative pour les exterminer: j'arrivai dans le temps qu'il en faiſait les préparatifs. Ses gens répandus ſur le Nil, arrêtaient tous les bateaux qu'ils rencontraient, &, le bâton à la main, forçaient les malheureux patrons à les suivre au Kaire; chacun fuyait pour se dérober à une corvée qui ne devait rapporter aucun salaire. Dans la ville, on avait imposé une contribution de cinq cens mille dahlers (*a*) sur le commerce; on forçait les boulangers & les divers marchands à fournir leurs denrées au-dessous du prix qu'elles leur coûtaient, & toutes ces extorsions si abhorrées en Europe, étaient des choses d'usage. Tout fut prêt dans les premiers jours d'Avril, & Morad partit pour le Saïd. Les nouvelles de Constantinople & celles d'Europe qui les répètent, peignirent dans le temps cette expédition comme une guerre considérable, & l'armée de Morad, comme une puissante armée : elle l'était relativement à ses moyens, & à l'état de l'Égypte ; mais il n'en est pas moins vrai qu'elle ne passait pas deux mille cavaliers. A voir l'altération habituelle des nouvelles de Constantinople, il faut croire, ou que les Turcs de la Capitale n'entendent rien aux affaires de l'Égypte & de la Syrie, ou qu'ils veulent en imposer aux Européens. Le peu de communication qu'il y a entre ces parties éloignées de l'Empire, rend le premier cas plus probable que le second. D'un autre côté, il semblerait que la

_____
(*a*) Deux millions six cens vingt-cinq mille livres.

résidence de nos Négocians dans les diverses Échelles, dût nous éclaircir; mais les Négocians, renfermés dans leurs *kans* comme dans des prisons, ne s'embarraffent que peu de tout ce qui est étranger à leur commerce, & ils se contentent de rire des Gazettes qu'on leur envoie d'Europe. Quelquefois ils ont voulu les redreffer; mais on a fait un si mauvais emploi de leurs renseignemens, qu'ils ont renoncé à un soin onéreux & sans profit.

Morad parti du Kaire, conduisit ses cavaliers à grandes journées le long du fleuve; les équipages, les munitions suivaient dans les bateaux, & le vent du nord qui règne le plus souvent, favorisait leur diligence. Les exilés, au nombre d'environ cinq cens, étaient placés au-dessus de Djirdjé. Lorsqu'ils apprirent l'arrivée de l'ennemi, la division se mit parmi eux; quelques-uns voulaient combattre, d'autre voulaient capituler; plusieurs prirent ce dernier parti, & se rendirent à Morad-Bek; mais Hasan & Ismaël, toujours inébranlables, remontèrent vers Asouan, suivis d'environ deux cens cinquante cavaliers. Morad les poursuivit jusques vers la cataracte, où ils s'établirent sur des lieux escarpés si avantageux, que les Mamlouks, toujours ignorans dans la guerre de poste, tinrent pour impossible de les forcer. D'ailleurs, craignant qu'une trop longue absence du Kaire n'y fît éclore des nouveautés contre lui-même, Morad se hâta d'y revenir, & les exilés, sortis d'intrigue, revinrent prendre possession de leur poste au Saïd, comme ci-devant.

Dans une société où les passions des particuliers ne sont point dirigées vers un but général, où chacun ne pensant qu'à soi, ne voit dans l'incertitude du lendemain que l'intérêt du moment ; où les chefs n'imprimant aucun sentiment de respect, ne peuvent maintenir la subordination : dans une pareille société, un état fixe & constant est une chose impossible ; & le choc tumultueux des parties incohérentes, doit donner une mobilité perpétuelle à la machine entière : c'est ce qui ne cesse d'arriver dans la société des Mamlouks au Kaire. A peine Morad fut-il de retour, que de nouvelles combinaisons d'intérêts excitèrent de nouveaux troubles ; outre sa faction & celles d'Ybrahim & de la maison d'Ali-Bek, il y avait encore au Kaire divers Beks sortis d'autres maisons étrangères à celles-là. Ces Beks, que leur faiblesse particulière faisait négliger par les factions dominantes, s'avisèrent, au mois de Juillet 1783, de réunir leurs forces, jufqu'alors ifolées, & de former un parti qui eût auffi fes prétentions au commandement. Le hafard voulut que cette ligue fût éventée, & leurs chefs, au nombre de cinq, fe virent condamnés à l'improvifte à paffer en exil dans le Delta. Ils feignirent de fe foumettre; mais à peine furent ils fortis de la ville, qu'ils prirent la route du Saïd, refuge ordinaire & commode de tous les mécontens : on les pourfuivit inutilement pendant une journée dans le défert des Pyramides; ils échappèrent aux Mamlouks & aux Arabes, & ils arrivèrent fans accident à Minié, où ils s'établirent. Ce village, fitué quarante lieues au-deffus du Kaire, & placé fur le bord du Nil qu'il domine, étoit très-propre à leur deffein. Maîtres du fleuve, ils pouvaient arrêter tout ce qui defcendait du Saïd: ils furent en profiter; l'envoi de bled que cette Province fait chaque année en cette faifon, était une circonftance favorable, ils la faifirent; & le Kaire, fruftré de fon approvifionnement, fe vit menacé de la famine. D'autre part, les Beks & les propriétaires, dont les terres étaient dans le *Faïoum* & au-delà, perdirent leurs revenus, parce que les exilés les mirent à contribution. Ce double

défordre

ce double désordre exigeait une nouvelle expédition. Morad-Bek, fatigué de la précédente, refusa d'en faire une autre ; Ybrahim Bek s'en chargea. Dès le mois d'Août, malgré le *Ramâdan*, on en fit les préparatifs : comme à l'autre, on saisit tous les bateaux & leurs patrons ; on imposa des contributions; on contraignit les Fournisseurs. Enfin, dans les premiers jours d'Octobre, Ybrahim partit avec une armée qui passait pour formidable, parce qu'elle était d'environ 3,000 cavaliers. La marche se fit par le Nil, attendu que les eaux de l'inondation n'avaient pas encore évacué tout le pays, & que le terrein restait fangeux. En peu de jours on fut en présence. Ybrahim, qui n'a pas l'humeur si guerrière que Morad, n'attaqua point les confédérés ; il entra en négociation, & il conclut un traité verbal, dont les conditions furent le retour des Beks, & leur rétablissement. Morad, qui soupçonna quelque trame contre lui dans cet accord, en fut très-mécontent : la défiance s'établit plus que jamais entre lui & son rival. L'arrogance que les exilés montrèrent dans un Divan général, acheva de l'alarmer, il se crut trahi ; & pour en prévenir l'effet, il sortit du Kaire avec ses gens, & il se retira au Saïd. On crut qu'il y aurait une guerre

Tom. I. K

ouverte ; mais Ybrahim temporifa. Au bout de quatre mois Morad vint à Djizé, comme pour décider la querelle par une bataille : pendant vingt-cinq jours, les deux partis, féparés par le fleuve, reftèrent en préfence fans rien faire. On pourparla ; mais Morad, mécontent des conditions , & ne fe trouvant pas affez fort pour en dicter de vive-force, retourna au Saïd. Il y fut fuivi par des envoyés, qui, après 4 mois de négociations, parvinrent enfin à le ramener au Kaire : les conditions furent, qu'il continueroit de partager l'autorité avec Ybrahim, & que les cinq Beks feraient dépouillés de leurs biens. Ces Beks fe voyant facrifiés par Ybrahim, prirent la fuite ; Morad les pourfuivit, & les ayant fait prendre par les Arabes du défert, il les ramena au Kaire pour les y garder à vûe. Alors la paix fembla rétablie ; mais ce qui s'était paffé entre les deux Commandans, leur avait trop dévoilé à chacun leurs véritables intentions, pour qu'ils puffent déformais vivre comme amis. Chacun d'eux, bien convaincu que fon rival n'épiait que l'occafion de le perdre, veilla pour éviter une furprife ou la préparer. Cette guere fourde en vint au point d'obliger Morad-Bek de quitter le Kaire en 1784 ; mais en se campant aux portes, il y tint une si bonne contenance, qu'Ybrahim, effrayé à son tour, s'enfuit avec ses gens au Saïd. Il y resta jusqu'en Mars 1785, que, par un nouvel accord, il est revenu au Kaire. Il y partage comme ci-devant l'autorité avec son rival, en attendant que quelque nouvelle intrigue lui fournisse l'occasion de prendre sa revanche. Tel est le sommaire des révolutions qui ont agité l'Égypte dans ces dernières années. Je n'ai point détaillé la foule d'incidens dont les événemens ont été compliqués, parce que, outre leur incertitude, ils ne portent ni intérêt ni instruction : ce sont toujours des cabales, des intrigues, des trahisons, des meurtres, dont la répétition finit par ennuyer ; c'en est assez, si le Lecteur saisit la chaîne des faits principaux, & en tire des idées générales sur les mœurs & l'état politique du pays qu'il étudie. Il nous reste à joindre sur ces deux objets de plus grands éclaircissemens.

CHAPITRE X.

État présent de l'Égypte.

Depuis la révolution d'Ybrahim Kiaya, & sur-tout depuis celle d'Alibek, le pouvoir des Ottomans en Égypte est devenu plus précaire que dans aucune autre Province. Il est bien vrai que la Porte y conserve toujours un Pacha ; mais ce Pacha, resserré & gardé à vue dans le château du Kaire, est plutôt le prisonnier des Mamlouks, que le substitut du Sultan. On le dépose, on l'exile, on le chasse à volonté ; & sur la simple sommation d'un hérault vêtu de noir (a), il *descend* de son palais comme le plus simple particulier. Quelques Pachas, choisis à dessein par la Porte, ont tenté, par des manéges secrets, de rétablir les pouvoirs de leur dignité ; mais les Beks ont rendu ces intrigues si dangereuses, qu'ils se bornent maintenant à passer tranquillement les trois ans que doit durer

―――――

(a) La formule de déposition consiste en ce mot, *enzel* c'est-à-dire, *descends* du château.

leur captivité, & à manger en paix la pension qu'on leur alloue.

Cependant les Beks, dans la crainte de porter le Divan à quelque parti violent, n'osent déclarer leur indépendance. Tout continue de se faire au nom du Sultan: ses ordres sont reçus, comme l'on dit, *sur la tête & sur les yeux*, c'est-à-dire, avec le plus grand respect; mais cette apparence dérisoire n'est jamais suivie de l'exécution. Le tribut est souvent suspendu, & il subit toujours des défalcations. On passe en compte des dépenses, telles que le curage des canaux, le transport des décombres du Kaire à la mer, le payement des troupes, la réparation des mosquées, &c. &c. qui sont autant de dépenses fausses & simulées. On trompe sur le degré de l'inondation des terres: la crainte seule des Caravelles qui, chaque année, viennent à Damiette & à Alexandrie, fait acquitter la contribution des riz & des bleds ; encore trouve-t-on le moyen d'altérer les fournissemens effectifs en capitulant avec ceux qui les reçoivent. De son côté, la Porte, fidelle à sa politique ordinaire, ferme les yeux sur tous ces abus ; elle sent que pour les réprimer, il faudrait des efforts coûteux, & peut-être même une guerre ouverte qui compromettrait sa dignité; d'ailleurs, depuis plusieurs années, des intérêts plus pressans la forcent de rassembler vers le nord toutes ses forces; occupée de sa propre sûreté dans Constantinople, elle laisse aux circonstances le soin de rétablir son pouvoir dans les Provinces éloignées : elle fomente les divisions des divers partis, pour empêcher qu'aucun ne prenne consistance ; & cette méthode, qui ne l'a point encore trompée, est également avantageuse à ses grands-officiers, qui se font de gros revenus en vendant aux rébelles leur protection & leur influence. L'Amiral actuel *Hasan*-Pacha, a su plus d'une fois s'en prévaloir vis-à-vis de Morad & d'Ybrahim, de manière à en obtenir des sommes considérables.

CHAPITRE XI.

Constitution de la Milice des Mamlouks.

EN s'emparant du gouvernement de l'Égypte, les Mamlouks ont pris des mesures qui semblent leur en aſſurer la poſſeſſion. La plus efficace, ſans doute, eſt la précaution qu'ils ont euq d'avilir les Corps militaires des *Azabs* & des *Janiſſaires*. Ces deux Corps, qui jadis étaient la terreur du Pacha, ne ſont plus que des ſimulacres auſſi vains que lui-même. La Porte a encore cette faute à ſe reprocher ; car, dès avant l'inſurrection d'Ybrahim *Kiâya*, le nombre des troupes Turques, qui devait être de quarante mille hommes, partie infanterie, partie cavalerie, avait été réduit à plus de moitié par l'avarice des Commandans, qui détournaient les payes à leur profit ; après Ybrahim, Alibek completta ce déſordre. D'abord il ſe défit de tous les chefs qui pouvaient lui faire ombrage ; il laiſſa vaquer les places ſans les remplir ; il ôta aux Commandans toute influence, & il avilit toutes les troupes Turques, au point qu'aujourd'hui les Janiſſaires, les Azâbs & les cinq autres corps ne ſont qu'un ramas d'artiſans, de goujats & de vagabonds qui gardent les portes de qui les paye, & qui tremblent devant les Mamlouks comme la populace du Kaire. C'eſt véritablement dans le corps de ces Mamlouks que conſiſte toute la force militaire de l'Égypte : parmi eux, quelques centaines sont répandues dans le pays & les villages pour y maintenir l'autorité, y percevoir les tributs, & veiller aux exactions; mais la masse est rassemblée au Kaire. D'après les supputations de personnes instruites, leur nombre ne doit pas excéder huit mille cinq cens hommes, tant Beks, Kâchefs, que simples affranchis & Mamlouks encore esclaves; dans ce nombre il y a une foule de jeunes gens qui n'ont pas atteint vingt & vingt-deux ans. La plus forte maison est celle d'*Ybrahim Bek*, qui a environ six cens Mamlouks: après lui vient Morad, qui n'en a pas plus de quatre cens, mais qui, par son audace & sa prodigalité, fait contre-poids à l'opulence avare de son rival; le reste des Beks, au nombre de dix-huit à vingt, en a depuis cinquante jusqu'à deux cens. Il y a en outre un grand nombre de Mamlouks que l'on pourrait appeler vagues, en ce qu'étant issus de maisons éteintes, ils s'attachent à l'une ou à l'autre selon leur intérêt, toujours prêts à changer pour qui leur donnera davantage. Il faut encore compter quelques *Serrâdjes*, espèce de domestiques à cheval qui portent les ordres des Beks, & remplissent les fonctions d'huissiers : le tout ensemble ne va pas à dix mille cavaliers. On ne doit point compter d'infanterie ; elle n'eft ni connue ni eftimée en Turquie, & fur-tout dans les Provinces d'Afie. Les préjugés des anciens Perfes & des Tartares règnent encore dans ces contrées ; la guerre n'y étant que l'art de fuir ou de pourfuivre, l'homme de cheval qui remplit le mieux ce double but, eft réputé le feul homme de guerre ; & comme chez les Barbares l'homme de guerre eft le feul homme diftingué, il en eft réfulté, pour la marche à pied, quelque chofe d'aviliffant qui l'a fait réferver au peuple. C'eft à ce titre que les Mamlouks ne permettent aux habitans de l'Égypte que les mulets & les ânes, & qu'eux feuls ont le privilége d'aller à cheval : ils en ufent dans toute fon étendue : à la ville, à la campagne, en vifite, même de porte à porte, on ne les voit jamais qu'à cheval. Leur habillement eft venu fe joindre aux préjugés pour leur en impofer l'obligation. Cet habillement qui, pour la forme, ne diffère point de celui de tous les gens aifés en Turquie, mérite d'être décrit.

§. PREMIER.

Vêtemens des Mamlouks.

D'abord vient une ample chemife de toile de coton claire & jaunâtre, par-deffus laquelle on revêt une efpèce de robe-de-chambre en toile des Indes, ou en étoffes légères de Damas & d'Alep. Cette robe, appelée *antari*, tombe du col aux chevilles, & croife fur le devant du corps jufques vers les hanches, où elle fe fixe par deux cordons. Sur cette première enveloppe vient une feconde, de la même forme, de la même ampleur, & dont les larges manches tombent également jufqu'au bout des doigts. Celle-ci s'appelle *coftân*; elle fe fait ordinairement d'étoffes de foie plus riches que la première. Une longue ceinture ferre ces deux vêtemens à la taille, & partage le corps en deux paquets. Par-deffus ces deux pièces en vient une troifième, que l'on appelle *djoubé*; elle eft de drap fans doublure; elle a la même forme générale, excepté que fes manches font coupées au coude. Dans l'hiver & fouvent même dans l'été, ce *djoubé* eft garni d'une fourrure, & devient *pelisse*. Enfin, on vêtit par-dessus ces trois enveloppes une dernière, que l'on appelle *beniche*. C'est le manteau ou l'habit de cérémonie. Son emploi est de couvrir exactement tout le corps, même le bout des doigts, qu'il serait très-indécent de laisser paraître devant les grands. Sous ce béniche, le corps a l'air d'un long sac d'où sort, sur un col nud, une tête sans cheveux, couverte d'un turban. Celui des Mamlouks, appelé *qâouq*, est un cylindre jaune, garni en dehors d'un rouleau de mousseline artistement compassé. Leurs pieds sont couverts d'un chausson de cuir jaune qui remonte jusqu'aux talons, & d'une pantoufle sans quartier, toujours prête à rester en chemin. Mais la pièce la plus singulière de cet habillement, est une espèce de pantalon, dont l'ampleur est telle, que dans sa hauteur il arrive au menton, & que chaqune de ses jambes pourrait recevoir le corps entier ; ajoutez que les Mamlouks le font de ce drap de Venise qu'on appelle *saille*, qui, quoiqu'aussi moëlleux que l'elbeuf, est plus épais que la bure ; & que, pour marcher plus à l'aise, ils y renferment, sous une ceinture à coulisse, toute la partie pendante des vêtemens dont nous avons parlé.

Ainsi emmaillotés, on conçoit que les Mamlouks ne sont pas des piétons agiles ; mais ce que l'on ne conçoit qu'après avoir vu les hommes de divers pays, est qu'ils regardent leur habillement comme très-commode. En vain leur objecte-t-on qu'à pied il empêche de marcher, qu'à cheval il charge inutilement, & que tout cavalier démonté est un homme perdu ; ils répondent : *c'est l'usage*, & ce mot répond à tout.

§. II.

Équipage des Mamlouks.

Voyons si l'équipage de leur cheval est mieux raisonné. Depuis que l'on a pris en Europe le bon esprit de se rendre compte des motifs de chaque chose, on a senti que le cheval, pour exécuter ses mouvemens sous le cavalier, avait besoin d'être le moins chargé qu'il est possible, & l'on a allégé son harnois autant que le permettait la solidité. Cette révolution, que le dix-huitième siècle a vu éclore parmi nous, est encore bien loin des Mamlouks, dont l'esprit est resté au neuvième siècle. Toujours guidés par *l'usage*, ils donnent au cheval une selle, dont la charpente grossière est chargée de fer, de bois & de cuir. Sur cette selle s'élève un troussequin de huit pouces de hauteur, qui couvre le cavalier jusqu'aux reins, pendant que sur le devant, un pommeau, saillant de quatre à cinq pouces, menace sa poitrine quand il se penche; sous la selle, au lieu de coussins, ils étendent trois épaisses couvertures de laine : le tout est fixé par une sangle qui passe sur la selle, & s'attache, non par des boucles à ardillon, mais par des nœuds de courroies peu solides & très-compliqués. D'ailleurs, ces selles ont un large poitrail & manquent de croupière, ce qui les jette trop sur les épaules du cheval. Les étriers sont une plaque de cuivre plus longue & plus large que le pied, & dont les bords, relevés d'un pouce, viennent mourir à l'anse d'où ils pendent. Les angles de cette plaque sont tranchans, & servent, au lieu d'éperon, à ouvrir les flancs par de longues blessures. Le poids ordinaire d'une paire de ces étriers, est de neuf à dix livres, & souvent ils passent douze & treize. La selle & les couvertures n'en pèsent pas moins de vingt-cinq; ainsi le cheval porte d'abord un poids de trente-six livres, ce qui est d'autant plus ridicule, que les chevaux d'Égypte sont très-petits. La bride est aussi mal conçue dans son genre, elle est de l'espèce qu'on appelle *à la genette*, sans articulation. La gourmette, qui n'est qu'un anneau de fer, serre le menton, au point d'en couper la peau; aussi tous ces chevaux ont les barres brisées, & manquent absolument de *bouche*: c'est un effet nécessaire des pratiques des Mamlouks, qui, au lieu de la ménager, comme nous, la détruisent par des saccades violentes; ils les employent surtout pour une manœuvre qui leur est particulière; elle consiste à lancer le cheval à bride abattue, puis à l'arrêter subitement au plus fort de la course; saisi par le mords, le cheval roidit les jambes, plie les jarrets, & termine sa carriére en glissant d'une seule pièce, comme un cheval de bois: on conçoit combien cette manœuvre répétée perd les jambes & la bouche; mais les Mamlouks lui trouvent de la grace, & elle convient à leur manière de combattre. Du reste, malgré leurs jambes en crochets, & les perpétuels mouvemens de leur corps, on ne peut nier qu'ils ne soient des cavaliers fermes & vigoureux, & qu'ils n'ayent quelque chose de guerrier, qui flatte l'œil même d'un étranger; il faut convenir aussi qu'ils ont mieux raisonné le choix de leurs armes.

§. III.

Armes des Mamlouks.

La première, est une carabine Anglaise d'environ trente pouces de longueur, & d'un calibre tel, qu'elle peut lancer à la fois dix à douze balles, dont l'effet, même sans adresse, est toujours meurtrier. En second lieu, ils portent à la ceinture deux grands pistolets qui tiennent au vêtement par un cordon de soie. A l'arçon pend quelquefois une masse d'armes dont ils se servent pour assommer; enfin, sur la cuisse gauche pend à une bandoulière un sabre courbe, d'une espèce peu connue en Europe; sa lame, prise en ligne droite, n'a pas plus de vingt-quatre pouces, mais mesurée dans sa courbure, elle en a trente. Cette forme, qui nous paraît bisarre, n'a pas été adoptée sans motifs; l'expérience apprend que l'effet d'une lame droite est borné au lieu & au moment de sa chûte, parce qu'elle ne coupe qu'en appuyant: une lame courbe, au contraire, présentant le tranchant en retraite, glisse par l'effort du bras, & continue son action dans un long espace.

Les Barbares, dont l'esprit s'exerce de préférence sur les arts meurtriers, n'ont pas manqué cette observation; & de-là, l'usage des cimeteres, si général & si ancien dans l'Orient. Le commun des Mamlouks tire les siens de Constantinople & d'Europe; mais les Beks se disputent les lames de Perse & des anciennes fabriques de Damas (*a*), qu'ils payent jusqu'à quarante & cinquante louis. Les qualités qu'ils en estiment, sont la légéreté, la trempe égale & bien sonnante, les ondulations du fer, & sur-tout la finesse du tranchant : il faut avouer qu'elle est exquise, mais ces lames ont le défaut d'être fragiles comme le verre.

§. IV.

Éducation & Exercices des Mamlouks.

L'art de se servir de ces armes fait le sujet de l'éducation des Mamlouks, & l'occupation de toute leur vie. Chaque jour, de grand matin, la plupart se rendent dans une plaine hors du

---

(*a*) Je dis anciennes, car aujourd'hui on n'y fabrique plus d'acier.

Kaire;

Kaire; & là, courant à toute bride, ils s'exercent à sortir prestement la carabine de la bandoulière, à la tirer juste, à la jeter sous la cuisse, pour saisir un pistolet qu'ils tirent & jettent par-dessus l'épaule ; puis un second, dont ils font de même, se fiant au cordon qui les attache, sans perdre de temps à les replacer. Les Beks présens les encouragent ; & quiconque brise le vase de terre qui sert de but, reçoit des éloges & de l'argent. Ils s'exercent aussi à bien manier le sabre, & sur-tout à donner le coup de revers qui prend de bas en haut, & qui est le plus difficile à parer. Leurs tranchans sont si bons, & leurs mains si adroites, que plusieurs coupent une tête de coton mouillé, comme un pain de beurre. Ils tirent aussi l'arc, quoiqu'ils l'ayent banni des combats ; mais leur exercice favori est celui du *Djerid :* ce nom, qui signifie proprement *roseau,* se donne en général à tout bâton qu'on lance à la main, selon des principes qui ont dû être ceux des Romains pour le *pilum :* au-lieu de bâton, les Mamlouks emploient des branches fraîches de palmier effeuillées. Ces branches, qui ont la forme d'une tige d'artichaut, ont quatre pieds de longueur, & pèsent cinq à six livres. Armés de ce

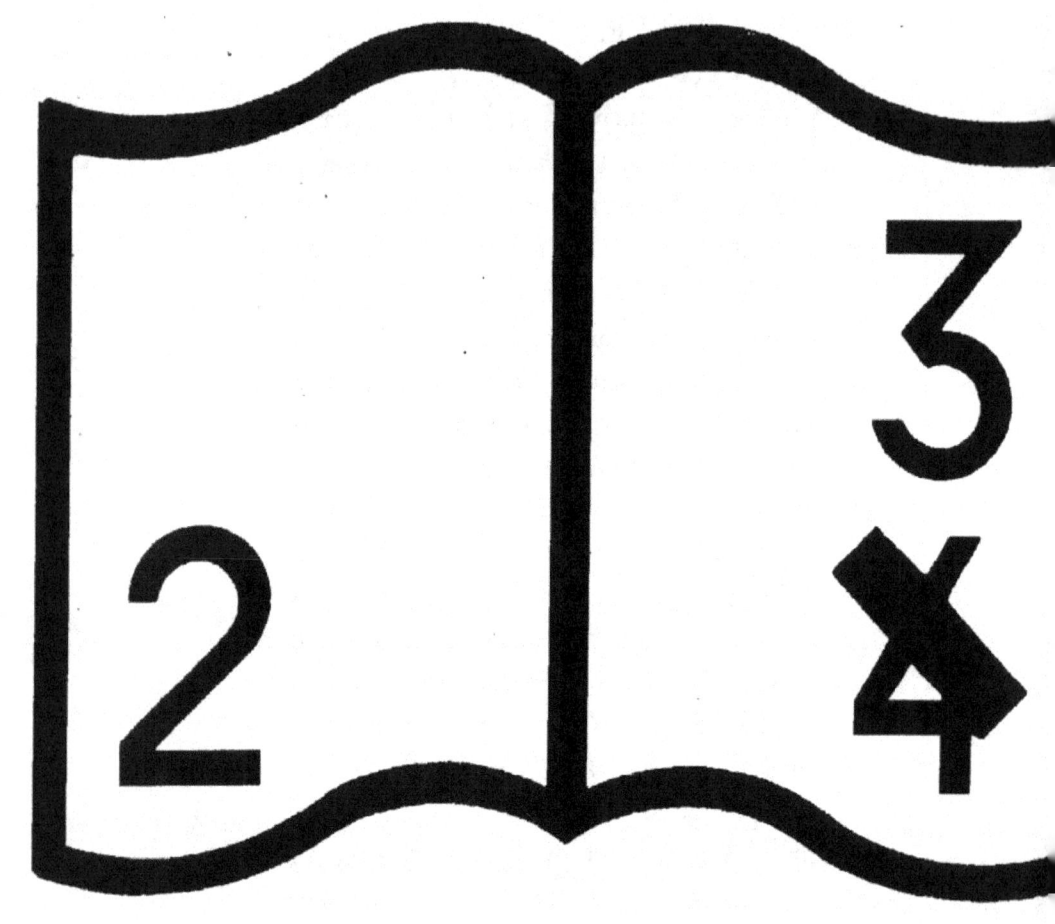

Pagination incorrecte — date incorrecte

NF Z 43-120-12

trait, les cavaliers entrent en lice, & courant à toute bride, ils fe le lancent d'aſſez loin. Si-tôt lancé, l'agreſſeur tourne bride, & celui qui fuit, pourſuit & jette à ſon tour. Les chevaux, dreſſés par l'habitude, ſecondent ſi bien leurs maîtres, qu'on dirait qu'ils y prennent autant de plaiſir ; mais ce plaiſir eſt dangereux, car il y a des bras qui lancent avec tant de roideur, que ſouvent le coup bleſſe, & même devient mortel. Malheur à qui n'eſquivait pas le djerid d'Ali-Bek ! Ces jeux, qui nous ſemblent barbares, tiennent de près à l'état politique des Nations. Il n'y a pas trois ſiècles qu'ils exiſtaient parmi nous, & leur extinction eſt bien moins dûe à l'accident de Henri II, ou à un eſprit philoſophique, qu'à un état de paix intérieure qui les a rendus inutiles. Chez les Turcs, au contraire, & chez les Mamlouks ils ſe ſont conſervés, parce que l'anarchie de leur ſociété a continué de leur faire un beſoin de tout ce qui eſt relatif à la guerre. Voyons ſi leurs progrès dans cette partie ſont proportionnés à leur pratique.

§. V.

Art Militaire des Mamlouks.

Dans notre Europe, quand on parle de troupes & de guerre, on se figure sur le champ une distribution d'hommes par compagnies, par bataillons, par escadrons ; des uniformes de tailles & de couleurs, des formations par rangs & lignes, des combinaisons de manœuvres particulières ou d'évolutions générales ; en un mot, tout un système d'opérations fondées sur des principes réfléchis. Ces idées sont justes par rapport à nous ; mais quand on les transporte aux pays dont nous traitons, elles deviennent autant d'erreurs. Les Mamlouks ne connaissent rien de notre art militaire ; ils n'ont ni uniformes, ni ordonnance, ni formation, ni discipline, ni même de subordination. Leur réunion est un attroupement, leur marche est une cohue, leur combat est un duel, leur guerre est un brigandage ; ordinairement elle se passe dans la ville même du Kaire : au moment qu'on y pense le moins, une cabale éclate, des Beks montent à cheval, l'alarme se répand, leurs adversaires paraissent : on se charge dans la rue le sabre à la main ; quelques meurtres décident la querelle, & le plus faible ou le plus timide est exilé ; le peuple n'est pour rien dans ces combats. Que lui importe que les tyrans s'égorgent? Mais on ne doit pas le croire spectateur tranquille : au milieu des balles & des coups de cimeterre, ce rôle est toujours dangereux : chacun fuit du champ de bataille, jusqu'au moment où le calme se rétablit. Quelquefois la populace pille les maisons des exilés, & les vainqueurs n'y mettent pas d'obstacle. A ce sujet, il est bon d'observer que ces phrases usitées dans les nouvelles d'Europe : *les Beks ont fait des recrues, les Beks ont ameuté le peuple, le peuple a favorisé un parti,* sont peu propres à donner des idées exactes. Dans les démêlés des Mamlouks, le peuple n'est jamais qu'un agent passif.

Quelquefois la guerre est transportée à la campagne, & les combattans n'y déploient pas plus d'art. Le parti le plus fort ou le plus audacieux poursuit l'autre ; s'ils sont égaux en courage, ils s'attendent ou se donnent un rendez-vous, & là, sans égard pour les avantages de position, les deux troupes s'approchent en peloton ; les plus hardis marchent en tête ; on s'aborde, on se défie, on s'attaque ; chacun choisit son homme: on tire, si l'on peut, & l'on passe vîte au sabre; c'est-là que se déploient l'art du cavalier & la souplesse du cheval. Si celui-ci tombe, l'autre est perdu. Dans les déroutes, les valets toujours présens, relèvent leurs maîtres; & s'il n'y a pas de témoins, ils l'assomment pour prendre la ceinture de sequins qu'il a soin de porter. Souvent la bataille se décide par la mort de deux ou trois personnes. Depuis quelque temps sur-tout, les Mamlouks ont compris que leurs patrons étant les principaux intéressés, devaient courir les plus grands risques, & ils leur en laissent l'honneur. S'ils ont l'avantage, tant mieux pour tout le monde; s'ils sont vaincus, l'on capitule avec le vainqueur, qui souvent a fait ses conditions d'avance. Il n'y a que profit à rester tranquille, on est sûr de trouver un maître qui paye, & l'on revient au Kaire vivre à ses dépens jusqu'à nouvelle fortune.

§. VI.

Discipline des Mamlouks.

Ce caractère qui cause la mobilité de cette Milice, est une suite nécessaire de sa constitution. Le jeune paysan vendu en Mingrelie ou en Géorgie, n'a pas plutôt mis le pied en Égypte, que ses idées subissent une révolution. Une carrière immense s'ouvre à ses regards. Tout se réunit pour éveiller son audace & son ambition ; encore esclave, il se sent destiné à devenir maître, & déjà il prend l'esprit de sa future condition. Il calcule le besoin qu'a de lui son patron, & il lui fait acheter ses services & son zèle ; il les mesure sur le salaire qu'il en reçoit, ou sur celui qu'il en attend. Or, comme cette société ne connaît pas d'autre mobile que l'argent, il en résulte que le soin principal des maîtres est de satisfaire l'avidité de leurs serviteurs pour maintenir leur attachement. De-là, cette prodigalité des Beks, ruineuse à l'Égypte qu'ils pillent ; de-là, cette insubordination des Mamlouks, fatale à leurs Chefs qu'ils dépouillent ; de là, ces intrigues qui ne cessent d'agiter les grands & les petits. A peine un esclave est-il affranchi, qu'il porte déjà ses regards sur les premiers emplois. Qui pourrait arrêter ses prétentions ? Rien dans ceux qui commandent ne lui offre cette supériorité de talens qui imprime le respect. Il n'y voit que des soldats comme lui, parvenus à la puissance *par les décrets du sort ;* & s'il plaît au sort de le favoriser, il parviendra de même, & il ne sera pas moins habile dans l'art de gouverner, puisque cet art ne consiste qu'à prendre de l'argent & à donner des coups de sabre. De cet ordre de choses, est encore né un luxe effréné, qui levant les barrières à tous les besoins, a donné à la rapacité des grands une étendue sans bornes. Ce luxe est tel, qu'il n'y a point de Mamlouk dont l'entretien ne coûte par an 2,500 livres, & il en est beaucoup qui coûtent le double. A chaque Ramadan, il faut un habillement neuf, il faut des draps de France, des failles de Venise, des étoffes de Damas & des Indes. Il faut souvent renouveler les chevaux, les harnois. On veut des pistolets & des sabres damasquinés, des étriers dorés d'or moulu, des selles & des brides plaquées d'argent. Il faut aux Chefs, pour les distinguer du vulgaire, des bijoux, des pierres pré-

L iv

cieufes, des chevaux arabes de deux & trois cens louis, des châles de Kachemire de vingt-cinq & de cinquante louis, & une foule de peliffes dont les moindres coûtent cinq cens livres (*a*). Les femmes ont rejeté comme trop fimple l'ancien ufage des garnitures de fequins fur la tête & fur la poitrine; elles y ont fubftitué les diamans, les émeraudes, les rubis, les perles fines; & à la paffion des châles & des fourrures, elles ont joint celle des étoffes & des galons de Lyon. Quand de tels befoins fe trouvent dans une claffe qui a en main toute l'autorité, & qui ne connaît de droit ni de propriété ni de vie; qu'on juge des conféquences qu'ils doivent avoir, & pour les claffes obligées d'y fournir, & pour les mœurs mêmes de ceux qui les ont.

§. VII.

Mœurs des Mamlouks.

Celles des Mamlouks font telles qu'il eft à craindre, en confervant les fimples traits de la

---

(*a*) Les Négocians Européens, qui ont pris goût à ce luxe, ne croient pas avoir une garderobe décente, quand elle ne paffe pas douze ou quinze mille francs.

vérité, d'encourir le soupçon d'une exagération passionnée. Nés la plupart dans le rit Grec, & circoncis au moment qu'on les achète, ils ne sont aux yeux des Turcs mêmes que des *Renégats*, sans foi ni religion. Étrangers entr'eux, ils ne sont point liés par ces sentimens naturels qui unissent les autres hommes. Sans parens, sans enfans, le passé n'a rien fait pour eux ; ils ne font rien pour l'avenir. Ignorans & superstitieux par éducation, ils deviennent farouches par les meurtres, séditieux par les tumultes, perfides par les cabales, lâches par la dissimulation, & corrompus par toute espèce de débauche. Ils sont sur-tout adonnés à ce genre honteux, qui fut de tout temps le vice des Grecs & des Tartares : c'est la première leçon qu'ils reçoivent de leur Maître d'Armes. On ne sait comment expliquer ce goût, quand on considère qu'ils ont tous des femmes, à-moins de supposer qu'ils recherchent dans un sexe, le piquant des refus dont ils ont dépouillé l'autre ; mais il n'en est pas moins vrai qu'il n'y a pas un seul Mamlouk sans tache ; & leur contagion a dépravé les habitans du Kaire, même les Chrétiens de Syrie qui y demeurent.

CAPITRE XII.

Gouvernement des Mamlouks.

Telle est l'espèce d'hommes qui fait en ce moment le sort de l'Égypte; ce sont des esprits de cette trempe qui sont à la tête du Gouvernement: quelques coups de sabre heureux, plus d'astuce ou d'audace mènent à cette prééminence ; mais on conçoit qu'en changeant de fortune, les parvenus ne changent point de caractère, & qu'ils portent l'ame des esclaves dans la condition des Rois. La Souveraineté n'est pas pour eux l'art difficile de diriger vers un but commun les passions diverses d'une société nombreuse; mais seulement un moyen d'avoir plus de femmes, de bijoux, de chevaux, d'esclaves, & de satisfaire leurs fantaisies. L'administration, à l'intérieur & à l'extérieur, est conduite dans cet esprit. D'un côté, elle se réduit à manœuvrer vis-à-vis la Cour de Constantinople, pour éluder le tribut ou les menaces du Sultan; de l'autre à acheter beaucoup d'esclaves, à multiplier les amis, à prévenir les complots, à détruire les ennemis secrets par le fer ou le poison; toujours dans les alarmes, les Chefs vivent comme les anciens tyrans de Syracuse. Morad & Ybrahim ne dorment qu'au milieu des carabines & des sabres. Du reste, nulle idée de police ni d'ordre public (*a*). L'unique affaire est de se procurer de l'argent; & le moyen employé comme le plus simple, est de le saisir par-tout où il se montre, de l'arracher par violence à quiconque en possède, d'imposer à chaque instant des contributions arbitraires sur les villages & sur la Douane, qui les reverse sur le commerce.

§. I.

État du Peuple en Égypte.

On jugera aisément que dans un tel pays tout est analogue à un tel régime. Là où le Cul-

---

(*a*) Lorsque j'étais au Kaire, des Mamlouks enlevèrent la femme d'un Juif qui passait le Nil avec elle. Ce Juif ayant fait porter des plaintes à Morad, ce Bek répondit de sa voix de charretier : *eh, laissez ces jeunes gens s'ébattre!* Le soir, les Mamlouks firent dire au Juif qu'ils lui rendraient sa femme s'il comptoit cent piastres pour *leurs peines*, & il fallut en passer par là. Il est remarquable que dans les mœurs du pays, l'article des femmes est une chose plus sacrée que la vie même.

tivateur ne jouit pas du fruit de ses peines, il ne travaille que par contrainte, & l'Agriculture est languissante : là où il n'y a point de sûreté dans les jouissances, il n'y a point de cette industrie qui les crée, & les Arts sont dans l'enfance : là où les connoissances ne mènent à rien, l'on ne fait rien pour les acquérir, & les esprits sont dans la barbarie. Tel est l'état de l'Égypte. La majeure partie des terres est aux mains des Beks, des Mamlouks, des Gens de loi ; le nombre des autres propriétaires est infiniment borné, & leur propriété est sujette à mille charges. A chaque instant c'est une contribution à payer, un dommage à réparer ; nul droit de succession ni d'héritage pour les immeubles ; tout rentre au Gouvernement, dont il faut tout racheter. Les paysans y sont des manœuvres à gages, à qui l'on ne laisse pour vivre que ce qu'il faut pour ne pas mourir. Le riz & le bled qu'ils cueillent passent à la table des maîtres, pendant qu'eux ne se réservent que le *doùra*, dont ils font un pain sans levain & sans saveur quand il est froid. Ce pain, cuit à un feu formé de la fiente séchée des buffles & des vaches (a), est, avec l'eau & les oignons

_____
(a) On se rappelle que l'Égypte est un pays nud & sans bois.

cruds, leur nourriture de toute l'année ; ils sont heureux s'ils y peuvent ajouter de temps en temps du miel, du fromage, du lait aigre & des dattes. La viande & la graisse qu'ils aiment avec passion, ne paroissent qu'aux plus grands jours de fête, & chez les plus aisés. Tout leur vêtement consiste en une chemise de grosse toile bleue, & en un manteau noir d'un tissu clair & grossier. Leur coëffure est une toque d'une espèce de drap, sur laquelle ils roulent un long mouchoir de laine rouge. Les bras, les jambes, la poitrine sont nuds, & la plupart ne portent pas de caleçon. Leurs habitations sont des huttes de terre, où l'on étouffe de chaleur & de fumée, & où les maladies causées par la malpropreté, l'humidité & les mauvais alimens, viennent souvent les assiéger : enfin, pour combler la mesure, viennent se joindre à ces maux physiques des alarmes habituelles, la crainte des pillages des Arabes, des visites des Mamlouks, des vengeances des familles, & tous les soucis d'une guerre civile continue. Ce tableau, commun à tous les villages, n'est guères plus riant dans les villes. Au Kaire même, l'Étranger qui arrive est frappé d'un aspect général de ruine & de misère ; la foule qui le presse dans les rues, n'offre à ses regards que des haillons hideux & des nudités dégoûtantes. Il est vrai qu'on y rencontre souvent des cavaliers richement vêtus; mais ce contraste de luxe ne rend que plus choquant le spectacle de l'indigence. Tout ce que l'on voit ou que l'on entend, annonce que l'on est dans le pays de l'esclavage & de la tyrannie. On ne parle que de troubles civils, que de misère publique, que d'extorsions d'argent, que de bastonnades & de meurtres. Nulle sûreté pour la vie ou la propriété. On verse le sang d'un homme comme celui d'un bœuf. La justice même le verse sans formalité. L'Officier de nuit, dans ses rondes, l'Officier de jour, dans ses tournées, jugent, condamnent & font exécuter en un clin-d'œil & sans appel. Des bourreaux les accompagnent, & au premier ordre la tête d'un malheureux tombe dans le sac de cuir, où on la reçoit de peur de souiller la place. Encore, si l'apparence seule du délit exposait au danger de la peine! mais souvent, sans autre motif que l'avidité d'un homme puissant & la délation d'un ennemi, on cite devant un Bek un homme soupçonné d'avoir de l'argent. On exige de lui une somme; & s'il la dénie, on le renverfe fur le dos, on lui donne deux & trois cens coups de bâton fur la plante des pieds, & quelquefois on l'affomme. Malheur à qui eft foupçonné d'avoir de l'aifance ! Cent efpions font toujours prêts à le dénoncer. Ce n'eft que par les dehors de la pauvreté qu'il peut échapper aux rapines de la puiffance.

§. II.
Misère & famine des dernières années.

C'eft fur-tout dans les trois dernières années, que cette capitale & l'Égypte entière ont offert le fpectacle de la misère la plus déplorable. Aux maux habituels d'une tyrannie effrénée, à ceux qui réfultaient des troubles des années précédentes, fe font joints des fléaux naturels encore plus deftructeurs. La pefte, apportée de Conftantinople au mois de Novembre 1783, exerça pendant l'hiver fes ravages accoutumés ; on compta jufqu'à 1500 morts fortis dans un jour par les portes du Kaire (*a*). Par un effet ordinaire, dans ce pays, l'été vint la calmer. Mais à ce premier fléau, en fuccéda

---

(*a*) En Turquie, les tombeaux, felon l'ufage des anciens, font toujours hors des villes ; & comme chaque tombeau a ordinairement une grande pierre & une petite maçonnerie, il en réfulte prefque une ville feconde, que l'on pourrait appeler, comme jadis à Alexandrie, *Nécropolis, la ville noire*.

bientôt un autre aussi terrible. L'inondation de 1783 n'avait pas été complette; une grande partie des terres n'avait pu être ensemencée faute d'arrosement; une autre ne l'avait pas été faute de semences; le Nil n'ayant pas encore atteint, en 1784, les termes favorables, la disette se déclara sur le champ. Dès la fin de Novembre, la famine enlevait au Kaire presqu'autant de monde que la peste; les rues, qui d'abord étaient pleines de mendians, n'en offrirent bientôt pas un seul : tout périt ou déserta. Les villages ne furent pas moins ravagés; un nombre infini de malheureux, qui voulurent échapper à la mort, se répandirent dans les pays voisins. J'en ai vu la Syrie inondée; en Janvier 1785, les rues de Saide, d'Acre & la Palestine étaient pleines d'Égyptiens, reconnoissables par-tout à leur peau noirâtre : & il en a pénétré jusqu'à Alep & à Diarbekr. L'on ne peut évaluer précisément la dépopulation de ces deux années, parce que les Turcs ne tiennent pas de regiftres de morts, de naissances, ni de dénombrement (*a*); mais l'opinion commune était que le pays avait perdu le sixième de ses habitans.

(*a*) Ils ont contre cet usage des préjugés superstitieux.

Dans

Dans ces circonstances, on a vu se renouveler tous ces tableaux dont le récit fait frémir, & dont la vue imprime un sentiment d'horreur & de tristesse qui s'efface difficilement. Ainsi que dans la famine arrivée au Bengale, il y a quelques années, les rues & les places publiques étaient jonchées de squélettes exténués & mourans; leurs voix défaillantes imploraient en vain la pitié des passans; la crainte d'un danger commun endurcissait les cœurs; ces malheureux expiraient adossés aux maisons des Beks, qu'ils savaient approvisionnés de riz & de bled, & souvent les Mamlouks, importunés par leurs cris, les chassaient à coups de bâton. Aucun des moyens révoltans d'assouvir la rage de la faim n'a été oublié; ce qu'il y a de plus immonde était dévoré; & je n'oublierai jamais que revenant de Syrie en France, au mois de Mars 1785, j'ai vu sous les murs de l'ancienne Alexandrie, deux malheureux assis sur le cadavre d'un chameau, & disputant aux chiens ses lambeaux putrides.

Il se trouve parmi nous des âmes énergiques qui, après avoir payé le tribut de compassion dû à de si grands malheurs, passent, par un retour d'indignation, à en faire un crime aux hommes qui les endurent. Ils jugent dignes de la mort ces peuples qui n'ont pas le courage de la repousser, ou qui la reçoivent sans se donner la consolation de la vengeance. On va même jusqu'à prendre ces faits en preuve d'un paradoxe moral témérairement avancé; & l'on veut en appuyer ce prétendu axiôme, *que les habitans des pays chauds, avilis par tempérament & par caractère, sont destinés par la Nature à n'être jamais que les esclaves du despotisme.*

Mais a-t-on bien examiné si des faits semblables ne sont jamais arrivés dans les climats qu'on veut honorer du privilége exclusif de la liberté ? A-t-on bien observé si les faits généraux dont on s'autorise, ne sont point accompagnés de circonstances & d'accessoires qui en dénaturent les résultats ? Il en est de la Politique comme de la Médecine, où des phénomènes isolés jettent dans l'erreur sur les vraies causes du mal. On se presse trop d'établir en règles générales des cas particuliers : ces principes universels qui plaisent tant à l'esprit, ont presque toujours le défaut d'être vagues. Il est si rare que les faits sur lesquels on raisonne, soient exacts ! & l'observation en est si délicate, que l'on doit souvent craindre d'élever des systêmes sur des bases imaginaires.

Dans le cas dont il s'agit, si l'on approfondit les causes de l'accablement des Égyptiens, on trouvera que ce peuple, maîtrisé par des circonstances cruelles, est bien plus digne de pitié que de mépris. En effet, il n'en est pas de l'état politique de ce pays comme de celui de notre Europe. Parmi nous, les traces des anciennes révolutions s'affaiblissant chaque jour, les étrangers vainqueurs se sont rapprochés des indigènes vaincus; & ce mélange a formé des corps de nations identiques, qui n'ont plus eu que les mêmes intérêts. Dans l'Égypte, au contraire, & dans presque toute l'Asie, les peuples indigènes, asservis par des révolutions encore récentes, à des conquérans étrangers, ont formé des corps mixtes, dont les intérêts sont tous opposés. L'État est proprement divisé en deux factions; l'une, celle du peuple vainqueur, dont les individus occupent tous les emplois de la puissance civile & militaire; l'autre, celle du peuple vaincu, qui remplit toutes les classes subalternes de la société. La faction gouvernante s'attribuant à titre de conquête, le droit exclusif de toute propriété, ne traite la faction gouvernée, que comme un instrument passif de ses jouissances; & celle-ci à son tour, dépouillée de tout intérêt personnel, ne rend à l'autre que le moins qu'il lui est possible: c'est un esclave à qui l'opulence de son maître est à charge, & qui s'affranchirait volontiers de sa servitude, s'il en avait les moyens.

Cette impuissance est un autre caractère qui distingue cette constitution des nôtres. Dans les États de l'Europe, les Gouvernemens, tirant du sein même des Nations les moyens de les gouverner, il ne leur est ni facile ni avantageux d'abuser de leur puissance; mais, si par un cas supposé, ils se formaient des intérêts personnels & distincts, ils n'en pourraient porter l'usage jusqu'à la tyrannie. La raison en est qu'outre cette multitude qu'on appelle *peuple*, qui, quoique forte, par sa masse, est toujours faible par sa désunion, il existe encore un ordre mitoyen, qui, participant des qualités du peuple & du Gouvernement, fait en quelque sorte équilibre entre l'un & l'autre. Cet ordre est la classe de tous ces citoyens opulens & aisés, qui, répandus dans les emplois de la société, ont un intérêt commun qu'on respecte les droits de sûreté &

de propriété dont ils jouissent. Dans l'Égypte, au contraire, point d'état mitoyen, point de ces classes nombreuses de Nobles, de Gens-de-Robe ou d'Église, de Négocians, de Propriétaires, &c. qui font en quelque sorte un corps intermédiaire entre le Peuple & le Gouvernement. Là, tout est militaire ou homme-de-loi, c'est-à-dire, homme du gouvernement; ou tout est laboureur, artisan, marchand, c'est-à-dire, *peuple;* & le *peuple* manque sur-tout du premier moyen de combattre l'oppression, l'art d'unir & de diriger ses forces. Pour détruire ou réformer les Mamlouks, il faudrait une ligue générale des paysans; & elle est impossible à former: le système d'oppression est méthodique; on diroit que par-tout les tyrans en ont la science infuse. Chaque province, chaque district a son Gouverneur. Chaque village a son *Lieutenant* (*a*) qui veille aux mouvemens de la multitude. Seul contre tous, s'il paraît faible, la puissance qu'il représente le rend fort. D'ailleurs, l'expérience prouve que partout où un homme a le courage de se faire

---

(*a*) En Arabe *qâiem maqâm,* mot-à-mot *tenant lieu,* dont on a fait *caïmacan.*

maître, il en trouve qui ont la bassesse de le seconder. Ce Lieutenant communique de son autorité à quelques membres de la société qu'il opprime, & ces individus deviennent ses appuis: jaloux les uns des autres, ils se disputent sa faveur, & il se sert de chacun tour-à-tour pour les détruire tous également. Les mêmes jalousies & des haines invétérées divisent aussi les villages; mais en supposant une réunion déjà si difficile, que pourrait, avec des bâtons ou même des fusils, une troupe de paysans à pied & presque nuds, contre des cavaliers exercés, & armés de pied-en-cap? Je désespère sur-tout du salut de l'Égypte, quand je considère la nature du terrein trop propre à la cavalerie. Parmi nous, si l'infanterie la mieux constituée redoute encore cette arme en plaine, que fera-ce chez un peuple qui n'a pas les premières idées de la tactique, qui ne peut même les acquérir, parce qu'elles sont le fruit de la pratique, & que la pratique est impossible. Ce n'est que dans les pays de montagnes que la liberté a de grandes ressources: c'est-là qu'à la faveur du terrein, une petite troupe suppléée au nombre par l'habileté. Unanime, parce qu'elle est d'abord peu nombreuse, elle acquiert chaque jour de nouvelles forces par l'habitude de les employer. L'oppresseur moins actif, parce qu'il est déjà puissant, temporise; & il arrive enfin que ces troupes de paysans ou de voleurs qu'il méprisoit, deviennent des soldats aguerris qui lui disputent dans les plaines l'art des combats & le prix de la victoire. Dans les pays plats, au contraire, le moindre attroupement est dissipé, & le paysan novice, qui ne sait pas même faire un retranchement, n'a de ressource que dans la pitié de son maître & la continuation de son servage. Aussi, s'il était un principe général à établir, nul ne serait plus vrai que celui-ci : *que les pays de plaine sont le siége de l'indolence & de l'esclavage ; & les montagnes, la patrie de l'énergie & de la liberté* (a). Dans la situation présente des Égyptiens, il pourrait encore se faire qu'ils

---

(a) En effet, la plupart des peuples anciens & modernes qui ont déployé une grande activité, se trouvent être des Montagnards. Les Assyriens, qui conquirent depuis l'Indus jusqu'à la Méditerranée, vinrent des montagnes d'Atourie. Les Kaldéens étaient originaires des mêmes contrées; les Perses de Cyrus sortirent des montagnes de l'Élymaïde; les Macédoniens, des Monts Rhodope. Dans les temps modernes, les Suisses, les Écossais, les Savoyards, les Miquelets, les Asturiens, les habitans des Cévènes, toujours libres, ou difficiles à soumettre prouveraient la généralité de cette règle, si l'exception des

ne montraffent point de courage, fans qu'on pût dire que le germe leur en manque, & que le climat le leur a refufé. En effet, cet effort continu de l'ame, qu'on appelle *courage*, eft une qualité qui tient bien plus au moral qu'au phyfique. Ce n'eft point le plus ou le moins de chaleur du climat, mais plutôt l'énergie des paffions, & la confiance en fes forces, qui donnent l'audace d'affronter les dangers. Si ces deux conditions n'exiftent pas, le courage peut refter inerte; mais ce font les cironftances qui manquent, & non la faculté. D'ailleurs, s'il eft des hommes capables d'énergie, ce doit être ceux dont l'ame & le corps trempés, fi j'ofe dire, par l'habitude de fouffrir, ont pris une roideur qui émouffe les traits de la douleur; & tels font les Égyptiens. On fe fait illufion quand on fe les peint comme énervés par la chaleur, ou amollis par le libertinage. Les habitans des villes & les gens aifés peuvent avoir cette molleffe, qui dans tout climat eft leur apanage; mais les payfans fi méprifés, fous le nom de *Felláhs*, fupportent des fatigues étonnantes. On les voit paffer des jour-

---

Arabes & des Tartares n'indiquait qu'il eft une autre caufe morale qui appartient aux plaines comme aux montagnes.

nées entières à tirer l'eau du Nil, exposés nuds à un soleil qui nous tuerait. Ceux d'entr'eux qui servent de valets aux Mamlouks, font tous les mouvemens du cavalier. A la ville, à la campagne, à la guerre, par-tout ils le suivent, & toujours à pied; ils passent des journées entières à courir devant ou derrière les chevaux; & quand ils sont las, ils s'attachent à leur queue, plutôt que de rester en arrière. Des traits moraux fournissent des inductions analogues à ces traits physiques. L'opiniâtreté que ces paysans montrent dans leurs haines & leurs vengeances (*a*), leur acharnement dans les combats qu'ils se livrent quelquefois de village à village; le point d'honneur qu'ils mettent à souffrir la bastonnade sans déceler leur secret (*b*); leur barbarie même à punir dans leurs femmes & leurs filles le moindre échec à la pudeur (*c*) : tout prouve que

___

(*a*) Quand un homme est tué par un autre, la famille du mort exige de celle de l'assassin un *talion*, dont la poursuite se transmet de race en race, sans jamais l'oublier.

(*b*) Quand un homme a subi cette torture sans déceler son argent, on dit de lui *c'est un homme*, & ce mot l'indemnise.

(*c*) Souvent, sur un soupçon, ils les égorgent; & ce préjugé a lieu également dans la Syrie. Lorsque j'étois à Ramlé, un paysan se promena plusieurs jours dans le marché, ayant son

si le préjugé a su leur trouver de l'énergie sur certains points, cette énergie n'a besoin que d'être dirigée, pour devenir un courage redoutable. Les émeutes & les séditions que leur patience lassée excite quelquefois, sur-tout dans la Province de *Charqié*, indiquent un feu couvert qui n'attend, pour faire explosion, que des mains qui sachent l'agiter.

§. III.

État des Arts & des Esprits.

Mais un obstacle puissant à toute heureuse révolution en Égypte, c'est l'ignorance profonde de la Nation ; c'est cette ignorance qui, aveuglant les esprits sur les causes des maux & sur leurs remèdes, les aveugle aussi sur les moyens d'y remédier.

Me proposant de revenir à cet article qui, comme plusieurs des précédens, est commun à toute la Turquie, je n'insiste pas sur les détails. Il suffit d'observer que cette ignorance répandue

---

manteau taché du sang de sa fille qu'il avait ainsi égorgée ; le grand nombre l'approuvait : la Justice Turque ne se mêle pas de ces choses.

fur toutes les claffes, étend fes effets fur tous les genres de connoiffances morales & phyfiques, fur les fciences, fur les beaux-arts, même fur les arts méchaniques. Les plus fimples y font encore dans une forte d'enfance. Les ouvrages de menuiferie, de ferrurerie, d'arquebuferie y font groffiers. Les merceries, les clincailleries, les canons de fufil & de piftolets viennent tous de l'Étranger. A peine trouve t-on au Kaire un Horloger qui fache raccommoder une montre; & il eft Européen. Les Joailliers y font plus communs qu'à Smirne & Alep; mais ils ne favent pas monter proprement la plus fimple rofe. On y fait de la poudre à canon; mais elle eft brute. Il y a des rafineries; mais le fucre eft plein de mélaffe, & celui qui eft blanc devient trop coûteux. Les feuls objets qui ayent quelque perfection, font les étoffes de foie; encore le travail en eft bien moins fini, & le prix beaucoup plus fort qu'en Europe.

CHAPITRE XIII.

État du Commerce.

DANS cette barbarie générale, on pourra s'étonner que le commerce ait conservé l'activité qu'il déploie encore au Kaire ; mais l'examen attentif des sources d'où il la tire, donne la solution du problême.

Deux causes principales font du Kaire le siège d'un grand commerce : la première est la réunion de toutes les consommations de l'Épypte dans l'enceinte de cette ville. Tous les grands Propriétaires, c'est-à-dire, les Mamlouks & les Gens-de-loi y sont rassemblés, & ils y attirent leurs revenus, sans rien rendre au pays qui les fournit.

La seconde est la position, qui en fait un lieu de passage, un centre de circulation dont les rameaux s'étendent par la Mer-rouge dans l'Arabie & dans l'Inde : par le Nil, dans l'Abyssinie & l'intérieur de l'Afrique ; & par la Méditerranée, dans l'Europe & l'empire Turk. Chaque année il arrive au Kaire une caravane d'Abyssinie, qui apporte 1000 à 1200 esclaves noirs, & des dents d'éléphans, de la poudre d'or, des plumes d'autruches, des gommes, des perroquets & des singes (a). Une autre formée aux extrémités de Maroc, & destinée pour la Mekke, appelle les pélerins jusques des rives du Sénégal (b). Elle cotoye la Méditerranée en recueillant ceux d'Alger, de Tripoli, de Tunis, &c. & arrive par le désert à Alexandrie, forte de trois à quatre mille chameaux. De-là elle va au Kaire, où elle se joint à la caravane d'Égypte. Toutes deux de concert partent ensuite pour la Mekke, d'où elles reviennent cent jours après. Mais les pélerins de Maroc, qui ont encore 600 lieues à faire, n'arrivent chez eux qu'après une absence totale de plus d'un an. Le chargement de ces caravanes consiste en étoffes de l'Inde, en *châles*, en gommes, en parfums, en perles, & sur-tout en cafés de l'*Yemen*.

_____

(a) Cette caravane vient par terre le long du Nil; c'est avec elle que M. Brus, Anglais, revint en 1772 de l'Abyssinie, où il avait fait le voyage le plus hardi qu'on ait tenté dans ce siècle. En traversant le Désert, la caravane manqua de vivres, & vécut pendant plusieurs jours de gomme seulement.

(b) J'ai vu au Kaire plusieurs Noirs arrivés par cette caravane, qui venaient du pays des *Foulis*, au nord du Sénégal, & qui disaient avoir vu des Francs dans leurs contrées.

Ces mêmes objets arrivent par une autre voie à Suez, où les vents de sud amènent en Mai vingt-six à vingt-huit voiles parties du port de Djedda. Le Kaire ne garde pas la somme entière de ces marchandises ; mais outre la portion qu'il en consomme, il profite encore des droits de passage & des dépenses des pélerins. D'autre part, il vient de temps en temps de Damas de petites caravanes qui apportent des étoffes de soie & de coton, des huiles & des fruits secs. Dans la belle saison la rade de Damiette a toujours quelques aisseaux qui débarquent les tabacs à pipe de *Lataqié*. La consommation de cette denrée est énorme en Égypte. Ces vaisseaux prennent du riz en échange, pendant que d'autres se succèdent sans cesse à Alexandrie, & apportent de Constantinople des vêtemens, des armes, des fourrures, des passagers & des merceries. D'autres encore arrivent de Marseille, de Livourne & de Venise, avec des draps, des cochenilles, des étoffes & des galons de Lyon, des épiceries, du papier, du fer, du plomb, des sequins de Venise, & des dahlers d'Allemagne. Tous ces objets, transportés par mer à Rosette sur des bateaux qu'on appelle *djerm* (*a*), y font d'abord dépofés, puis rembarqués fur le Nil & envoyés au Kaire. D'après ce tableau, il n'eft pas étonnant que le commerce offre un fpectacle impofant dans cette Capitale, & l'on admet fans peine le rapport du Douanier général, qui prétendoit en 1783, que cette Place traitait pour près de 150 millions d'affaires. Mais fi l'on examine dans quels canaux fe verfent ces richeffes, fi l'on confidère qu'une grande partie des marchandifes de l'Inde & du café paffe à l'Étranger; que la dette en eft acquittée avec des marchandifes d'Europe & de Turquie; que la confommation du pays confifte prefque toute en objets de luxe qui ont reçu leur dernier travail; enfin, que les produits donnés en retour font, en grande partie, des matières brutes, l'on jugera que tout ce commerce s'exécute fans qu'il en réfulte beaucoup d'avantages pour la richeffe de l'Égypte, & le bien-être de la Nation.

(*a*) Efpèce de bateaux qui portent une immenfe voile latine, rayée de bleu & de brun comme du coutil.

CHAPITRE XIV.

De l'Isthme de Suez, & de la jonction de la Mer rouge à la Méditerranée.

J'AI parlé du commerce que le Kaire entretient avec l'Arabie & l'Inde par la voie de Suez ; ce sujet rappelle une question dont on s'occupe assez souvent en Europe : savoir, s'il ne seroit pas possible de couper l'isthme qui sépare la Mer rouge de la Méditerranée, afin que les vaisseaux pussent se rendre dans l'Inde par une route plus courte que celle du Cap de Bonne-Espérance. On est porté à croire cette opération praticable, à raison du peu de largeur de l'isthme. Mais dans un voyage que j'ai fait à Suez, il m'a semblé voir des raisons de penser le contraire.

1°. Il est bien vrai que l'espace qui sépare les deux mers n'est pas de plus de 18 à 19 lieues communes; il est bien vrai encore que ce terrein n'est point traversé par des montagnes, & que du haut des terrasses de Suez, l'on ne découvre avec la lunette d'approche sur une plaine nue & rase,

DE L'ÉGYPTE. 193
rafe, à perte de vue, qu'un feul rideau dans la partie du nord-oueſt : ainſi ce n'eſt point la différence des niveaux qui s'oppoſe à la jonction (*a*); mais le grand obſtacle eſt que dans toute la partie où la Méditerranée & la Mer rouge ſe répondent, le rivage eſt un ſol bas & ſablonneux, où les eaux forment des lacs & des marais ſemés de grèves ; en ſorte que les vaiſſeaux ne peuvent s'approcher de la côte qu'à une grande diſtance. Or, comment pratiquer dans des ſables mouvans un canal durable ? D'ailleurs la plage manque de ports, & il faudroit les conſtruire de toutes pièces ; enfin le terrein manque abſolument d'eau douce, & il faudroit pour une grande population la tirer juſques du Nil.

Le meilleur & le ſeul moyen de jonction eſt donc celui qu'on a déjà pratiqué pluſieurs fois avec ſuccès ; c'eſt-à-dire, de faire communiquer les deux mers par l'intermède du fleuve même :

─────────────────────────────

(*a*) Les Anciens ont penſé que la Mer rouge était plus élevée que la Méditerranée ; & en effet, ſi l'on obſerve que depuis le canal de Qolzoum juſqu'à la mer, le Nil a encore une pente l'eſpace de trente lieues, l'on ne croira pas cette idée ſi ridicule, encore qu'il ſemble que le niveau dût s'établir par le Cap de Bonne-Eſpérance.

Tom. I.　　　　　　　　　　　　N

le terrein s'y prête sans effort; car le mont Moqattam s'abaissant tout-à-coup à la hauteur du Kaire, ne forme plus qu'une esplanade basse & demi-circulaire, autour de laquelle règne une plaine d'un niveau égal depuis le bord du Nil jusqu'à la pointe de la Mer rouge. Les Anciens, qui saisirent de bonne-heure l'état de ce local, en prirent l'idée de joindre les deux mers par un canal conduit au fleuve. Strabon, *lib.* 17, observe que le premier eut lieu sous Sésostris, qui régnait du temps de la guerre de Troye (*a*); & cet ouvrage avoit fait assez de sensation pour qu'on eût noté *qu'il avoit* 100 *coudées (ou* 170 *pieds de large) sur une profondeur suffisante à un grand vaisseau*. Après l'invasion des Grecs, les Ptolomées le rétablirent: Sous l'empire des Romains, Trajan le renouvela. Enfin, il n'y a pas jusqu'aux Arabes qui n'ayent suivi ces exemples. *Du temps d'Omar ebn-el-Kattab,* dit l'Historien el Makîn, *les villes de la Mekke & de Médine souffrant de la disette, le Kalife ordonna au Gouverneur d'Égypte, Amrou, de tirer un canal du Nil à Qol-*

────────────

(*a*) C'est-à-dire, selon des calculs qui me sont particuliers, du temps de Salomon. Voyez un *Mémoire sur la Chronologie Ancienne*, inséré dans le *Journal des Savans*, Janvier 1782.

zoum, afin de faire passer désormais par cette voie les contributions de bled & d'orge assignées à l'Arabie. Ce canal est le même qui, de nos jours, passe au Kaire, & qui va se perdre dans la campagne au nord-est de *Berket-el-Hadj*, ou lac des Pélerins. *Qolzoum*, le *Clysma* des Grecs, où il aboutissait, est ruiné depuis plusieurs siècles ; mais le nom & l'emplacement subsistent encore dans un monticule de sable, de briques & de pierres, situé à 300 pas au nord de Suez, sur le bord de la mer, en face du gué qui conduit à la source d'*el-Naba*. J'ai vu cet endroit comme M. Niebuhr, & les Arabes m'ont dit, comme à lui, qu'il s'appelait *Qolzoum* ; ainsi Danville s'est trompé lorsque sur une indication vicieuse de Ptolomée, il a rejeté *Clysma* huit lieues plus au sud. Je le crois également en erreur dans l'application qu'il fait de Suez à l'ancienne *Arsinoé*. Cette Ville ayant été, selon les Grecs & les Arabes, au nord de Clysma, on doit en chercher les traces d'après l'indication de Strabon (a), *tout au fond du golfe, en tirant vers l'Égypte*, sans aller néanmoins, comme M. Savari, jusqu'à *Adjeroud*, qui est trop dans l'ouest;

___

(a) Lib. 17.

l'on doit fe borner au terrein bas qui s'étend environ deux lieues au bout du golfe actuel, cet efpace étant tout ce qu'on peut accorder de retraite à la mer depuis dix-fept fiècles. Jadis ces cantons étaient peuplés de villes qui ont difparu avec l'eau du Nil ; les canaux qui l'apportaient fe font détruits, parce que dans ce terrein mouvant ils s'encombrent rapidement, & par l'action du vent, & par la cavalerie des Arabes Bédouins. Aujourd'hui le commerce du Kaire avec Suez ne s'exerce qu'au moyen de caravanes qui ont lieu lors de l'arrivée & du départ des vaiffeaux, c'eft-à-dire, fur la fin d'Avril, ou au commencement de Mai, & dans le cours de Juillet & d'Août. Celle que j'accompagnai en 1783 était compofée d'environ 3000 chameaux, & de cinq à fix mille hommes (a). Le chargement confiftait en bois, voiles & cordages pour les vaiffeaux de Suez ; en quelques ancres portées chacune par quatre chameaux ; en barres de fer, en étaims,

---

(a) Elle refta plus de quarante jours affemblée, différant fon départ par diverfes raifons, entr'autres à caufe des jours *malheureux* dont les Turcs ont la fuperftition comme les Romains. Enfin, elle partit le 27 Juillet, & arriva le 29 à Suez, ayant marché vingt-neuf heures par la route des Haouatâts, une lieue plus au fud que le Lac des Pélerins.

en plombs; en quelques ballots de draps & barrils de cochenille; en bleds, orges, féves, &c. en piaftres de Turquie, fequins de Venife, & dahlers de l'Empire. Toutes ces marchandifes étaient deftinées pour *Djedda*, la *Mekke* & *Moka*, où elles acquittent la dette des marchandifes venues de l'Inde, & du café d'Arabie, qui fait la bafe des retours. Il y avait en outre une grande quantité de Pélerins, qui préféraient la route de mer à celle de terre, & enfin les provifions néceffaires, telles que le riz, la viande, le bois, & même l'eau; car Suez eft l'endroit du monde le plus dénué de tout. Du haut des terraffes, la vue portée fur la plaine fablonneufe du nord & de l'oueft, ou fur les rochers blanchâtres de l'Arabie à l'eft, ou fur la mer & le *Moqattam* dans le fud, ne rencontre pas un arbre, pas un brin de verdure où fe repofer. Des fables jaunes, ou une plaine d'eau verdâtre, voilà tout ce qu'offre le féjour de Suez; l'état de ruine des maifons en augmente la trifteffe. La feule eau potable des environs vient de *el-Nabá*, c'eft-à-dire la *fource* fituée à trois heures de marche fur le rivage d'Arabie; elle eft fi faumâtre qu'il n'y a qu'un mêlange de *rhum* qui puiffe la rendre fupportable à des Européens. La mer pourrait fournir une quantité de poissons & de coquillages; mais les Arabes pêchent peu & mal : aussi lorsque les vaisseaux sont partis, ne reste-t-il à Suez que le Mamlouk qui en est le Gouverneur, & douze à quinze personnes qui forment sa maison & la garnison. Sa forteresse est une mâsure sans défense, que les Arabes regardent comme une citadelle, à cause de six canons de bronze de quatre livres de balle, & de deux Canonniers grecs, qui tirent en détournant la tête. Le port est un mauvais quai, où les plus petits bateaux ne peuvent aborder que dans la marée haute : c'est là néanmoins qu'on prend les marchandises pour les conduire à travers les bancs de sable, aux vaisseaux qui mouillent dans la rade. Cette rade, située à une lieue de la Ville, en est séparée par une plage découverte au temps du reflux; elle n'a aucune protection, en sorte qu'on y attaquerait impunément les vingt-huit bâtimens que j'ai comptés. Ces bâtimens, par eux-mêmes, sont incapables de résistance, n'ayant chacun pour toute artillerie que quatre pierriers rouillés. Chaque année leur nombre diminue, parce que navigeant terre-à-terre sur une côte pleine d'écueils, il en périt toujours au moins un fur neuf. En 1783, l'un d'eux ayant relâché à *el-Tor* pour faire de l'eau, fut surpris par les Arabes, pendant que l'équipage dormoit à terre. Après en avoir débarqué 1500 fardes de café, ils abandonnèrent le navire au vent, qui le jeta sur la côte. Le chantier de Suez est peu propre à réparer ces pertes ; on y bâtit à peine une *Cayasse* en trois ans. D'ailleurs, la mer qui, par son flux & reflux, accumule les fables sur cette plage, finira par encombrer le *chenal*, & il arrivera à Suez ce qui est arrivé à *Qolzoum* & *Arsinoë*. Si l'Égypte avait alors un bon gouvernement, il profiterait de cet accident pour élever une autre Ville dans la rade même, où l'on pourrait l'exploiter par une chaussée de sept à huit pieds d'élévation seulement, attendu que la marée ne monte pas plus de trois & demi à l'ordinaire. Il réparerait ou recreuserait le canal du *Nil*, & il économiserait les cinq cens mille livres que coûte chaque année l'escorte des Arabes *Haouatâr* & *Ayaïdi*. Enfin, pour éviter la barre si dangereuse du *Bogâz* de Rosette, il rendrait navigable le canal d'Alexandrie, d'où les marchandises se verseroient immédiatement dans le port. Mais de tels soins ne seront jamais ceux du Gouvernement actuel. Le peu de faveur qu'il accorde au commerce n'est pas même fondé sur des motifs raisonnables; s'il le tolère, ce n'est que parce qu'il y trouve un moyen de satisfaire sa rapacité, une source où il puise sans s'embarrasser de la tarir. Il ne sait pas même profiter du grand intérêt que les Européens mettent à communiquer avec l'Inde. En vain les Anglais & les Français ont essayé de prendre des arrangemens avec lui pour s'ouvrir cette route : il s'y est refusé, ou il les a rendus inutiles. L'on se flatterait à tort de succès durables; car lors même qu'on aurait conclu des traités, les révolutions qui du soir au matin changent le Kaire, en annulleraient l'effet, comme il est arrivé au traité que le Gouverneur du Bengale avoit conclu en 1775 avec Mohammad-Bek. Telle est d'ailleurs l'avidité & la mauvaise foi des *Mamlouks*, qu'ils trouveront toujours des prétextes pour vexer les Négocians, ou qu'ils augmenteront, contre leur parole, les droits de douane. Ceux du café sont énormes en ce moment. La balle ou *farde* de cette denrée, pesant trois cens soixante & dix à trois cens soixante & quinze livres, & coûtant à *Moka* quarante-cinq pataques (a), ou deux cens trente-six livres tournois, paye à Suez en droit de *bahr* ou de mer, cent quarante-sept liv. : plus, une addition de soixante-neuf livres, imposée en 1783 (b); en sorte que, si l'on y joint les six pour cent perçus à *Djedda*, on trouvera que les droits égalent presque le prix d'achat (c).

(a) C'est le nom que les Provençaux donnent au Dahler de l'empire, d'après les Arabes, qui l'appellent *Riâl aboutâqà*, ou *père de la fenêtre*, à cause de son écusson qui ressemble, selon eux, à une fenêtre. Le Dahler vaut cinq livres cinq sols de France.

(b) En Mai 1783, la flotte de Djedda, consistant en vingt-huit voiles, dont quatre vaisseaux percés pour soixante canons, apporta près de trente mille fardes de café, qui, à raison de trois cens soixante-dix livres la farde, font un poids total de onze millions cent mille livres, ou cent & un mille quintaux ; mais il faut observer que les demandes de cette année furent un tiers plus fortes qu'à l'ordinaire. Ainsi, l'on doit compter soixante à soixante-dix mille quintaux par an. La farde payant deux cens-seize livres de droits à Suez, les trente mille fardes ont rendu à la Douane, six millions quatre cens quatre-vingt mille livres tournois.

(c) A Moka. . . . . 16 liv.
A Suez. 147
Plus. 69

   Total des droits. 232
Achat. 236

   TOTAL. 468

A quoi joignant le fret, les pertes, les déchets, on n.

CHAPITRE XV.

Des Douanes & des Impôts.

La régie des douanes forme en Égypte, comme par toute la Turquie, un des principaux emplois du Gouvernement. L'homme qui l'exerce est tout-à-la-fois Contrôleur & Fermier-Général. Tous les droits d'entrée, de sortie & de circulation dépendent de lui. Il nomme tous les subalternes qu'il lui plaît pour les percevoir. Il y joint les *paltes* ou *priviléges* exclusifs des nations de Terâné, des soudes d'Alexandrie, de la casse de Thébaïde, & des sénés de Nubie ; en un mot, il est le despote du commerce, qu'il règle à son gré. Son bail n'est jamais que pour un an. Le prix de sa ferme, en 1783, était de mille bourses, qui, à raison de cinq cens piastres la bourse, & de cinquante sols la piastre, font douze cens-cinquante mille livres. Il est vrai qu'on y doit joindre un casuel *d'avanies*,

___

doit pas s'étonner si le café moka se vend quarante-cinq & cinquante sols la livre en Égypte, & trois livres à Marseille.

ou de demandes accidentelles ; c'est-à-dire, que lorsque *Mourad-Bek* ou *Ibrahim* ont besoin de cinq cens mille livres, ils font venir le Douanier, qui ne se dispense jamais de les compter. Mais sur le rescrit qu'ils lui délivrent, il a la faculté de reverser l'*avanie* sur le commerce, dont il taxe à l'amiable les divers Corps ou Nations, tels que les Francs, les Barbaresques, les Turcs, &c. & il arrive souvent que cela même devient une aubaine pour lui. Dans quelques Provinces de Turquie le Douanier est aussi chargé de la perception du *Miri*, espèce d'impôt qui porte uniquement sur les terres. Mais en Égypte cette régie est confiée aux Écrivains Coptes, qui l'exercent sous la direction du Secrétaire du Commandant. Ces Écrivains ont les registres de chaque village, & sont chargés de recevoir les payemens, & de les compter au trésor ; souvent ils profitent de l'ignorance des paysans pour ne point porter en reçu les à-comptes, & ils les font payer deux fois : souvent ils font vendre les bœufs, les buffles, & jusqu'à la natte de ces malheureux : l'on peut dire qu'ils sont en tout des agens dignes de leurs maîtres. La taxe ordinaire devrait revenir à trente-trois piastres par *Feddân*; c'est-à-dire, à près de quatre-vingt-trois livres par couple de bœufs; mais elle se trouve quelquefois portée, par abus, jusqu'à deux cens livres. On estime que la somme totale du *Miri*, perçue tant en argent qu'en bled, orges, fèves, riz, &c. peut se monter de quarante-six à cinquante millions de France, lorsque le pain se vend un *fadda* le *rotle*, c'est-à-dire, cinq liards la livre de quatorze onces.

Pour en revenir aux douanes, elles étaient ci-devant exercées, selon l'ancien usage, par les Juifs; mais Alibek les ayant complettement ruinés en 1769, par une avanie énorme, la douane a passée aux mains des Chrétiens de Syrie, qui la conservent encore. Ces Chrétiens, venus de Damas au Kaire il y a environ cinquante ans, n'étaient d'abord que deux ou trois familles; leurs bénéfices en attirèrent d'autres, & le nombre s'en est multiplié jusqu'à près de cinq cens. Leur modestie & leur économie les mirent à portée de s'emparer d'une branche de commerce, puis d'une autre; enfin ils se trouvèrent en état d'affermer la douane lors du désastre des Juifs; & de ce moment ils ont acquis une opulence & pris des prétentions qui pourront finir par le sort des Juifs. On en crut le moment venu, lorsque leur chef, Antoine *Faraoun*, déserta furtivement l'Égypte, (en 1784) & vint à Livourne chercher la sûreté nécessaire pour jouir d'une fortune de plusieurs millions; mais cet événement, qui n'avait pas d'exemple (*a*), n'a pas eu de suites.

§. I.

Du commerce des Francs au Kaire.

Après ces Chrétiens, le corps des Négocians le plus considérable est celui des Européens, connus dans le Levant sous le nom de *Francs*. Dès long-temps les Vénitiens ont eu au Kaire des établissemens où ils envoient des selles, des étoffes de soie, des glaces, des merceries, &c. Les Anglais y ont aussi participé en envoyant des draps, des armes & des clincailleries, qui ont conservé jusqu'à ce jour une réputation de supériorité. Mais les Français, en fournissant des objets semblables à bien meilleur marché, ont depuis vingt ans obtenu la préférence & donné l'exclusion à leurs rivaux. Le pillage de la caravane qui

_____

(*a*) En général les Orientaux ont une aversion pour les mœurs d'Europe, qui les éloigne de toute idée d'émigration.

voulut passer de Suez au Kaire en 1779 (a), a porté le dernier coup aux Anglais; & depuis cette

---

(a) Les nouvelles du temps parlèrent beaucoup de ce pillage, à l'occasion de M. de Saint Germain, de l'isle de Bourbon, dont le désastre fit bruit en France. La caravane était composée d'Officiers & de passagers Anglais, & de quelques prisonniers Français, qui étaient venus, sur deux vaisseaux, débarquer à Suez, pour passer en Europe par la voie du Kaire. Les Arabes-Bedouins de *Tôr*, informés que ces passagers seraient accompagnés d'un riche chargement, résolurent de les piller, & les pillèrent en effet à cinq lieues de Suez. Les Européens, dépouillés nuds comme la main, & dispersés par la frayeur, se partagèrent en deux bandes. Les uns retournèrent à Suez; les autres, au nombre de sept, croyant pouvoir arriver au Kaire, s'enfoncèrent dans le désert. Bientôt la fatigue, la soif, la faim, & l'ardeur du soleil les firent périr les uns après les autres. Le seul M. de Saint Germain résista à tous ces maux. Pendant trois jours & deux nuits, il erra dans ce désert aride & nud, glacé du vent de nord pendant la nuit (c'était en Janvier) brûlé du soleil pendant le jour, sans autre ombrage qu'un seul buisson, où il se plongea la tête parmi les épines, sans autre boisson que son urine. Enfin, le troisième jour, ayant apperçu l'eau de *Berket-el-Hadj*, il s'efforça de s'y rendre; mais déjà il était tombé trois fois de faiblesse, & sans doute il fût resté à sa dernière chûte, si un paysan, monté sur son chameau, ne l'eût apperçu d'une grande distance. Cet homme charitable le transporta chez lui, & l'y soigna pendant trois jours avec la plus grande humanité. Au bout de ce terme, les Négocians du Kaire, informés de son aventure, firent apporter M. de Saint Germain à la ville; il y arriva dans l'état le plus déplorable. Son corps n'était qu'une plaie,

époque on n'a pas vu dans ces deux Villes même un seul Facteur de cette Nation. La base du commerce des Français en Égypte consiste, comme dans tout le Levant, en draps légers de Languedoc, appelés *Londrins* premiers, & *Londrins* seconds. Ils en débitent, année commune, entre neuf cens & mille ballots. Le bénéfice est de trente-cinq & quarante pour cent; mais les retraits qu'ils font leur donnant une perte de vingt & vingt-cinq, le produit net reste de quinze pour cent. Les autres objets d'importation sont du fer, du

---

son haleine était celle d'un cadavre, & il ne lui restait que le souffle de la vie. Cependant, à force de soins & d'attentions, M. Charles Magallon, qui l'avait reçu dans sa maison, eut la satisfaction de le sauver, & même de le rétablir. On a beaucoup parlé dans le temps, de la barbarie des Arabes, qui cependant ne tuèrent personne; aujourd'hui l'on doit blâmer l'imprudence des Européens, qui dans toute cette affaire se conduisirent comme des fous. Il régnait parmi eux la plus grande discorde; & ils avaient poussé la négligence, au point de n'avoir pas un pistolet en état. Toutes les armes étaient au fond des caisses. D'ailleurs, il paraît que les Arabes n'agirent pas de leur propre mouvement; des personnes bien instruites assurent que l'affaire avait été préparée à Constantinople par la compagnie Anglaise de l'Inde, qui voyoit de mauvais œil que des particuliers entrassent en concurrence avec elle pour le débit des marchandises du Bengale; & ce qui s'est passé dans le cours des poursuites, a prouvé la vérité de cette assertion.

plomb, des épiceries, cent vingt barrils de cochenille, quelques galons, des étoffes de Lyon, divers articles de mercerie, enfin des dalhers & des sequins.

En échange, ils prennent des cafés d'Arabie, des gommes d'Afrique, des toiles grossières de coton fabriquées à Manouf, & qu'on envoie en Amérique; des cuirs cruds, du safranon, du sel ammoniac & du riz (*a*). Ces objets acquittent rarement la dette, & l'on est toujours embarrassé pour les retours; ce n'est pas cependant faute de productions variées, puisque l'Égypte rend du bled, du riz, du doura, du millet, du sésame, du coton, du lin, du séné, de la casse, des cannes à sucre, du nître, du natron, du sel ammoniac, du miel & de la cire. L'on pourrait avoir des soies & du vin; mais l'industrie & l'activité manquent, parce que l'homme qui cultiverait n'en jouirait pas. On estime que l'importation des Français peut aller année commune à *trois millions de livres*. La France avait entretenu un Consul jusqu'en 1777, mais à cette époque, les dépenses qu'il causait, engagèrent

---

(*a*) Le bled est prohibé, & Pocock remarquait en 1737, que cela avait nui à la culture.

à le retirer : on le transféra à Alexandrie, & les Négocians qui le laissèrent partir sans réclamer d'indemnités, sont demeurés au Kaire à leurs risques & fortune. Leur situation qui n'a pas changé, est à-peu-près celle des Hollandais à Nangazaki ; c'est-à-dire, que renfermés dans un grand cul-de-sac, ils vivent entr'eux sans beaucoup de communications au-dehors ; ils les craignent même, & ne sortent que le moins qu'il est possible, pour ne pas s'exposer aux insultes du peuple, qui hait le nom des Francs, ou aux outrages des Mamlouks, qui les forcent dans les rues de descendre de leurs ânes. Dans cette espèce de détention habituelle, ils tremblent à chaque instant que la peste ne les oblige de se clorre dans leurs maisons, ou que quelque émeute n'expose leur *contrée* au pillage, ou que le Commandant ne fasse quelque demande d'argent (a), ou qu'enfin des Beks ne les forcent à des fournissemens toujours dangereux. Leurs affaires ne leur causent pas moins de soucis. Obligés de vendre à crédit, rarement sont-ils payés aux ter-

---

(a) Ils ont observé que ces avanies vont, année commune, à soixante-trois mille livres tournois.

mes convenus. Les lettres-de-change même n'ont aucune police, aucun recours en juftice, parce que la juftice eft un mal pire qu'une banqueroute : tout fe fait fur confcience, & cette confcience, depuis quelque temps, s'altère de plus en plus : on leur diffère des payemens pendant des années entières ; quelquefois on n'en fait pas du tout, prefque toujours on les altère. Les Chrétiens qui font leurs principaux correfpondans, font à cet égard plus infidèles que les Turcs mêmes ; & il eft remarquable que dans tout l'Empire, le caractère des Chrétiens eft très-inférieur à celui des Mufulmans ; cependant on s'eft réduit à faire tout par leurs mains. Ajoutez qu'on ne peut jamais réalifer les fonds, parce que l'on ne recouvre fa dette qu'en s'engageant d'une créance plus confidérable. Par toutes ces raifons, le Kaire eft l'échelle la plus précaire & la plus défagréable de tout le Levant : il y a quinze ans, l'on y comptait neuf maifons Françaifes ; en 1785, elles étaient réduites à trois, & bientôt peut-être n'en reftera t-il pas une feule. Les Chrétiens qui fe font établis depuis quelque temps à Livourne, portent une atteinte fatale à cet établiffement, par la correfpondance immédiate qu'ils entretiennent avec leurs compatriotes ; & le grand Duc de Toscane, qui les traite comme ses sujets, concourt de tout son pouvoir à l'augmentation de leur commerce.

CHAPITRE XVI.

De la Ville du Kaire.

LE Kaire, dont j'ai déjà beaucoup parlé, est une ville si célèbre, qu'il convient de la faire encore mieux connaître par quelques détails. Cette Capitale de l'Égypte ne porte point dans le pays le nom d'*El-Qâhera* que lui donna son fondateur ; les Arabes ne la connaissent que sous celui de *Masr*, qui n'a pas de sens connu, mais qui paraît l'ancien nom oriental de la Basse-Égypte (*a*). Cette ville est située sur la rive orientale du Nil, à un quart de lieue de ce fleuve, ce qui la prive d'un grand avantage. Le

---

(*a*) Ce nom de *masr* a les mêmes consonnes que celui de *mesr-aïm*, allégué par les Hébreux ; lequel, à raison de sa forme plurielle, semble désigner proprement les habitans du Delta, pendant que ceux de la Thébaïde s'appelaient *beni kous*, ou *enfans de kous*.

canal qui l'y joint ne saurait l'en dédommager, puisqu'il n'a d'eau courante que pendant l'inondation. A entendre parler du *grand Kaire*, il semblerait que ce dût être une Capitale au-moins semblable aux nôtres; mais si l'on observe que chez nous-mêmes, les villes n'ont commencé à se décorer que depuis cent ans, on jugera que dans un pays où tout est encore au dixième siècle, elles doivent participer à la barbarie commune. Aussi le Kaire n'a-t-il pas de ces édifices publics ou particuliers, ni de ces places régulières, ni de ces rues alignées, où l'architecture déploie ses beautés. Les environs sont marqués par des collines poudreuses, formées des décombres qui s'accumulent chaque jour (*a*); & près d'elles la multitude des tombeaux, & l'infection des voieries, choquent à-la-fois l'odorat & les yeux. Dans l'intérieur, les rues sont étroites & tortueuses; & comme elles ne sont point pavées, la foule des hommes, des chameaux, des ânes & des chiens qui s'y pressent, élève une poussière incommode; souvent les particu-

---

(*a*) Le Sultan Sélim avait assigné des bateaux pour les porter sans cesse à la mer; mais on a détruit cet établissement pour en détourner les deniers.

liers arrosent devant leurs portes, & à la poussière succèdent la boue & des vapeurs mal odorantes. Contre l'usage ordinaire de l'Orient, les maisons sont à deux & trois étages, terminés par une terrasse pavée ou glaisée ; la plupart sont en terre & en briques mal cuites ; le reste est en pierres molles d'un beau grain, que l'on tire du mont Moqattam qui est voisin ; toutes ces maisons ont un air de prison, parce qu'elles manquent de jour sur la rue. Il est très-dangereux en pareil pays d'être éclairé ; l'on a même la précaution de faire la porte d'entrée fort basse ; l'intérieur est mal distribué ; cependant chez les grands on trouve quelques ornemens & quelques commodités ; on doit surtout y priser de vastes salles où l'eau jaillit dans des bassins de marbre. Le pavé, formé d'une marqueterie de marbre & de fayence colorés, est couvert de nattes, de matelas, & par-dessus le tout, d'un riche tapis sur lequel on s'assied jambes croisées. Autour du mur règne une espèce de sofa chargé de coussins mobiles, propres à appuyer le dos ou les coudes. A sept ou huit pieds de hauteur, est un rayon de planches garnies de porcelaines de la Chine & du Japon. Les murs, d'ailleurs nuds, sont bigarrés de sentences tirées du Qorân, & d'Arabesques en couleurs, dont on charge aussi le portail des Beks. Les fenêtres n'ont point de verres ni de châssis mobiles, mais seulement un treillage à jour, dont la façon coûte quelquefois plus que nos glaces. Le jour vient des cours intérieures, d'où les sycomores renvoient un reflet de verdure qui plaît à l'œil. Enfin, une ouverture au nord ou au sommet du plancher, procure un air frais, pendant que par une contradiction assez bizarre, on s'environne de vêtemens & de meubles chauds, tels que les draps de laine & les fourrures. Les riches prétendent par ces précautions écarter les maladies; mais le peuple, avec sa chemise bleue & ses nattes dures, s'enrhume moins & se porte mieux.

§. I.

Population du Kaire & de l'Égypte.

On fait souvent des questions sur la population du Kaire : si l'on en veut croire le Douanier, Antoun *Farâoun*, cité par M. le B. de Tott, elle approche de 700 mille ames, y compris *Boulâq*, fauxbourg & port détaché de la ville ; mais tous les calculs de population en Turquie sont arbitraires, parce qu'on n'y tient point de regiſtres de naiſſances, de morts, ou de mariages. Les Muſulmans ont même des préjugés ſuperſtitieux contre les dénombremens. Les ſeuls Chrétiens pourraient être recenſés, au moyen des billets de leur capitation (*a*). Tout ce qu'on peut dire de certain, c'eſt que d'après le plan géométrique de M. Niebuhr, levé en 1761, le Kaire a trois lieues de circuit, c'eſt-à-dire, à-peu-près le circuit de Paris, pris par la ligne des boulevards. Dans cette enceinte, il y a quantité de jardins, de cours, de terreins vuides, & de ruines. Or, ſi Paris, dans l'enceinte des boulevards, ne donne pas plus de 700,000 ames, quoique bâti à cinq étages, il eſt difficile de croire que le Kaire qui n'en a que deux, tienne plus de 250,000 ames. Il eſt également impoſſible d'apprécier au juſte la population de l'Égypte entière. Néanmoins, puiſqu'il eſt connu que le nombre des villes & villages ne paſſe pas 2,300 (*b*), le nombre des habitans de chaque lieu ne pouvant s'évaluer l'un portant l'autre à plus de mille ames, même en y confondant le

---

(*a*) Elle s'appelle *karadj*; *k* eſt ici le *jota* Eſpagnol.
(*b*) Danville a connu deux liſtes des villages de l'Égypte;

Kaire, la population totale ne doit s'élever qu'à 2,300,000 ames. La confiftance des terres cultivables eft, felon Danville, de 2,100 lieues quarrées : de-là, réfulte par chaque lieue quarrée, 1,142 habitans. Ce rapport, plus fort que celui de France même, pourra faire croire que l'Égypte n'eft pas fi dépeuplée qu'on l'imagine ; mais fi l'on obferve que les terres ne fe repofent jamais, & qu'elles font toutes fécondes, on conviendra qu'elle eft très-faible en comparai- de ce qu'elle a été, & de ce qu'elle pourrait être.

Parmi les fingularités qui frappent un étranger au Kaire, on peut citer la quantité prodigieufe de chiens hideux qui vaguent dans les rues, & de milans qui planent fur les maifons, en jetant des cris importuns & lugubres. Les Mufulmans ne tuent ni les uns ni les autres, quoiqu'ils les réputent également immondes (*a*) ; au con-

---

l'une du fiècle dernier, compte deux mille fix cens quatre-vingt-feize villes & villages ; l'autre, du milieu de celui-ci, deux mille quatre cens quatre vingt-quinze, dont neuf cens cinquante-fept au Saïd, & mille quatre cens trente-neuf dans le Delta : le réfumé que je donne eft de l'année 1783.

(*a*) Les tourterelles, dont il y a une prodigieufe quantité, font leurs nids dans les maifons ; & les enfans même n'y touchent pas.

traire, ils leur jettent souvent les débris des tables;
& les dévots font pour les chiens des fondations
d'eau & de pain. Ces animaux ont d'ailleurs la
reſſource des voieries, qui, à la vérité, n'empêche pas qu'ils n'endurent quelquefois la faim &
la ſoif; mais ce qui doit étonner, c'eſt que ces
extrémités ne ſont jamais ſuivies de la rage.
Proſper Alpin en a déjà fait la remarque dans
ſon *Traité de la Médecine des Égyptiens*. La rage
eſt également inconnue en Syrie; cependant le
nom de cette maladie exiſte dans la langue Arabe,
& il n'y eſt point d'origine étrangère.

CHAPITRE XVII.

Des Maladies de l'Égypte.

§. PREMIER.

De la Cécité.

CE phénomène dans le genre des maladies,
n'eſt pas le ſeul remarquable en Égypte; il en
eſt pluſieurs autres qui méritent d'être rapportés.

Le plus frappant de tous, eſt la quantité prodigieuſe de vûes perdues ou gâtées; elle eſt au

point, que marchant dans les rues du Kaire, j'ai souvent rencontré sur cent personnes, vingt aveugles, dix borgnes, & vingt autres dont les yeux étaient rouges, purulens ou tachés. Presque tout le monde porte des bandeaux, indices d'une ophtalmie naissante ou convalescente : ce qui ne m'a pas moins étonné, est le sang-froid ou l'apathie avec laquelle on supporte un si grand malheur. *C'était écrit,* dit le Musulman : *Louange à Dieu ! Dieu l'a voulu,* dit le Chrétien ; *qu'il soit béni.* Cette résignation est sans doute ce qu'il y a de mieux à faire, quand le mal est arrivé ; mais par un abus funeste, en empêchant de rechercher les causes, elle en devient une elle-même. Parmi nous, quelques Médecins ont traité cette question ; mais n'ayant point connu toutes les circonstances du fait, ils n'en ont pu parler que vaguement. J'en vais faire un tableau général, afin que l'on puisse en tirer la solution du problême.

1°. Les fluxions des yeux & leurs suites, ne sont point particulières à l'Égypte ; on les retrouve également en Syrie, avec cette différence, qu'elles y sont moins répandues ; & il est remarquable que la côte de la mer seule y est sujette.

2°. La ville du Kaire, toujours pleine d'immondices, y est plus sujette que tout le reste de l'Égypte (*a*). Le peuple, plus que les gens aisés; les naturels, plus que les étrangers: rarement les Mamlouks en sont-ils attaqués. Enfin, les paysans du Delta y sont plus sujets que les Arabes Bédouins.

3°. Les fluxions n'ont pas de saison bien marquée, quoi qu'en ait dit Prosper *Alpin*; c'est une endémie commune à tous les mois & à tous les âges.

En raisonnant sur ces élémens, il m'a semblé que l'on ne pouvoit admettre pour cause principale les vents du midi, parce qu'alors l'épidémie devroit être propre au mois d'Avril, & que les Bédouins en seraient affectés comme les paysans: on ne peut admettre non plus la poussière fine répandue dans l'air, parce que les paysans y sont plus exposés que les habitans de la ville; l'habitude de dormir sur les terrasses a plus de réalité, mais cette cause n'est point unique ni simple: car dans les pays intérieurs & loin de la mer, tels que la vallée de Balbek, le Diarbekr,

---

(*a*) Il faut observer que les aveugles des villages viennent s'établir à la mosquée de Fleurs, où ils ont une espèce d'hôpital.

les plaines de Haurân, & dans les montagnes, on dort sur les terrasses, sans que la vue en soit affectée. Si donc au Kaire, dans tout le Delta & sur les côtes de Syrie, il est dangereux de dormir à l'air, il faut que cet air prenne du voisinage de la mer une qualité nuisible : cette qualité, sans doute, est l'humidité jointe à la chaleur, qui devient alors un principe premier de maladies. La salinité de cet air, si marquée dans le Delta, y contribue encore par l'irritation & les démangeaisons qu'elle cause aux yeux, ainsi que je l'ai éprouvé ; enfin, le régime des Égyptiens me paraît lui-même un agent puissant. Le fromage, le lait aigre, le miel, le raisiné, les fruits verds, les légumes cruds, qui sont la nourriture ordinaire du peuple, produisent dans le bas-ventre un trouble qui, selon l'observation des Praticiens, se porte sur la vue ; les oignons cruds, surtout, dont ils abusent, ont pour l'échauffer une vertu que les moines de Syrie m'ont fait remarquer sur moi-même. Des corps ainsi nourris, abondent en humeurs corrompues, qui cherchent sans cesse un écouloir. Détournées des voies internes par la sueur habituelle, elles viennent à l'extérieur, & s'établissent où elles trouvent moins de résistance. Elles doivent préférer la tête, parce que les Égyptiens, en la rasant toutes les semaines, & en la couvrant d'une coëffure prodigieusement chaude, en font un foyer principal de sueur. Or, pour peu que cette tête reçoive une impression de froid en se découvrant, la transpiration se supprime, & se jette sur les dents, ou plus volontiers sur les yeux, comme partie moins résistante. A chaque fluxion l'organe s'affaiblit, & il finit par se détruire. Cette disposition transmise par la génération, devient une nouvelle cause de maladie: de-là vient que les naturels y sont plus exposés que les étrangers. L'excessive transpiration de la tête est un agent d'autant plus probable, que les anciens Égyptiens qui la portaient nue, n'ont point été cités par les Médecins pour être si affligés d'ophtalmies (*a*); & les Arabes du désert qui se la couvrent peu, surtout dans le bas-âge, en sont de même exempts.

―――――――――――――――――――
(*a*) Cependant, l'Histoire observe que plusieurs des Pharaons moururent aveugles.

§. II.

De la petite-Vérole.

Une grande partie des cécités en Égypte est causée par les suites de la petite-vérole. Cette maladie, qui y est très-meurtrière, n'y est point traitée selon une bonne méthode; dans les trois premiers jours on y donne aux malades du *debs* ou raisiné, du miel & du sucre; & dès le septième on leur permet le laitage & le poisson salé comme en pleine santé; dans la dépuration, on ne les purge jamais; & l'on évite sur-tout de leur laver les yeux, encore qu'ils les ayent pleins de pus, & que les paupières soient collées par la sérosité desséchée: ce n'est qu'au bout de quarante jours que l'on fait cette opération, & alors le séjour du pus en irritant le globe, y a déterminé un cautère qui ronge l'œil entier. Ce n'est pas que l'inoculation y soit inconnue, mais on s'en sert peu. Les Syriens & les habitans de l'*Anadolie*, qui la connaissent depuis long-temps, n'en usent guères davantage (*a*).

___

(*a*) Ils la pratiquent en insérant un fil dans la chair, ou en faisant respirer ou avaler de la poudre de boutons desséchés.

L'on doit regarder ces vices de régime, comme des agens plus pernicieux que le climat, qui n'a rien de mal-sain (*a*); c'est à la mauvaise nourriture sur-tout, que l'on doit attibuer, & les hideuses formes des mendians, & l'air misérable & avorté des enfans du Kaire. Ces petites créatures n'offrent nulle part ailleurs un extérieur si affligeant; l'œil creux, le teint have & bouffi, le ventre gonflé d'obstructions, les extrémités maigres, & la peau jaunâtre, ils ont l'air de lutter sans cesse contre la mort. Leurs mères ignorantes prétendent que c'est *le regard malfaisant* de quelque envieux qui les ensorcèle, & ce préjugé ancien (*b*) est encore général & enraciné dans la Turquie; mais la vraie cause est dans la mauvaise nourriture. Aussi, malgré les talismans (*c*), en périt-il une quantité incroyable; & cette ville possède plus qu'aucune Capitale, la funeste propriété d'engloutir la population.

───────────────

(*a*) On peut citer en preuve les Mamlouks, qui, au moyen d'une bonne nouriture & d'un régime bien entendu, jouissent de la santé la plus robuste.

(*b*) Nescio quis teneros oculus mihi fascinat agnos. *Virgile.*

(*c*) On voit souvent en Égypte, pendre sur le visage des enfans, & même sur celui des hommes faits, de petits mor-

Une maladie très-répandue au Kaire, est celle que le vulgaire y appelle *mal béni*, & que nous nommons assez improprement, *mal de Naples* : la moitié du Kaire en est attaquée. La plupart des habitans croient que ce mal leur vient par *frayeur*, par *maléfice* ou par *malpropreté*. Quelques-uns se doutent de la vraie cause ; mais comme elle tient à un article sur lequel ils sont infiniment réservés, ils n'osent s'en vanter. Ce mal béni est très-difficile à guérir ; le mercure, sous quelque forme qu'il soit, échoue ordinairement : les végétaux sudorifiques réussissent mieux, sans cependant être infaillibles ; heureusement que le virus est peu actif, à raison de la grande transpirati naturelle & artificielle. L'on voit, comme en Espagne, des vieillards le porter jusqu'à quatre-vingts ans. Mais ses effets sont funestes aux enfans qui en naissent infectés. Le danger est imminent pour quiconque le rapporte dans un pays froid ; il y fait des progrès rapides, & se montre toujours plus rebelle dans cette transplantation. En

---

ceaux d'étoffes rouges, ou des rameaux de corail & de verre colorés ; leur usage est de fixer, par leur couleur & leur mouvement, le premier coup-d'œil de *l'envieux*, parce que c'est celui-là, disent-ils, qui *frappe*.

Syrie, à Damas & dans les montagnes, il est plus dangereux, parce que l'hiver y est plus rigoureux : faute de soins, il s'y termine avec tous les symptômes qu'on lui connaît, ainsi que j'en ai vu deux exemples.

Une incommodité particulière au climat d'Égypte, est une éruption à la peau, qui revient toutes les années. Vers la fin de Juin ou le commencement de Juillet, le corps se couvre de rougeurs & de boutons dont la cuisson est très-importune. Les Médecins qui se sont apperçus que cet effet venait constamment à la suite de l'eau nouvelle, lui en ont reporté la cause. Plusieurs ont pensé qu'elle dépendoit des sels dont ils ont supposé cette eau chargée; mais l'existence de ces sels n'est point démontrée, & il paraît que cet accident a une raison plus simple. J'ai dit que les eaux du Nil se corrompaient vers la fin d'Avril dans le lit du fleuve. Les corps qui s'en abreuvent depuis ce moment, forment des humeurs d'une mauvaise qualité. Lorsque l'eau nouvelle arrive, il se fait dans le sang une espèce de fermentation dont l'issue est de séparer les humeurs vicieuses & de les chasser vers la peau où la transpiration les appelle : c'est une vraie dépuration purgative, & toujours salutaire.

Un autre mal encore trop commun au Kaire, est une enflure de bourses, qui souvent devient un énorme *hydrocèle*. On observe qu'il attaque de préférence les Grecs & les Coptes ; & par-là le soupçon de sa cause tombe sur l'abus de l'huile dont ils usent plus des deux tiers de l'année. L'on soupçonne aussi que les bains chauds y concourent, & leur usage immodéré a d'autres effets qui ne sont pas moins nuisibles (*a*). Je remar-

---

(*a*) Les Égyptiens & les Turcs en général, ont pour le bain d'étuve une passion difficile à concevoir dans un pays aussi chaud que le leur; mais elle me paraît venir moins des sensations que des préjugés. La loi du *Qorán*, qui ordonne aux hommes une forte ablution après le devoir conjugal, est elle seule un motif très-puissant ; & la vanité qu'ils attachent à l'exécuter, en devient un autre qui n'est pas moins efficace. Pour les femmes, il se joint à ces motifs; 1º. que le bain est le seul lieu d'assemblée où elles puissent faire parade de leur luxe & se régaler de melons, de fruits, de pâtisseries & autres friandises ; 2º. quelles croient, ainsi que l'a remarqué Prosper Alpin, que le bain leur donne cet embonpoint qui passe pour la beauté. Quant aux étrangers, leurs opinions diffèrent comme leurs sensations. Plusieurs Négocians du Kaire aiment le bain, d'autres s'en sont trouvés maltraités, & je leur ai ressemblé. Il m'a donné des vertiges & des tremblemens de genoux qui durèrent deux jours. J'avoue qu'une eau vraiment brûlante, & qu'une sueur arrachée par les con-

querai à cette occasion, que dans la Syrie comme dans l'Égypte, une expérience constante a prouvé que l'eau-de-vie tirée des figues ordinaires, ou de celles de sycomore, ainsi que l'eau-de-vie des dattes & des fruits de *Nopal*, a un effet très-prompt sur les bourses qu'elle rend douloureuses & dures dès le troisième ou quatrième jour que l'on a commencé d'en boire ; & si l'on n'en cesse pas l'usage, le mal dégénère en hydrocèle complet.

L'eau-de-vie des raisins secs n'a pas le même inconvénient ; elle est toujours anisée & très-violente, parce qu'on la distille jusqu'à trois fois. Les Chrétiens de Syrie, & les Coptes d'Égypte en font beaucoup d'usage ; ces derniers sur-tout, en boivent des pintes entières à leur souper : j'avais taxé ce fait d'exagération ; mais il a fallu me rendre aux preuves de l'évidence, sans cesser néanmoins de m'étonner que de pareils excès ne tuent pas sur le champ, ou ne procurent pas du moins les symptômes de la profonde ivresse.

---

vulsions du poumon autant que par la chaleur, m'ont paru des plaisirs d'une espèce étrange ; & je n'envierai plus aux Turcs ni leur opium, ni leurs étuves, ni leurs *masseurs trop complaisans*.

Le printemps, qui dans l'Égypte est l'été de nos climats, annonce des fièvres malignes dont l'issue est toujours très-prompte. Un Médecin Français qui en a traité beaucoup, a remarqué que le kina, donné dans les rémissions à dose de deux & trois onces, a fréquemment sauvé des malades aux portes de la mort (a). Sitôt que le mal se déclare, il faut s'astreindre rigoureusement au régime végétal acide; on s'interdit la viande, le poisson, & sur-tout les œufs; ils sont une espèce de poison en Égypte. Dans ce pays comme en Syrie, les observations constatent que la saignée est toujours plus nuisible qu'avantageuse, même lorsqu'elle paraît le mieux indiquée ; la raison en est que les corps nourris d'alimens malsains, tels que les fruits verds, les légumes cruds, le fromage, les olives, ont peu de sang & beaucoup d'humeurs; leur tempérament est généralement bilieux, ainsi que l'annoncent leurs yeux & leurs sourcils noirs, leur teint brun, & leur corps maigre. Leur maladie habituelle est le mal d'estomac; presque tous se plaignent d'âcretés à la gorge & de nausées acides; aussi l'émétique

---

(a) Le lendemain il donne toujours un lavement pour évacuer ce kina.

& la crême de tartre ont-ils du succès dans presque tous les cas.

Les fièvres malignes deviennent quelquefois épidémiques, & alors on les prendroit volontiers pour la peste, dont il me reste à parler.

§. I.

De la Peste.

Quelques personnes ont voulu établir parmi nous l'opinion que la peste était originaire d'Égypte; mais cette opinion, fondée sur des préjugés vagues, paroît démentie par les faits. Nos Négocians établis depuis longues années à Alexandrie, assurent, de concert avec les Égyptiens, que la peste ne vient jamais de l'intérieur du pays (a); mais qu'elle paraît d'abord sur la côte à Alexandrie; d'Alexandrie elle passe à Rosette, de Rosette au Kaire, du Kaire à Damiette & dans le reste du Delta. Ils observent encore qu'elle est toujours précédée de l'arrivée de quelque bâti-

---

(a) Prosper Alpin, Médecin vénitien, qui écrivait en 1591, dit également que la peste n'est point originaire d'Égypte, qu'elle y vient de Grèce, de Syrie, de Barbarie; que les chaleurs la tuent, &c. Voyez de Medecina Egyptiorum, p. 28.

ment venant de Smyrne ou de Constantinople, & que si la peste a été violente dans l'une de ces Villes pendant l'été, le danger est plus grand pour la leur pendant l'hiver qui suit. Il paraît constant que son vrai foyer est Constantinople ; qu'elle s'y perpétue par l'aveugle négligence des Turks : elle est au point que l'on vend publiquement les effets des morts pestiférés. Les vaisseaux qui viennent ensuite à Alexandrie, ne manquent jamais d'apporter des fourrures & des habits de laine qui sortent de ces ventes, & ils les débitent au Bazar de la ville, où ils jettent d'abord la contagion. Les Grecs qui font ce commerce en sont presque toujours les premières victimes. Peu-à-peu l'épidémie gagne Rosette, & enfin le Kaire, en suivant la route journalière des marchandises. Aussitôt qu'elle est constatée, les Négocians Européens s'enferment dans leur *Kan*, ou *contrée*, eux & leurs domestiques ; & ils ne communiquent plus au-dehors. Leurs vivres, déposés à la porte du *Kan*, y sont reçus par un portier qui les prend avec des tenailles de fer, & les plonge dans une tonne d'eau destinée à cet usage. Si l'on veut leur parler, ils observent toujours une distance qui empêche tout contact de vêtemens ou d'haleine; par ce moyen ils se préservent du fléau, à moins qu'il n'arrive quelque infraction à la police. Il y a quelques années qu'un chat, passé par les terrasses chez nos Négocians du Kaire, porta la peste à deux d'entr'eux, dont l'un mourut.

L'on conçoit combien cet emprisonnement est ennuyeux : il dure jusqu'à trois & quatre mois, pendant lesquels les amusemens se réduisent à se promener le soir sur les terrasses, & à jouer aux cartes.

La peste offre plusieurs phénomènes très-remarquables. A Constantinople elle règne pendant l'été, & s'affoiblit ou se détruit pendant l'hiver. En Égypte, au contraire, elle règne pendant l'hiver, & Juin ne manque jamais de la détruire. Cette bizarrerie apparente s'explique par un même principe. L'hiver détruit la peste à Constantinople, parce que le froid y est très-rigoureux. L'été l'allume, parce que la chaleur y est humide, à raison des mers, des forêts & des montagnes voisines. En Égypte, l'hiver fomente la peste, parce qu'il est humide & doux : l'été la détruit, parce qu'il est chaud & sec. Il agit sur elle comme sur les viandes qu'il ne laisse pas pourrir. La chaleur n'est malfaisante qu'autant qu'elle se joint à l'humidité (a). L'Égypte est affligée de la peste tous les quatre ou cinq ans ; les ravages qu'elle y cause devraient la dépeupler, si les étrangers qui y affluent sans cesse de tout l'Empire, ne réparaient une grande partie de ses pertes.

En Syrie la peste est beaucoup plus rare : il y a vingt-cinq ans qu'on ne l'y a ressentie. La raison en est sans doute la rareté des vaisseaux venans en droiture de Constantinople. D'ailleurs on observe qu'elle ne se naturalise pas aisément dans cette province. Transportée de l'Archipel, ou même de Damiette, dans les rades de Lataqié, Saide ou Acre, elle n'y prend point racine ; elle veut des circonstances préliminaires & une route combinée : il faut qu'elle passe du Kaire en droiture à Damas : alors toute la Syrie est sûre d'en être infestée.

L'opinion enracinée du fatalisme, & bien plus encore la barbarie du Gouvernement, ont empêché jusqu'ici les Turks de se mettre en garde contre ce fléau meurtrier : cependant le succès

_____
(a) Au Kaire, on a observé que les porteurs d'eau, sans cesse arrosés de l'eau fraîche qu'ils portent dans une outre sur leur dos, ne sont jamais attaqués de la peste : mais ici c'est *lotion*, & non pas humidité.

des soins qu'ils ont vû prendre aux Francs, a fait, depuis quelque temps, impression sur plusieurs d'entre-eux. Les Chrétiens du pays qui traitent avec nos Négocians, seraient disposés à s'enfermer comme eux ; mais il faudrait qu'ils y fussent autorisés par la *Porte*. Il paraît qu'en ce moment elle s'occupe de cet objet, s'il est vrai qu'elle ait publié l'année dernière un Édit pour établir un Lazaret à Constantinople, & trois autres dans l'Empire : savoir, à Smyrne, en Candie, & à Alexandrie. Le Gouvernement de Tunis a pris ce sage parti depuis quelques années ; mais la police Turque est par-tout si mauvaise, qu'on doit espérer peu de succès de ces établissemens, malgré leur extrême importance pour le commerce, & pour la sûreté des états de la Méditerranée (*a*).

(*a*) L'année dernière en fait preuve, puisqu'il a éclaté dans Tunis une peste aussi violente qu'on en ait jamais éprouvé. Elle fut apportée par des bâtimens venans de Constantinople, qui corrompirent les gardes & entrèrent en fraude sans faire de quarantaine.

CHAPITRE XVIII.
Tableau résumé de l'Égypte.

L'Égypte fournirait encore matière à beaucoup d'autres observations ; mais comme elles sont étrangères à mon objet, ou qu'elles rentrent dans celles que j'aurai occasion de faire sur la Syrie, je ne m'étendrai pas davantage.

Si l'on se rappelle ce que j'ai exposé de la nature & de l'aspect du sol, si l'on se peint un pays plat, coupé de canaux, inondé pendant trois mois, fangeux & verdoyant pendant trois autres, poudreux & gercé le reste de l'année ; si l'on se figure sur ce terrain des villages de boue & de briques ruinés, des paysans nuds & hâlés, des buffles, des chameaux, des sycomores, des dattiers clair-semés, des lacs, des champs cultivés, & de grands espaces vuides ; si l'on y joint un soleil étincelant sur l'azur d'un ciel presque toujours sans nuages ; des vents plus ou moins forts, mais perpétuels, l'on aura pu se former une idée rapprochée de l'état physique du pays. On a pu juger de l'état civil des habitans, par leurs divisions en races, en sectes, en conditions ; par la nature d'un gouvernement qui ne connoît ni propriété ni sûreté de perſonne, & par l'uſage d'un pouvoir illimité confié à une ſoldateſque licencieuſe & groſſière ; enfin l'on peut apprécier la force de ce Gouvernement en réſumant ſon état militaire, la qualité de ſes troupes ; en obſervant que dans toute l'Égypte & ſur les frontières, il n'y a ni Fort ni Redoute, ni artillerie, ni Ingénieurs ; & que pour la marine on ne compte que les vingt-huit vaiſſeaux & cayaſſes de Suez, armés chacun de quatre pierriers rouillés, & montés par des marins qui ne connoiſſent pas la bouſſole : c'eſt au Lecteur à établir ſur ces faits l'opinion qu'il doit prendre d'un tel pays. S'il trouvait, par haſard, que je le lui préſente ſous un point de vue différent de quelques autres Relations (*a*), cette diverſité ne devrait point l'étonner : rien de moins unanime que les jugemens des Voyageurs ſur les pays qu'ils ont vus : ſouvent contradictoires entre-eux, celui-ci déprime ce que celui-là vante ; & tel peint comme un Paradis ce qui pour tel n'eſt qu'un lieu fort ordinaire. On leur reproche cette

---

(*a*) Voyez *de Maillet*.

contradiction ; mais ils la partagent avec leurs Censeurs mêmes, puisqu'elle est dans la nature des choses. Quoi que nous puissions faire, nos jugemens sont bien moins fondés sur les qualités réelles des objets, que sur les affections que nous recevons, ou que nous portons déjà en les voyant. Une expérience journalière prouve qu'il s'y mêle toujours des idées étrangères, & de-là vient que le même pays qui nous a paru beau dans un temps, nous paraît quelquefois désagréable dans un autre. Dailleurs, le préjugé des habitudes premières est tel que jamais l'on ne peut s'en dégager. L'habitant des montagnes hait les plaines : l'habitant des plaines déprise les montagnes. L'Espagnol veut un ciel ardent ; le Danois un temps brumeux. Nous aimons la verdure des forêts; le Suédois préfère la blancheur des neiges : le Lapon transporté de sa chaumière enfumée, dans les bosquets de Chantilly, est mort de chaleur & de mélancolie. Chacun a ses goûts, & juge en conséquence. Je conçois que pour un Égyptien, l'Égypte est, & sera toujours le plus beau pays du monde, quoiqu'il n'ait vu que celui-là. Mais, s'il m'est permis d'en dire mon avis comme témoin oculaire, j'avoue que je n'en ai pas pris une idée si avantageuse. Je rends justice à son extrême fertilité, à la variété de ses produits, à l'avantage de sa position pour le commerce; je conviens que l'Égypte est peu sujette aux intempéries qui font manquer nos récoltes; que les ouragans de l'Amérique y sont inconnus; que les tremblemens qui de nos jours ont dévasté le Portugal & l'Italie, y sont très-rares, quoique non pas sans exemple (*a*): je conviens même que la chaleur qui accable les Européens, n'est pas un inconvénient pour les Naturels; mais c'en est un grave que ces vents meurtriers de sud; c'en est un autre que ce vent de nord-est qui donne des maux de tête violens; c'en est encore un que cette multitude de scorpions, de cousins, & sur-tout de mouches, telle que l'on ne peut manger sans courir risque d'en avaler. D'ailleurs, nul pays d'un aspect plus monotone; une plaine nue à perte de vue; toujours un horizon plat & uniforme (*b*); des dattiers sur leur tige maigre, ou des huttes de terre sur des chauffées : jamais cette richesse de paysages où

(*a*) Il y en eut un très-violent, entr'autres l'an 1111.

(*b*) On peut, a ce sujet, consulter les planches de *Norden*, qui rendent cet état sensible.

la variété des objets, où la diverſité des ſites occupent l'eſprit & les yeux par des ſcènes & des ſenſations renaiſſantes : nul pays n'eſt moins pittoreſque, moins propre aux pinceaux des Peintres & des Poëtes : on n'y trouve rien de ce qui fait le charme & la richeſſe de leurs tableaux ; & il eſt remarquable que ni les Arabes, ni les Anciens ne font mention des Poëtes d'Égypte. En effet, que chanterait l'Égyptien ſur le chalumeau de Geſner & de Théocrite ? Il n'a ni clairs ruiſſeaux, ni frais gazons, ni antres ſolitaires ; il ne connoît ni les vallons, ni les côteaux, ni les roches pendantes. Tompſon n'y trouverait ni le ſifflement des vents dans les forêts, ni les roulemens du tonnerre dans les montagnes, ni la paiſible majeſté des bois antiques, ni l'orage impoſant, ni le calme touchant qui lui ſuccéde : un cercle éternel des mêmes opérations ramène toujours les gras troupeaux, les champs fertiles, le fleuve boueux, la mer d'eau douce, & les villages ſemblables aux iſles. Que ſi la penſée ſe porte à l'horizon qu'embraſſe la vue, elle s'effraye de n'y trouver que des déſerts ſauvages, où le voyageur égaré, épuiſé de ſoif & de fatigue, ſe décourage devant l'eſpace immenſe qui le ſépare du monde : il implore en vain la terre & le ciel; ses cris perdus sur une plaine rase, ne lui sont pas même rendus par des échos: dénué de tout, & seul dans l'univers, il périt de rage & de désespoir devant une Nature morne, sans la consolation même de voir verser une larme sur son malheur. Ce contraste si voisin est sans doute ce qui donne tant de prix au sol de l'Égypte. La nudité du désert rend plus saillante l'abondance du fleuve, & l'aspect des privations ajoute au charme des jouissances; elles ont pu être nombreuses dans les temps passés, & elles pourraient renaître sous l'influence d'un bon gouvernement: mais dans l'état actuel la richesse de la Nature y est sans effet & sans fruit. En vain célèbre-t-on les jardins de Rosette & du Kaire; l'art des jardins, cet art si cher aux peuples policés, est ignoré des Turks, qui méprisent les champs & la culture. Dans tout l'Empire les jardins ne sont que des vergers sauvages, où les arbres jetés sans soin, n'ont pas même le mérite du désordre. En vain se récrie-t-on sur les orangers & les cédras qui croissent en plein air: on fait illusion à notre esprit, accoutumé d'allier à ces arbres les idées d'opulence & de culture qui chez nous les accompagnent. En Égypte, arbres vulgaires, ils s'associent à la misère des cabanes qu'ils couvrent, & ne rappellent que l'idée de l'abandon & de la pauvreté. En vain peint-on le Turk mollement couché sous leur ombre, heureux de fumer sa pipe sans penser : l'ignorance & la sottise ont sans doute leurs jouissances, comme l'esprit & le savoir ; mais je l'avoue, je n'ai pu envier le repos des esclaves, ni appeler bonheur l'apathie des automates. Je ne concevrais pas même d'où peut venir l'enthousiasme que des Voyageurs témoignent pour l'Égypte, si l'expérience ne m'en eût dévoilé les causes secrettes.

§. II.

Des exagérations des Voyageurs.

On a dès long-temps remarqué dans les Voyageurs une affectation particulière à vanter le théâtre de leurs voyages ; & les bons esprits qui souvent ont reconnu l'exagération de leurs récits, ont averti, par un proverbe, de se tenir en garde contre leur prestige (*a*) ; mais l'abus subsiste parce qu'il tient à des causes renaissantes. Chacun de

---

(*a*) Multùm mentitur qui multùm vidit.

nous en porte le germe; & souvent le reproche appartient à ceux mêmes qui l'adressent. En effet, qu'on examine un voyageur arrivant de pays lointains, dans une société oisive & curieuse. La nouveauté de ses récits attire l'attention sur lui; elle va même jusqu'à la bienveillance pour sa personne: on l'aime parce qu'il amuse, & parce que ses prétentions sont d'un genre qui ne peut choquer. De son côté, il ne tarde pas de sentir qu'il n'intéresse qu'autant qu'il excite des sensations nouvelles. Le besoin de soutenir, l'envie même d'augmenter cet intérêt, l'engagent à donner des couleurs plus fortes à ses tableaux; il peint les objets plus grands pour qu'ils frappent davantage; le succès qu'il obtient l'encourage; l'enthousiasme se réfléchit sur lui-même; & bientôt il s'établit entre ses auditeurs & lui, une émulation & un commerce par lequel il rend en étonnement ce qu'on lui paye en admiration. Le merveilleux de ce qu'il a vu rejaillit d'abord sur lui-même; puis, par une seconde gradation, sur ceux qui l'ont entendu & qui à leur tour le racontent: ainsi la vanité, qui se mêle à tout, devient une des causes de ce penchant que nous avons tous, soit pour croire, soit pour raconter les prodiges. D'ailleurs,

Tom. I. Q

nous voulons moins être inftruits qu'amufés, & c'eft par ces raifons que les faifeurs de contes, en tout genre, ont toujours occupé un rang diftingué dans l'eftime des hommes, & dans la claffe des Écrivains.

Il eft pour les voyageurs une autre caufe d'enthoufiafme : loin des objets dont elle a joui, l'imagination privée s'enflamme; l'abfence rallume les defirs, & la fatiété de ce qui nous environne, prête un charme à ce qui eft hors de notre portée. On regrette un pays d'où l'on defira fouvent de fortir ; & l'on fe peint en beaux les lieux dont la préfence pourroit être encore à charge. Les voyageurs qui ne font que paffer en Égypte ne font pas dans cette claffe, parce qu'ils n'ont pas le temps de perdre l'illufion de la nouveauté; mais quiconque y féjourne, peut y être rangé. Nos Négocians le favent; & ils ont fait, à ce fujet, une obfervation qu'on doit citer : ils ont remarqué que ceux mêmes d'entr'eux qui ont le plus fenti les défagrémens de cette demeure, ne font pas plutôt retournés en France, que tout s'efface de leur mémoire; leurs fouvenirs prennent de riantes couleurs; en forte que deux ans après, on n'ima-

gineriat pas qu'ils y euſſent jamais été. « Com-
» ment penſez-vous encore à nous, m'écrivait
» dernièrement un réſident au Kaire; comment
» conſervez-vous les idées vraies de ce lieu de
» miſère, (a) lorſque nous avons éprouvé que tous
» ceux qui repaſſent, les oublient au point de
» nous étonner nous mêmes » ? Je l'avoue, des
causes ſi générales & ſi puiſſantes n'euſſent pas
été ſans effet ſur moi-même; mais j'ai pris un ſoin
particulier de m'en défendre, & de conſerver
mes impreſſions premières, pour donner à mes
récits le ſeul mérite qu'ils puiſſent avoir, celui
de la vérité. Il eſt temps de les reporter ſur des
objets d'un intérêt plus vaſte; mais comme le
lecteur ne me pardonnerait pas de quitter l'Égypte
ſans parler des ruines & des pyramides, j'en
dirai deux mots.

―――――

(a) Perſonne n'a moins que moi de ſujets d'humeur contre
l'Égypte; j'y ai éprouvé, de nos Négocians, l'accueil le plus
généreux & le plus honnête; jamais il ne m'eſt arrivé nul
accident déſagréable, pas même de mettre pied à terre devant
les Mamlouks. Il eſt vrai que malgré la honte qu'on y attribue,
je ne marchais qu'à pied dans les rues.

CAPITRE XIX.

Des Ruines & des Pyramides.

J'AI déjà exposé comment la difficulté habituelle des voyages en Égypte, devenue plus grande en ces dernières années, s'opposait aux recherches sur les antiquités. Faute de moyens, & sur-tout de circonstances propres, on est réduit à ne voir que ce que d'autres ont vu, & à ne dire que ce qu'ils ont déjà publié. Par cette raison, je ne répéterai pas ce qui se trouve déjà répété plus d'une fois dans *Paul Lucas, Maillet, Siccard, Pocok, Greaves, Norden, Niebuhr*; & récemment dans les lettres de M. Savari. Je me bornerai à quelques considérations générales.

Les Pyramides de Djizé sont un exemple frappant de cette difficulté d'observer dont j'ai fait mention. Quoique situées à quatre lieues seulement du Kaire où il réside des Francs, quoique visitées par une foule de Voyageurs, on n'est point encore d'accord sur leurs dimensions. On a mesuré plusieurs fois leur hauteur par les procédés géométriques, & chaque opération a donné un résultat différent (a). Pour décider la question, il faudrait une nouvelle mesure solemnelle, faite par des personnes connues; mais en attendant, on doit taxer d'erreur tous ceux qui donnent à la grande Pyramide autant d'élévation que de base, attendu que son triangle est très-sensiblement écrasé. La connaissance de cette base me paraît d'autant plus intéressante, que je lui crois du rapport à l'une des mesures quarrées des Égyptiens; & dans la coupe des pierres, si l'on trouvait des dimensions revenant souvent les mêmes, peut-être en pourrait-on déduire leurs autres mesures.

On se plaint ordinairement de ne point comprendre la description de l'intérieur de la Pyramide; & en effet, à moins d'être versé dans l'art des plans, on a peine à se reconnaître sur la gravure. Le meilleur moyen de s'en faire idée, serait d'exécuter en terre crue ou cuite, une Pyramide dans des proportions réduites, par exemple, d'un

---

(a) A la liste de ces différences, alléguée par M. Savari, il faut ajouter une mesure récente, qui donne six cens pieds sur chaque face à la grande, & quatre cens quatre-vingt de hauteur perpendiculaire.

pouce par toise. Cette masse aurait huit pieds quatre pouces de base, & à-peu-près 7 & demi de hauteur: en la coupant en deux portions de haut en bas, on y pratiqueroit le premier canal qui descend obliquement, la galerie qui remonte de même, & la chambre sépulcrale qui est à son extrémité. Norden fournirait les meilleurs détails ; mais il faudrait un Artiste habitué à ce genre d'ouvrages.

La ligne du rocher sur lequel sont assises les Pyramides, ne s'élève pas au-dessus du niveau de la plaine de plus de quarante à cinquante pieds. La pierre dont il est formé, est, comme je l'ai dit, une pierre calcaire blanchâtre, d'un grain pareil au beau moëlon, ou à cette pierre connue dans quelques provinces, sous le nom de *Raïrie*. Celle des Pyramides est d'une nature semblable. Au commencement du siècle, on croyait, sur l'autorité d'Hérodote, que les matériaux en avaient été transportés d'ailleurs ; mais des Voyageurs observant la ressemblance dont nous parlons, ont trouvé plus naturel de les faire tirer du rocher même ; & l'on traite aujourd'hui de fable le récit d'Hérodote, & d'absurdité cette translation de pierres. On calcule que l'applanissement du rocher en a dû fournir la majeure partie ; & pour le reste, on suppose des souterrains invisibles, que l'on aggrandit autant qu'il est besoin. Mais si l'opinion ancienne a des invraisemblances, la moderne n'a que des suppositions : ce n'est point un motif suffisant de juger, que de dire : *il est incroyable que l'on ait transporté des carrières éloignées, il est absurde d'avoir multiplié des frais qui deviennent énormes,* &c. Dans les choses qui tiennent aux opinions & aux Gouvernemens des peuples anciens, la mesure des probabilités est délicate à saisir : aussi, quelqu'invraisemblable que paraisse le fait dont il s'agit, si l'on observe que l'Historien qui le rapporte a puisé dans les Archives originales, qu'il est très-exact dans tous ceux que l'on peut vérifier ; que le rocher Lybique n'offre en aucun endroit des élévations semblables à celles qu'on veut supposer, & que les souterrains sont encore à connaître ; si l'on se rappelle les immenses carrières qui s'étendent de Saouâdi à Manfalout, dans un espace de vingt-cinq lieues : enfin, si l'on considère que leurs pierres, qui sont de la même espèce, n'ont aucun autre emploi apparent (a), on sera porté tout au

_____
(a) Je n'entends pas les seules pyramides de Djizé, mais

moins à suspendre son jugement, en attendant une évidence qui le détermine. Pareillement quelques Écrivains se sont lassés de l'opinion que les Pyramides étaient des tombeaux, & ils en ont voulu faire des temples ou des observatoires ; ils ont regardé comme absurde qu'une Nation sage & policée fît une affaire d'état du sépulcre de son Chef, & comme extravagant qu'un Monarque écrasât son peuple de corvées, pour enfermer un squélette de cinq pieds dans une montagne de pierres ; mais, je le répète, on juge mal les peuples anciens, quand on prend pour terme de comparaison nos opinions, nos usages. Les motifs qui les ont animés peuvent nous paraître extravagans, peuvent l'être même aux yeux de la raison, sans avoir été moins puissans, moins efficaces. D'ailleurs, on se donne des entraves gratuites de contradictions, en leur supposant une sagesse conforme à nos principes ; nous raisonnons trop d'après nos idées, & pas assez d'après les leurs. En suivant ici, soit les unes, soit les autres, on jugera que les Pyramides ne peuvent

---

toutes en général. Quelques-unes, comme celles de Bayamour, n'ont de rochers ni dessous ni aux environs. Voyez *Pocoke*.

avoir été des obfervatoires d'aftronomie (*a*); parce que le mont Moqattam en offrait un plus élevé, & qui borne ceux-là ; parce que tout obfervatoire élevé eft inutile en Égypte, où le fol eft très-plat, & où les vapeurs dérobent les étoiles plufieurs degrés au-deffus de l'horizon; parce qu'il eft impoffible de monter fur la plupart des pyramides; enfin, parce qu'il étoit inutile de raffembler onze obfervatoires auffi voifins que le font les onze Pyramides, grandes & petites, que l'on découvre du local de Djizé. D'après ces confidérations, on penfera que Platon, qui a fourni l'idée en queftion, n'a pu avoir en vue que des cas accidentels, ou qu'il n'a ici que fon mérite ordinaire d'éloquent Orateur. Si d'autre part on pèfe les témoignages des Anciens & les circonftances des lieux; fi l'on fait attention qu'auprès des Pyramides il fe trouve trente à quarante moindres

---

(*a*) On allègue la pofition des pyramides orientées aux quatre points cardinaux; mais les Anciens, dans la plupart de leurs monumens, ont obfervé cette pratique; & elle convenait aux tombeaux qui, par les idées de réfurrection, de Tartare d'Élyfée, &c, tenaient à l'aftronomie.

monumens, offrant des ébauches de la même figure pyramidale; que ce lieu stérile, écarté de la terre cultivable, a la qualité requise des Égyptiens pour être un cimetière, & que près de-là était celui de toute la ville de Memphis, la plaine des Momies, on sera persuadé que les Pyramides ne sont que des tombeaux. L'on croira que les despotes d'un peuple superstitieux, ont pu mettre de l'importance & de l'orgueil à bâtir pour leur squélette une demeure impénétrable, quand on saura que dès avant Moyse, il étoit de dogme à Memphis que les ames reviendraient au bout de 6,000 ans habiter les corps qu'elles avaient quittés: c'était par cette raison que l'on prenait tant de soin de préserver ces mêmes corps de la dissolution, & que l'on s'efforçait d'en conserver les formes, au moyen des aromates, des bandelettes & des sarcophages. Celui qui est encore dans la chambre sépulcrale de la gande pyramide, est précisément dans les dimensions naturelles; & cette chambre, si obscure & si étroite (a), n'a jamais pu convenir qu'à loger un mort. On veut trouver du mystère à ce con-

---
(a) Elle a treize pas de long sur onze de large, & à-peu-près autant de hauteur.

duit souterrain qui descend perpendiculairement dans le dessous de la Pyramide ; mais on oublie que l'usage de toute l'antiquité fut de ménager des communications avec l'intérieur des tombeaux, pour y pratiquer, aux jours prescrits par la religion, les cérémonies funèbres, telles que les libations & les offrandes d'alimens aux morts. Il faut donc revenir à l'ancienne opinion, tout vieille qu'elle peut être, que les Pyramides sont des tombeaux; & cette destination, constatée par toutes les circonstances, l'est encore par leur nom, qui, selon une analyse conforme à tous les principes de la science, me donne mot à mot, *chambre* ou *caveau* du *mort* (*a*).

(*a*) Voici la marche de cette étymologie. Le mot français, *pyramide*, est le grec *pyramis-idos* ; mais dans l'ancien grec, l'*y* était prononcé *ou* ; donc il faut dire *pouramis*. Lorsque les Grecs, après la guerre de Troye, fréquentèrent l'Égypte, ils ne devaient point avoir, dans leur langue, le nom de cet objet nouveau pour eux ; ils durent l'emprunter des Égyptiens. *Pouramis* n'est donc pas grec, mais égyptien. Or, il paraît constant que les dialectes de l'Égypte, qui étaient variés, ont eu de grandes analogies avec ceux des pays voisins, tels que l'Arabie & la Syrie. Il est vrai que dans ces langues, *p* est une prononciation inconnue ; mais il est de fait aussi, que les Grecs, en adoptant des mots *barbares*, les altéraient presque toujours, & confondaient souvent un son avec un autre à-peu-

La grande Pyramide n'est pas la seule qui ait été ouverte. Il y en a une autre à *Saqâra* qui offre les mêmes détails intérieurs. Depuis quelques années, un Bek a tenté d'ouvrir la troisième en grandeur du local de Djizé, pour en retirer le trésor supposé. Il l'a attaquée par le même côté & à la même hauteur que la grande est ouverte; mais après avoir arraché deux ou trois cens pierres, avec des peines & une dépense considérable, il a quitté sans succès son avaricieuse entreprise. L'époque de la construction de la plupart des Pyramides n'est pas connue; mais celle de la grande est si évidente, qu'on n'eût jamais dû la contester. Hérodote l'attribue à *Cheops*,

───────────────────

près semblable. Il est de fait encore, que dans des mots connus, *p* se trouve sans cesse pris pour *b*, qui n'en diffère presque pas. Dans cette donnée, *pouramis* devient *bouramis*. Or, dans le dialecte de la Palestine, *bour* signifie *toute excavation* en terre, une *citerne*, une *prison* proprement *souterraine*, un *sépulcre*. Voyez Buxtorf, Lexicon. Hebr. Reste *amis*, où l'*s* final me paraît une terminaison substituée au *t*, qui n'était point dans le génie grec, & qui faisait l'oriental, *a-mit du mort; bour a-mit, caveau du mort;* cette substitution de l'*s* au *t*, a un exemple dans *atribis*, bien connu pour être *atribit*; c'est aux connaisseurs à juger s'il est beaucoup d'étymologies qui réunissent autant de conditions que celle-ci.

avec un détail de circonstances qui prouve que ses Auteurs étaient bien instruits (*a*). Or, ce Cheops, dans sa liste, la meilleure de toutes, se trouve le second Roi après *Protée* (*b*), qui fut contemporain de la guerre de Troye; & il en résulte, par l'ordre des faits, que sa Pyramide fut construite vers les années 140 & 160 de la fondation du Temple de Salomon, c'est-à-dire, 860 ans avant Jésus-Christ.

La main du temps, & plus encore celle des hommes, qui ont ravagé tous les monumens de l'antiquité, n'ont rien pu jusqu'ici contre les Pyramides. La solidité de leur construction, & l'énormité de leur masse, les ont garanties de toute atteinte, & semblent leur assurer une durée éternelle. Les Voyageurs en parlent tous avec enthousiasme, & cet enthousiasme n'est point exagéré. L'on commence à voir ces montagnes

---

(*a*) Ce Prince, dit-il, régna cinquante ans, & il en employa vingt à bâtir la pyramide. Le tiers de l'Égypte fut employé, par corvées, à tailler, à transporter & à élever les pierres.

(*b*) Il est remarquable, que si l'on écrivait le nom égyptien allégué par les Grecs, en caractères phéniciens, on se servirait des mêmes lettres que nous prononçons *pharao*; l'*o* final est dans l'hébreu un *h*, qui à la fin des mots devient très-souvent *s*.

Pagination incorrecte — date incorrecte

NF Z 43-120-12

factices, dix lieues avant d'y arriver. Elles semblent s'éloigner à mesure qu'on s'en approche; on en est encore à une lieue, & déjà elles dominent tellement sur la tête, qu'on croit être à leurs pieds; enfin l'on y touche, & rien ne peut exprimer la variété des sensations qu'on y éprouve (*a*); la hauteur de leur sommet, la rapidité de leur pente, l'ampleur de leur surface, le poids de leur assiette, la mémoire des temps qu'elles rappellent, le calcul du travail qu'elles ont coûté, l'idée que ces immenses rochers sont l'ouvrage de l'homme si petit & si faible, qui rampe à leurs pieds, tout saisit à la fois le cœur & l'esprit d'étonnement, de terreur, d'humiliation, d'admiration, de respect; mais, il faut l'avouer, un autre sentiment succède à ce premier transport. Après

---

(*a*) Je ne connais rien de plus propre à figurer les pyramides, à Paris, que l'Hôtel des Invalides, vu du Cours-la-Reine. La longueur du bâtiment étant de six cens pieds, égale précisément la bâse de la grande pyramide ; mais pour s'en figurer la hauteur & la solidité, il faut supposer que la face mentionnée s'élève en un triangle, dont la pointe excède la hauteur du dôme des deux tiers de ce dôme même ; (il a trois cens pieds): de plus, que la même face doit se répéter sur quatre côtés en quarré, & que tout le massif qui en résulte, est plein, & n'offre à l'extérieur qu'un immense talus disposé par gradins.

avoir pris une si grande opinion de la puissance de l'homme, quand on vient à méditer l'objet de son emploi, on ne jette plus qu'un œil de regret sur son ouvrage ; on s'afflige de penser que pour construire un vain tombeau, il a fallu tourmenter vingt ans une Nation entière ; on gémit sur la foule d'injustices & de vexations qu'ont dû coûter les corvées onéreuses & du transport, & de la coupe, & de l'entassement de tant de matériaux. On s'indigne contre l'extravagance des despotes qui ont commandé ces barbares ouvrages ; ce sentiment revient plus d'une fois en parcourant les monumens de l'Égypte ; ces labyrinthes, ces temples, ces pyramides, dans leur massive structure, attestent bien moins le génie d'un peuple opulent, & ami des arts, que la servitude d'une Nation tourmentée par le caprice de ses Maîtres. Alors on pardonne à l'avarice, qui, violant leurs tombeaux, a frustré leur espoir : on en accorde moins de pitié à ces ruines ; & tandis que l'amateur des arts s'indigne dans Alexandrie, de voir scier les colonnes des Palais pour en faire des *meules* de moulin, le Philosophe, après cette première émotion que cause la perte de toute belle chose, ne peut s'empêcher de sourire à la justice secrette du sort, qui rend au peuple ce qui lui coûta tant de peines, & qui soumet au plus humble de ses besoins, l'orgueil d'un luxe inutile.

C'est l'intérêt de ce peuple, sans doute, plus que celui des monumens, qui doit dicter le souhait de voir passer en d'autres mains l'Égypte ; mais, ne fût-ce que sous cet aspect, cette révolution serait toujours très-desirable. Si l'Égypte était possédée par une Nation amie des beaux-arts, on y trouverait, pour la connaissance de l'antiquité, des ressources que désormais le reste de la terre nous refuse; peut-être y découvrait-on même des livres. Il n'y a pas trois ans qu'on déterra près de Damiette plus de cent *volumes* écrits en langue inconnue (*a*); ils furent incontinent brûlés sur la décision des Chaik du Kaire. A la vérité le Delta n'offre plus de ruines bien intéressantes, parce que les habitans ont tout détruit par besoin ou par superstition. Mais le Saïd moins peuplé, mais la lisière du désert moins fréquentée en ont encore d'intactes. On en doit sur-tout espérer dans les *Oasis*, dans ces Isles séparées du monde par une

---

(*a*) Je tiens ce fait des Négocians d'Acre, qui le racontent sur la foi d'un Capitaine de Marseille, qui, dans le temps, chargeait du riz à Damiette.

mer de fable, où nul voyageur connu n'a pénétré depuis Alexandre. Ces cantons, qui jadis avaient des villes & des temples, n'ayant point fubi les dévaftations des Barbares, ont dû garder leurs monumens, par cela même que leur population a dépéri ou s'eft anéantie; & ces monumens enfouis dans les fables, s'y confervent comme en dépôt pour la génération future. C'eft à ce temps, moins éloigné peut-être qu'on ne penfe, qu'il faut remettre nos fouhaits & notre efpoir. C'eft alors qu'on pourra fouiller de toutes parts la terre du Nil & les fables de la Lybie ; qu'on pourra ouvrir la petite pyramide de Djizé, qui, pour être démolie de fond en comble, ne coûterait pas cinquante mille livres : c'eft peut-être encore à cette époque qu'il faut remettre la folution des hiéroglyphes, quoique les fecours actuels me paraiffent fuffifans pour y arriver.

Mais c'en eft affez fur des fujets de conjectures, il eft temps de paffer à l'examen d'une autre contrée, qui, fous les rapports de l'état ancien & de l'état moderne, n'eft pas moins intéreffante que l'Égypte elle-même.

Tom. I. R

Avis au Relieur.

C'est ici que le Relieur doit placer la Carte qui a pour titre : *Carte de la Syrie* ; & il aura foin de l'attacher de manière que la face gravée réponde à la page qui fuit.

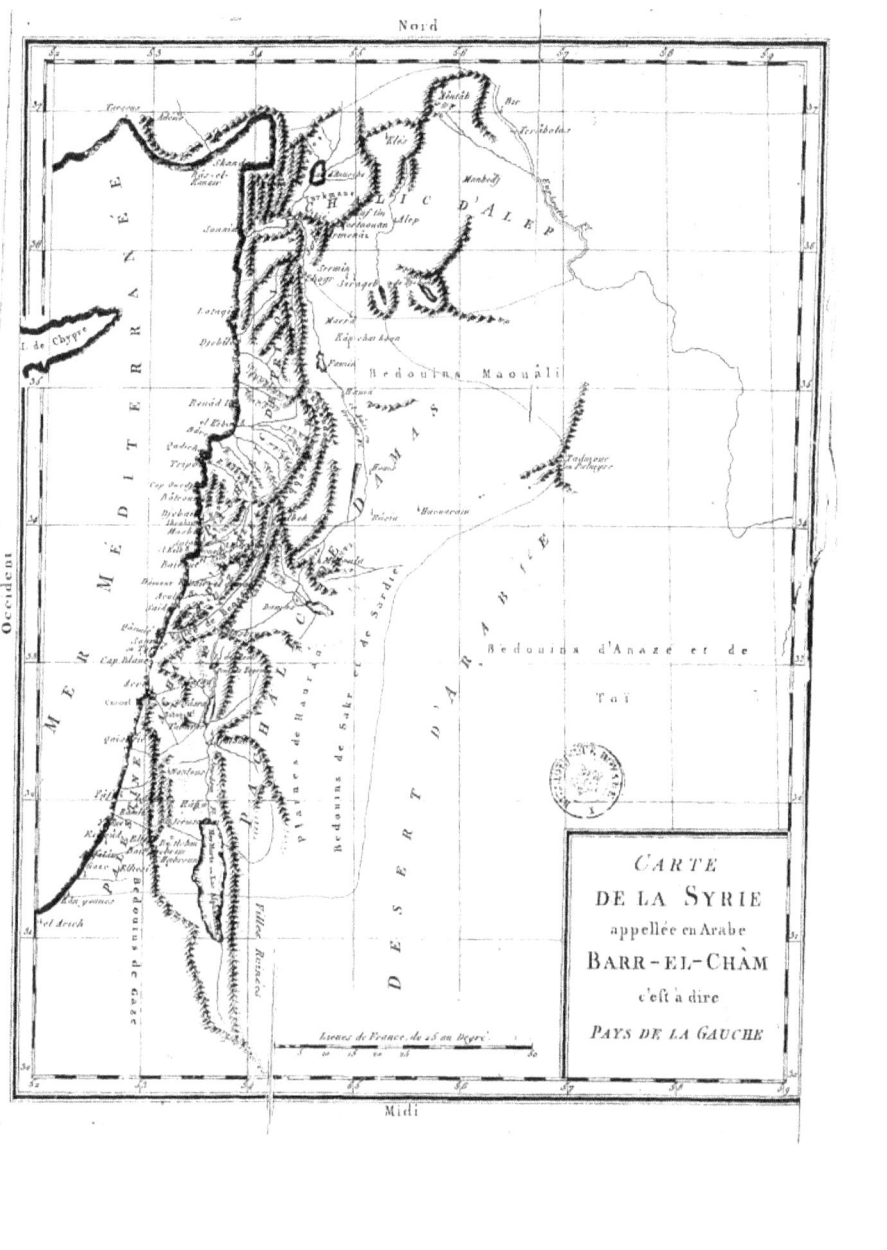

ÉTAT PHYSIQUE
DE
LA SYRIE.

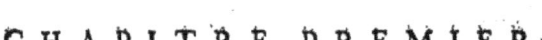

CHAPITRE PREMIER.

Géographie & Histoire Naturelle de la Syrie.

EN fortant de l'*Egypte* par l'Ifthme qui fépare l'*Afrique* de l'*Afie*, fi l'on fuit le rivage de la *Méditerranée*, l'on entre dans une feconde Province des Turcs, connue parmi nous fous le nom de *Syrie*. Ce nom qui, comme tant d'autres, nous a été tranfmis par les *Grecs*, eft une altération de celui d'*Affyrie*, qui prit cours chez les *Ioniens* qui fréquentoient les côtes, après que les Affyriens de Ninive eurent réduit cette contrée en Province de leur Empire (*a*). Par cette raison, le nom de *Syrie* n'eut pas d'abord l'extension qu'il a prise ensuite. On n'y comprenait ni la *Phénicie* ni la *Palestine*. Les habitans actuels qui, selon l'usage constant des Arabes, n'ont point adopté la nomenclature Grecque, méconnoissent le nom de *Syrie* (*b*); ils le remplacent par celui de *Barr-el-Châm* (*c*), qui signifie *pays de la gauche*; & par-là ils désignent tout l'espace compris entre deux lignes tirées, l'une d'*Alexandrette* à l'*Euphrate*, l'autre de *Gaze* dans le désert d'*Arabie*, ayant pour bornes à l'*est* ce même

---

(*a*) C'est-à-dire, vers l'an 750 avant Jésus-Christ. Voilà pourquoi Homère, qui écrivit au commencement de ce siècle-là, ne l'a point cité, quoiqu'il fasse mention des habitans du pays: il s'est servi du nom oriental *aram*, altéré dans *ariméen*, & *erembos*.

(*b*) Les Géographes le citent cependant quelquefois, en l'écrivant *souria*, selon la traduction perpétuelle de l'*y* en *ou* Arabe.

(*c*) Prononcez *cham* & non *kâm*; &, règle générale dans les mots Arabes que je cite, prononcez *ch* comme dans *charme*, fût-il à la fin du mot. Danville écrit *shâm*, parce qu'il suit l'orthographe Anglaise, dans laquelle *sh* est notre *ch*: *el-châm* tout seul est le nom de la ville de *Damas*, réputée capitale de la Syrie. J'ignore pourquoi M. Savari en a fait *el-chams*, ville du soleil.

désert, & à l'ouest la *Méditerranée*. Cette dénomination de *pays de la gauche*, par son contraste à celle de l'*Yamîn* ou *pays de la droite*, indique pour chef-lieu un local intermédiaire, qui doit être la Mekke ; & par son allusion au culte du Soleil (*a*), elle prouve à-la-fois une origine antérieure à Mahomet, & l'existence déjà connue de ce culte au Temple de la *Kâbé*.

§. I.

Aspect de la Syrie.

Quand on jette les yeux sur la carte de la Syrie, on observe que ce pays n'est en quelque sorte qu'une chaîne de montagnes, qui d'un rameau principal se distribuent à droite & à gauche en divers sens : la vue du terrain est analogue à cet exposé. En effet, soit que l'on aborde par la mer, soit que l'on arrive par les immenses plaines du Désert, on commence toujours à dé-

---

(*a*) Dans l'antiquité, les peuples qui adoraient le soleil, lui rendant leur hommage au moment de son lever, se supposèrent toujours la face tournée à l'orient. Le nord fut la *gauche*, le midi *la droite*, & le couchant, *le derrière*, appelé en oriental, *acheron* & *akaron*.

couvrir de très-loin l'horizon bordé d'un rempart nébuleux qui court nord & sud, tant que la vue peut s'étendre : à mesure que l'on approche, on distingue des entassemens gradués de sommets, qui tantôt isolés, & tantôt réunis en chaînes, vont se terminer à une ligne principale qui domine sur tout. On suit cette ligne sans interruption, depuis son entrée par le nord, jusques dans l'Arabie. D'abord elle serre la mer entre *Alexandrette* & l'*Oronte*; puis après avoir cédé passage à cette rivière, elle reprend sa route au midi en s'écartant un peu du rivage, & par une suite de sommets continus, elle se prolonge jusqu'aux sources du Jourdain, où elle se partage en deux branches, pour enfermer comme en un bassin, ce fleuve & ses trois lacs. Pendant ce trajet, il se détache de cette ligne, comme d'un tronc principal, une infinité de rameaux qui vont se perdre, les uns dans le Désert, où ils forment divers bassins, tels que celui de *Damas*, de *Haurân*, &c. les autres vers la mer, où ils se terminent quelquefois par des chûtes rapides, comme il arrive au *Carmel*, à la *Nakoure*, au *Cap-blanc*, & à presque tout le terrein entre *Bairout* (*a*) & *Tripoli*. Plus communément ils conservent des pentes douces qui se terminent en plaines, telles que celles d'*Antioche*, de *Tripoli*, de *Tyr*, d'*Acre*, &c.

§. I I.

Des Montagnes.

Ces montagnes, en changeant de niveaux & de lieux, changent aussi beaucoup de formes & d'aspects. Entre *Alexandrette* & l'*Oronte*, les sapins, les mélèses, les chênes, les buis, les lauriers, les ifs & les myrtes qui les couvrent, leur donnent un air de vie qui déride le Voyageur attristé de la nudité de Chypre (*b*). Il rencontre même sur quelques pentes des cabanes environnées de figuiers & de vignes; & cette vue adoucit la fatigue d'une route qui, par des sentiers raboteux, le porte sans cesse du fond des ravins à la cîme des hauteurs, & de la cîme des hauteurs le ramène au fond des ravins. Les

---

(*a*) L'ancienne *Béryt*.

(*b*) Tous les vaisseaux qui vont à Alexandrette touchent en Chypre, dont la partie méridionale est une plaine nue & ravagée.

rameaux inférieurs qui vont dans le nord d'*Alep*, n'offrent au contraire que des rochers nuds, fans verdure & fans terre. Au midi d'*Antioche* & fur la mer, les côteaux fe prêtent à porter des oliviers, des tabacs & des vignes (*a*); mais du côté du défert, le fommet & la pente de cette chaîne ne font qu'une fuite prefque continue de roches blanches. Vers le Liban, les montagnes s'élèvent, & cependant fe couvrent en beaucoup d'endroits d'autant de terre qu'il en faut pour devenir cultivables à force d'induftrie & de travail. Là, parmi les rocailles fe préfentent les reftes peu magnifiques des cèdres fi vantés (*b*); & plus fouvent des fapins, des chênes, des ronces, des mûriers, des figuiers & des vignes. En quittant le pays des *Druzes*, les montagnes perdent de leur hauteur, de leur afpérité, & deviennent plus propres au labourage; elles fe relèvent dans le *fud-eft* du Carmel, & fe revêtiffent de futaies qui forment d'affez beaux

---

(*a*) Il faut en excepter le mont *Cafius*, qui s'élève fur Antioche comme un énorme pic. Mais Pline paffe l'hyperbole, quand il dit que de fa pointe on découvre en même-temps l'aurore & le crépufcule.

(*b*) Il n'y a plus que quatre ou cinq de ces arbres qui ayent quelque apparence.

paysages; mais en avançant vers la *Judée*, elles se dépouillent, resserrent leurs vallées, deviennent sèches, raboteuses, & finissent par n'être plus sur la *mer-morte* qu'un entassement de roches sauvages, pleines de précipices & de cavernes (*a*); pendant qu'à l'ouest du Jourdain & du lac, une autre chaîne de rocs plus hauts & plus hérissés, offre une perspective encore plus lugubre, & annonce dans le lointain l'entrée du désert & la fin de la terre habitable.

La vûe des lieux atteste que le point le plus élevé de toute la Syrie, est le *Liban* au sud-est de Tripoli. A peine sort-on de *Larneca* en *Chypre*, que déjà à 30 lieues de distance, on voit à l'horizon sa pointe nébuleuse. D'ailleurs, le même fait s'indique sensiblement sur les cartes, par le cours des rivières. L'*Oronte*, qui des montagnes de Damas va se perdre sous Antioche; la *Qâsmié*, qui du nord de *Balbek* se rend vers *Tyr*; le *Jourdain*, que sa pente verse au midi, prouvent que le sommet général est au local indiqué. Après le Liban, le point le plus saillant

---

(*a*) C'est le terrein appelé grottes d'Engaddi, où se retirèrent de tous temps les vagabonds. Il y en a qui tiendraient quinze cens hommes.

est le mont *Aqqar* : on le voit dès la sortie de *Marra* dans le défert, comme un énorme cône écrafé, que l'on ne ceffe pendant deux journées d'avoir devant les yeux. Perfonne jufqu'à ce jour n'a eu le loifir ou la faculté de porter le baromètre fur ces montagnes pour en connaître la hauteur; mais on peut la déduire d'une mefure naturelle, la neige : dans l'hiver, tous les fommets en font couverts, depuis *Alexandrette* jufqu'à *Jérufalem* ; mais dès Mars, elle fond par-tout, le Liban excepté : cependant elle n'y perfifte toute l'année que dans les finuofités les plus élevées, & au *nord-eft;* où elle eft à l'abri des vents de mer & de l'action du foleil. C'eft ainfi que je l'ai vue à la fin d'Août 1784, lorfque j'étouffais de chaleur dans la vallée de *Balbek*. Or, étant connu que la neige à cette latitude exige une élévation de quinze à feize cens toifes, on en doit conclure que le Liban atteint cette hauteur, & qu'il eft par conféquent bien inférieur aux Alpes, & même aux Pyrénées (*a*).

Le *Liban*, dont le nom doit s'étendre à toute

(*a*) On eftime que le Mont-Blanc, le plus élevé des Alpes, a deux mille quatre cens toifes au-deffus du niveau de la mer; & le pic d'Offian dans les Pyrénées 1900.

la chaîne du *Kefraouân* & du pays des *Druzes*, préfente tout le fpectacle des grandes montagnes. On y trouve à chaque pas ces fcènes, où la Nature déploie, tantôt de l'agrément ou de la grandeur, tantôt de la bizarrerie, toujours de la variété. Arrive-t-on par la mer, & defcend-t-on fur le rivage; la hauteur & la rapidité de ce rempart qui femble fermer la terre, le gigantefque des maffes qui s'élancent dans les nues, infpirent l'étonnement & le refpect. Si l'obfervateur curieux fe tranfporte enfuite jufqu'à ces fommets qui bornaient fa vue, l'immenfité de l'efpace qu'il découvre, devient un autre fujet de fon admiration; mais pour jouir entièrement de la majefté de ce fpectacle, il faut fe placer fur la cîme même du Liban on du *Sannin*. Là, de de toutes parts s'étend un horizon fans bornes; là, par un temps clair, la vue s'égare, & fur le défert qui confine au Golphe Perfique, & fur la mer qui baigne l'Europe; l'âme croit embraffer le monde. Tantôt les regards errans fur la chaîne fucceffive des montagnes, portent l'efprit en un clin-d'œil, d'*Antioche* à *Jérufalem*; tantôt fe rapprochant de ce qui les environne, ils fondent la lointaine profondeur du rivage. Enfin, l'attention fixée par des objets distincts, observe avec détail les rochers, les bois, les torrens, les côteaux, les villages & les villes. On prend un plaisir secret à trouver petits, ces objets qu'on a vus si grands. On regarde avec complaisance la vallée couverte de nuées orageuses, & l'on sourit d'entendre sous ses pas ce tonnerre qui gronda si long-temps sur la tête; on aime à voir à ses pieds ces sommets jadis menaçans, devenus dans leur abaissement semblables aux sillons d'un champ, ou aux gradins d'un amphithéâtre; l'on est flatté d'être devenu le point le plus élevé de tant de choses, & l'orgueil les fait regarder avec plus de complaisance.

Lorsque le Voyageur parcourt l'intérieur de ces montagnes, l'aspérité des chemins, la rapidité des pentes, la profondeur des précipices commencent par l'effrayer. Bientôt l'adresse des mulets qui le portent le rassure, & il examine à son aise les incidens pittoresques qui se succèdent pour le distraire. Là, comme dans les Alpes, il marche des journées entières, pour arriver dans un lieu qui, dès le départ, est en vue; il tourne, il descend, il côtoie, il grimpe; & dans ce changement perpétuel de sites, on dirait qu'un pouvoir magique varie à chaque pas les décorations de la scène. Tantôt ce sont des villages prêts à glisser sur des pentes rapides, & tellement disposés, que les terrasses d'un rang de maisons servent de rue au rang qui les domine. Tantôt c'est un Couvent placé sur un cône isolé, comme *Mar-Châia* dans la vallée du *Tigre*. Ici, un rocher percé par un torrent, est devenu une arcade naturelle, omme à *Nahr-el-Leben* (*a*). Là, un autre rocher taillé à pic, ressemble à une haute muraille ; souvent sur les côteaux, les bancs de pierres dépouillés & isolés par les eaux, essemblent à des ruines que l'art aurait disposées. En plusieurs lieux, les eaux trouvant des couches inclinées, ont miné la terre intermédiaire, & ont formé des cavernes, comme à *Nahr-el-Kelb*, près d'Antoura : ailleurs, elles se sont pratiqué des cours souterrains, où coulent des ruisseaux pendant une partie de l'année, comme à *Mar - Eliâs - el - Roum*, & à *Mar - Hanna* (*b*); quelquefois ces incidens pit-

---

(*a*) La rivière du Lait, qui se verse dans *Nahr.el-Salib*, appelée aussi rivière de *Bairout*; cette arcade a plus de cent-soixante pieds de long sur quatre-vingt-cinq de large, & près de deux cens pieds d'élévation au-dessus du torrent.

(*b*) Ces ruisseaux souterrains sont communs dans toute la Syrie.

toresques sont devenus tragiques. On a vu par des dégels & des tremblemens de terre, des rochers perdre leur équilibre, se renverser sur les maisons voisines, & en écrâser les habitans; il y a environ vingt ans qu'un accident semblable ensevelit près de *Mar-djordjôs* un village qui n'a laissé aucunes traces. Plus récemment & près du même lieu, le terrein d'un côteau chargé de mûriers & de vignes, s'est détaché par un dégel subit, & glissant sur le talus de roc qui le portait, il est venu, semblable à un vaisseau qu'on lance du chantier, s'établir tout d'une piéce dans la vallée inférieure. Il en est résulté un procès bizarre, quoique juste, entre le propriétaire du fonds indigène, & celui du fonds émigré; & il a été porté jusqu'au Tribunal de l'Émir Yousef, qui a compensé les pertes. Il semblerait que ces accidens dussent jeter du dégoût sur l'habitation de ces montagnes ; mais outre qu'ils sont rares, ils sont compensés par un avantage qui rend

---

il y en a près de Damas, aux sources de l'Oronte, & à celles du Jourdain. Celui de *Mar-Hanna*, couvent de Grecs, près du village de *Chouaïr* s'ouvre par un gouffre appelé *el-hâloué*, c'est-à-dire *l'engloutisseur*; c'est une bouche d'environ dix pieds de large, située au fond d'un entonnoir. A quinze pieds de profondeur, est une espèce de premier fond; mais il ne fait

leur séjour préférable à celui des plus riches plaines; je veux dire par la sécurité contre les vexations des Turcs. Cette sécurité a paru un bien si précieux aux habitans, qu'ils ont déployé dans ces rochers une industrie que l'on chercherait vainement ailleurs. A force d'art & de travail, ils ont contraint un sol rocailleux à devenir fertile. Tantôt pour profiter des eaux, ils les conduisent par mille détours sur les pentes, ou ils les arrêtent dans les vallons par des chaussées; tantôt ils soutiennent les terres prêtes à s'écrouler par des terrasses & des murailles. Presque toutes les montagnes ainsi travaillées, présentent l'aspect d'un escalier ou d'un amphithéâtre, dont cha-

que masquer une ouverture latérale très-profonde. Il y a quelques années qu'on le ferma parce qu'il avait servi à receler un meurtre. Les pluies d'hiver étant venues, les eaux s'accumulèrent & firent un lac assez profond; mais quelques filets d'eau s'étant fait jour parmi les pierres, elles furent bientôt dégarnies de la terre qui les liait : alors la masse des eaux faisant effort, l'obstacle creva tout-à-coup avec une explosion semblable à un coup de tonnerre; la réaction de l'air comprimé fut telle, qu'il jaillit une trombe d'eau à plus de deux cens pas sur une maison voisine. Le courant établi par cette issue, forma un tournoiement qui engloutit les arbres & les vignes plantés dans l'entonnoir, & alla les rejeter par la seconde issue.

que gradin est un rang de vignes ou de mûriers. J'en ai compté sur une même pente jusqu'à 100 & 120 depuis le fond du vallon jusqu'au faîte de la colline ; j'oubliais alors que j'étais en Turquie, ou si je me le rappelais, c'était pour sentir plus vivement combien est puissante l'influence même la plus légère de la liberté.

§. III.

Structure des Montagnes.

Si l'on passe à examiner la charpente de ces montagnes, l'on trouve qu'elle est formée d'un banc de pierre calcaire dure, blanchâtre & sonnante comme le grès, disposée par lits diversement inclinés. Cette pierre se représente presque la même dans toute l'étendue de la Syrie; tantôt elle est nue, & elle a l'aspect des rochers pelés de la côte de Provence; telle est la chaîne qui borde au nord le chemin d'Antioche à Alep, & qui sert de lit au cours supérieur du ruisseau qui passe en cette dernière ville. *Ermenáz*, village situé entre *Serkin* & *Kaftin*, a un défilé qui ressemble parfaitement à ceux qu'on passe en allant de Marseille

à

à Toulon. Si l'on va d'*Alep* à *Hama*, l'on rencontre sans cesse les veines du même roc dans la plaine, tandis que les montagnes qui courent sur la droite, en offrent des entassemens qui figurent de grandes ruines de villes & de châteaux. C'est encore cette même pierre qui, sous une forme plus régulière, compose la masse du *Liban*, de l'*Anti-Liban*, des montagnes *Druzes*, de la *Galilée*, du *Carmel*, & se prolonge jusqu'au *sud* du *lac Asphaltite*; par tout les habitans en construisent leurs maisons & en font de la chaux. Je n'ai jamais vu ni entendu dire que ces pierres tinssent des coquillages pétrifiés dans les parties hautes du Liban; mais il existe entre *Batroun* & *Djebaïl* au *Kesrâouan*, à peu de distance de la mer, une carrière de pierres schisteuses, dont les lames portent des empreintes de plantes, de poissons, de coquillages, & sur-tout d'oignons de mer. Le torrent d'*Azqâlan* en Palestine, est aussi pavé d'une pierre lourde, poreuse & salée, qui contient beaucoup de petites volutes & de bivalves de la Méditerranée. Enfin Pocoke en a trouvé une quantité dans les rochers qui bordent la mer morte.

En minéraux, le fer seul est abondant ; les

montagnes du Kefrâouan & des Druzes en sont remplies. Chaque année, les habitans en exploitent pendant l'été des mines qui sont simplement ochreufes. La Judée n'en doit pas manquer, puifque Moyfe obfervait, il y a plus de trois mille ans, quefes pierres étaient *de fer*. On parle vaguement d'une ancienne mine de cuivre près d'Alep; mais elle eft abandonnée : on m'a dit auffi chez les Druzes, que dans l'éboulement de cette montagne dont j'ai parlé, on avait trouvé un minéral qui rendit du plomb & de l'argent ; mais comme une pareille découverte aurait ruiné le canton en y attirant l'attention des Turcs, l'on s'eft hâté d'en étouffer tous les indices.

§. IV.

Volcans & Tremblemens.

Le midi de la Syrie, c'eft-à-dire, le baffin du Jourdain, eft un pays de volcans; les fources bitumineufes & foufrées du lac Afphaltite, les laves, les pierres-ponces jetées fur fes bords, & le bain chaud de *Tabarié*, prouvent que cette vallée a été le fiége d'un feu qui n'eft pas encore éteint. On obferve qu'il s'échappe fouvent du lac des trombons de fumée, & qu'il se fait de nouvelles crevasses sur ses rivages. Si les conjectures en pareille matière n'étoient pas sujettes à être trop vagues, on pourrait soupçonner que toute la vallée n'est due qu'à l'affaissement violent d'un terrein qui jadis versait le Jourdain dans la Méditerranée. Il paraît du-moins certain que l'accident des cinq villes foudroyées, eut pour cause l'éruption d'un volcan alors embrâsé. Strabon dit expressément (a), que *la tradition des habitans du pays, c'est-à-dire, des Juifs mêmes, était que jadis la vallée du lac était peuplée de treize villes florissantes, & qu'elles furent englouties par un volcan.* Ce récit semble confirmé par les ruines que les Voyageurs trouvent encore en grand nombre sur le rivage occidental. Les éruptions ont cessé depuis long-temps; mais les tremblemens de terre qui en sont le supplément, se montrent encore quelquefois dans ce canton: la côte en général y est sujette, & l'histoire en cite plusieurs exemples qui ont changé la face d'*Antioche*, de *Laodikée*, de *Tripoli*, de *Beryte*, de *Sidan*, de *Tyr*, &c. De nos jours, en

---

(a) Lib. 16, page 764.

1759, il en est arrivé un qui a causé les plus grands ravages : on prétend qu'il tua dans la vallée de Balbek plus de vingt mille ames, dont la perte ne s'est point réparée. Pendant trois mois, ses secousses inquiétèrent les habitans du Liban, au point qu'ils abandonnèrent leurs maisons, & demeurèrent sous des tentes. Récemment (le 14 Décembre 1783), lorsque j'étais à Alep, on ressentit dans cette ville une commotion qui fut si forte, qu'elle fit tinter la sonnette du Consul de France. On a observé en Syrie que les tremblemens n'arrivent presque jamais que dans l'hiver, après les pluies d'automne; & cette observation, conforme à celle du Docteur *Châ*, (Shaw) en Barbarie, sembleroit indiquer que l'action des eaux sur la terre desséchée, a quelque part à ces mouvemens convulsifs. Il n'est pas hors de propos de remarquer que l'*Asie mineure* y est également sujette.

§. V.

Des Sauterelles.

La Syrie partage avec l'Égypte, la Perse & presque tout le midi de l'Asie, un autre fléau non moins redoutable, les nuées de sauterelles dont les Voyageurs ont parlé; la quantité de ces insectes est une chose incroyable pour quiconque ne l'a pas vue par lui-même : la terre en est couverte sur un espace de plusieurs lieues. On entend de loin le bruit qu'elles font en broutant les herbes & les arbres, comme d'une armée qui fourage à la dérobée. Il vaudrait mieux avoir affaire à des Tartares, qu'à ces petits animaux destructeurs : on dirait que le feu suit leurs traces. Par-tout où leurs légions se portent, la verdure disparaît de la campagne, comme un rideau que l'on plie; les arbres & les plantes, dépouillés de feuilles, & réduits à leurs rameaux & à leurs tiges, font succéder en un clin-d'œil le spectacle hideux de l'hiver, aux riches scènes du printems. Lorsque ces nuées de sauterelles prennent leur vol pour surmonter quelqu'obstacle, ou traverser plus rapidement un sol désert, on peut dire à la lettre que le ciel en est obscurci. Heureusement que ce fléau n'est pas trop répété; car il n'en est point qui amène aussi sûrement la famine, & les maladies qui la suivent. Les habitans de la Syrie ont fait la double remarque que les sauterelles n'avaient lieu qu'à la suite des hivers trop doux, & qu'elles venaient toujours du désert d'Arabie. A l'aide de cette remarque, l'on explique très-bien comment le froid ayant ménagé les œufs de ces insectes, ils se multiplient si subitement, & comment les herbes venant à s'épuiser dans les immenses plaines du désert, il en sort tout-à-coup des légions si nombreuses. Quand elles paraissent sur la frontière du pays cultivé, les habitans du pays s'efforcent de les détourner, en leur opposant des torrens de fumée ; mais souvent les herbes & la paille mouillée leur manquent : ils creusent des fosses, où il s'en ensevelit beaucoup ; mais les deux agens les plus efficaces contre ces insectes, sont les vents de sud & de sud-est, & l'oiseau appelé *samarmar* : cet oiseau, qui ressemble bien au loriol, les suit en troupes nombreuses, comme celles des étourneaux ; & non-seulement il en mange à satiété, mais il en tue tout ce qu'il en peut tuer : aussi les paysans le respectent-ils, & l'on ne permet en aucun temps de le tirer. Quant aux vents de sud & de sud-est, ils chassent violemment les nuages des sauterelles sur la Méditerranée ; & ils les y noyent en si grande quantité, que lorsque leurs cadavres sont rejetés sur le rivage, ils infectent l'air pendant plusieurs jours à une grande distance.

On présume aisément que dans un pays aussi étendu que la Syrie, la qualité du sol n'est pas partout la même : en général la terre des montagnes est rude; celle des plaines est grasse, légère, & annonce la plus grande fécondité. Dans le territoire d'Alep, jusques vers Antioche, elle ressemble à de la brique pilée très-fine, ou à du tabac d'Espagne. L'Oronte cependant qui traverse ce district, a ses eaux teintes en blanc ; ce qui vient des terres blanches dont elles se sont chargées vers leur source. Presque par-tout ailleurs la terre est brune, & ressemble à un excellent terreau de jardin. Dans les plaines, telles que celles de Hauran, de Gaze & de Balbek, souvent on aurait peine à trouver un caillou. Les pluies d'hiver y font des boues profondes, & lorsque l'été revient, la chaleur y cause comme en Égypte, des gerçures qui ouvrent la terre à plusieurs pieds de profondeur.

§. VI.

Des Rivières & des Lacs.

Les idées exagérées, ou si l'on veut, les grandes idées que l'histoire & les relations aiment à donner des objets lointains, nous ont accoutumés à parler des eaux de la Syrie avec un respect qui flatte notre imagination. Nous aimons à dire, le fleuve *Jourdain*, le fleuve *Oronte*, le fleuve *Adonis*. Cependant, si l'on voulait conserver aux noms le sens que l'usage leur assigne, nous ne trouverions guères en ce pays que des *ruisseaux*. A peine l'*Oronte* & le *Jourdain*, qui sont les plus considérables, ont-ils à leur embouchure soixante pas de canal (*a*); les autres ne méritent pas qu'on en parle. Si pendant l'hiver, les pluies & la fonte des neiges leur donnent quelqu'importance, le reste de l'année on ne reconnaît leur place que par les cailloux roulés ou les blocs de roc dont leur lit est rempli. Ce ne sont que

---

(*a*) Il est vrai que le Jourdain est profond; mais si l'Oronte n'était arrêté par des barres multipliées, il resterait à sec pendant l'été.

des torrens à cascades, & l'on conçoit que les montagnes qui les fournissent n'étant qu'à deux pas de la mer, leurs eaux n'ont pas le temps de s'assembler dans de longues vallées, pour former des *rivières*. Les obstacles que ces mêmes montagnes opposent en plusieurs lieux à leur issue, ont formé divers lacs, tels que celui d'Antioche, d'Alep, de Damas, de *Houlé*, de *Tabarié*, & celui que l'on a décoré du nom de *mer Morte*, ou lac *Asphaltite*. Tous ces lacs, à la réserve du dernier, sont d'eau-douce, & tiennent plusieurs espèces de poisson étrangères (*a*) aux nôtres.

Le seul *Asphaltite* ne tient rien de vivant ni même de végétant. On ne voit ni verdure sur ses bords, ni poisson dans ses eaux ; mais il est faux que son air soit empesté, au point que les oiseaux ne puissent le traverser impunément. Il n'est pas rare de voir des hirondelles voler à sa surface, pour y prendre l'eau nécessaire à bâtir

---

(*a*) Le Lac d'Antioche abonde sur-tout en anguilles, & en une espèce de poisson rouge, de médiocre qualité. Les Grecs, qui sont des jeûneurs perpétuels, en font une grande consommation. Le Lac de Tabarié est encore plus riche ; il est sur-tout rempli de crabes ; mais comme ses environs ne sont peuplés que de Musulmans, il est peu pêché.

leurs nids. La vraie caufe de l'abfence des végétaux & des animaux, eft la falure âcre de fes eaux, infiniment plus forte que celle de la mer. La terre qui l'environne, également imprégnée de cette falure, fe refufe à produire des plantes; l'air lui-même qui s'en charge par l'évaporation, & qui reçoit encore les vapeurs du foufre & du bitume, ne peut convenir à la végétation : de-là cet afpect de mort qui règne autour du lac. Du refte, fes eaux ne préfentent point un marécage; elles font limpides & incorruptibles, comme il convient à une diffolution de fel. L'origine de ce minéral n'y eft pas équivoque; car fur le rivage du fud-oueft, il y a des mines de fel gemme, dont j'ai rapporté des échantillons. Elles font fituées dans le flanc des montagnes qui règnent de ce côté, & elles fourniffent de temps immémorial à la confommation des Arabes de ces cantons, & même de la ville de Jérufalem. On trouve auffi fur ce rivage des morceaux de bitume & de foufre, dont les Arabes font un petit commerce; des fontaines chaudes, & des crevaffes profondes qui s'annoncent de loin, par de petites pyramides qu'on a bâties fur leur bord. On y rencontre encore une espèce de pierre qui exhale, en la frottant, une odeur infecte, brûle comme le bitume, se polit comme l'albâtre blanc, & sert à paver les cours. Enfin, l'on y voit d'espace en espace des blocs informes, que des yeux prévenus prennent pour des statues mutilées, & que les Pélerins ignorans & superstitieux, regardent comme un monument de l'aventure de la femme de Loth, quoiqu'il ne soit pas dit que cette femme fut changée en pierre comme Niobé, mais en sel, qui a dû se fondre l'hiver suivant.

Quelques Physiciens, embarrassés des eaux que le Jourdain ne cesse de verser dans le lac, ont supposé qu'il avait une communication souterraine avec la Méditerranée; mais outre que l'on ne connaît aucun gouffre qui puisse confirmer cette idée, *Hales* a démontré par des calculs précis, que l'évaporation était plus que suffisante pour consommer les eaux du fleuve. Elle est en effet très-considérable; souvent elle devient sensible à la vue par des brouillards dont le lac paraît tout couvert au lever du soleil, & qui se dissipent ensuite par la chaleur.

§. VII.

Du Climat.

On est assez généralement dans l'opinion que la Syrie est un pays très-chaud; mais cette idée, pour être exacte, demande des distinctions: 1°. à raison des latitudes, qui ne laissent pas que de différer de cent-cinquante lieues du fort au faible. En second lieu, à raison de la division naturelle du terrein en pays bas & plat, & en pays haut ou de montagnes : cette division cause des différences bien plus sensibles ; car tandis que le thermomètre de Réaumur atteint sur les bords de la mer 25 & 26 degrés, à peine dans les montagnes s'élève-t-il à vingt & vingt-un (*a*). Aussi dans l'hiver, toute la chaîne des montagnes se couvre de neige, pendant que les terreins inférieurs n'en ont jamais, ou ne la gardent qu'un instant : on devrait donc établir deux climats

---

(*a*) Sur toute la côte de Syrie, & notamment à Tripoli, les plus bas degrés du thermomètre en hiver sont neuf & huit degrés au-dessus de la glace ; en été, dans les appartemens bien clos, il va jusqu'à vingt-cinq & demi & vingt-six. Quant au baromètre, il est remarquable que dans les derniers jours de Mai, il se fixe à vingt-huit pouces, & ne varie plus jusqu'en Octobre.

généraux; l'un, très-chaud, qui eft celui de la côte & des plaines intérieures, telle que celles de *Balbek*, *Antioche*, *Tripoli*, *Acre*, *Gaze*, *Hauran*, &c. l'autre tempéré, & prefque femblable au nôtre, lequel règne dans les montagnes, fur-tout quand elles prennent une certaine élévation. L'été de 1784 a paffé chez les Druzes pour un des plus chauds dont on eût mémoire; cependant je ne lui ai rien trouvé de comparable aux chaleurs de *Saide* ou de *Bairout*.

Sous ce climat, l'ordre des faifons eft prefque le même qu'au milieu de la France; l'hiver, qui dure de Novembre en Mars, êft vif & rigoureux. Il ne fe paffe point d'années fans neiges, & fouvent elles y couvrent la terre de plufieurs pieds, & pendant des mois entiers; le printems & l'automne y font doux, & l'été n'y a rien d'infupportable. Dans les plaines, au contraire, dès que le foleil revient à l'équateur, on paffe fubitement à des chaleurs accablantes, qui ne finiffent qu'à la Touffaint. En récompenfe, l'hiver eft fi tempéré, que les orangers, les dattiers, les bananiers & autres arbres délicats, croiffent en pleine terre : c'eft un fpectacle pittorefque pour un Européen dans Tripoli, de voir fous fes fenêtres en Janvier des orangers chargés de fleurs & de fruits, pendant que fur fa tête le Liban eft hériffé de neiges & de frimats. Il faut néanmoins remarquer que dans les parties du nord, & à l'eft des montagnes, l'hiver eft plus rigoureux, fans que l'été foit moins chaud. A *Antioche*, à *Alep*, à *Damas*, on a tous les hivers plufieurs femaines de glace & de neige ; ce qui vient du giffement des terres, encore plus que des latitudes. En effet, toute la plaine à l'*eft* des montagnes, eft un pays fort élevé au-deffus du niveau de la mer, ouvert aux vents fecs de nord & nord-eft, & à l'abri des vents humides d'oueft & de fud-oueft. D'ailleurs Antioche & Alep reçoivent des montagnes d'Alexandrette, qui font en vue, un air que la neige dont elles font long-temps couvertes, ne peut manquer de rendre très-piquant.

Par cette difpofition, la Syrie réunit fous un même ciel des climats différens, & raffemble dans une enceinte étroite, des jouiffances que la Nature a difperfées ailleurs à de grandes diftances de temps & de lieux. Chez nous, par exemple, elle a féparé les faifons par des mois; là, on peut dire qu'elles ne le font que par des heures: efton importuné dans *Saide* ou *Tripoli* des chaleurs de Juillet; six heures de marche transportent sur les montagnes voisines à la température de Mars. Par inverse, est on tourmenté à Becharrai des frimats de Décembre; une journée ramène au rivage parmi les fleurs de Mai (*a*). Aussi les Poëtes Arabes ont-ils dit que le *Sannîn* portait l'hiver sur sa tête, le printems sur ses épaules, l'automne dans son sein, pendant que l'été dormoit à ses pieds. J'ai connu par moi-même la vérité de cette image dans le séjour de huit mois que j'ai fait au Monastère de *Mar-Hanna* (*b*), à sept lieues de Bairout. J'avais laissé à Tripoli sur la fin de Février les légumes nouveaux en pleine saison, & les fleurs écloses: arrivé à *Antoura* (*c*), je trouvai les herbes seu-

―――――――――

(*a*) C'est ce que pratiquent plusieurs des habitans de ce canton, qui passent l'hiver près de Tripoli, pendant que leurs maisons sont ensevelies sous la neige.

(*b*) Mar-*Hanna* el-*Chouair*; c'est-à-dire, Saint-Jean près du village *de Chouair*. Ce monastère est situé dans une vallée de rocailles, qui verse dans celle *de Nahr-el-Kelb*, ou torrent du Chien. Les Religieux sont grecs-catholiques, de l'Ordre de Saint-Basile: j'aurai occasion d'en parler plus amplement.

(*c*) Maison ci-devant des Jésuites, occupée aujourd'hui par les Lazaristes.

lement naissantes ; & à *Mar Hanna*, tout était encore sous la neige. Le *Sannîn* n'en fut dépouillé que sur la fin d'Avril, & déjà dans le vallon qu'il domine, on commençait à voir boutonner les roses. Les figues primes étaient passées à Bairout, quand nous mangions les premières, & les vers à soie y étaient en cocons, lorsque parmi nous l'on n'avait effeuillé que la moitié des mûriers. A ce premier avantage, qui perpétue les jouissances par leur succession, la Syrie en joint un second, celui de les multiplier par la variété de ses productions. Si l'Art venait au secours de la Nature, on pourrait y rapprocher dans un espace de vingt lieues, celles des contrées les plus distantes. Dans l'état actuel, malgré la barbarie d'un Gouvernement ennemi de toute activité & de toute industrie, l'on est étonné de la liste que fournit cette province. Outre le froment, le seigle, l'orge, les fèves & le coton-planté qu'on y cultive par-tout, on y trouve encore une foule d'objets utiles ou agréables, appropriés à divers lieux. La Palestine abonde en *sésame* propre à l'huile, & en *doura* (a),

―――――――――――――――――――――――――――

(a) Espèce de grain assez semblable aux lentilles, qui croît par touffes sur un roseau de six à sept pieds de haut. C'est le *holcus arundinaceus* de Linné.

pareil

pareil à celui d'Égypte (*a*). Le Maïs profpère dans le fol léger de Balbek, & le riz même eft cultivé avec fuccès fur les bords du marécage de *Haoulé*. On ne s'eft avifé que depuis peu de planter des cannes à fucre, dans les jardins de Saide & de Bairout; elles y ont égalé celles du Delta. L'indigo croît fans art fur les bords du Jourdain au pays de *Bifàn*; & il ne demande que des foins pour acquérir de la qualité. Les côteaux de *Lataqlé* produifent des tabacs à fumer, qui font la bafe des relations de commerce avec Damiette & le Kaire. Cette culture eft répandue déformais dans toutes les montagnes. En arbres, l'olivier de Provence croît à *Antioche* & à *Ramle*, à la hauteur des hêtres. Le mûrier blanc fait la richeffe de tout le pays des Druzes, par les belles foies qu'il procure; & la vigne élevée en échalas, ou grimpant fur les chênes, y donne des vins rouges & blancs qui pourraient égaler ceux de Bordeaux.. Avant le ravage des derniers troubles, *Yâfa* voyait dans fes jardins deux plans du coton-arbre de l'Inde, qui grandiffaient à vûe-d'œil; & cette ville

---

(*a*) Je n'ai jamais vu en Syrie de farrazin, & l'avoine y eft rare. On n'y donne aux chevaux que de l'orge & de la paille.

n'a pas perdu ses limons, ni ses poncirs énormes (a), ni ses pastèques, préférées à celles de *Broulos* (b) même. Gaze a des dattes comme la Mekke, & des grenades comme Alger. Tripoli produit des oranges comme Malte; Bairout, des figues comme Marseille, & des bananes comme Saint-Domingue; Alep a le privilége exclusif des pistaches; & Damas se vante avec justice de réunir tous les fruits de nos provinces. Son sol pierreux convient également & aux pommes de la Normandie, & aux prunes de la Touraine, & aux pêches de Paris. On y compte vingt espèces d'abricots, dont l'un tient une amande qui le fait rechercher dans toute la Turquie. Enfin la plante à cochenille qui croît sur toute la côte, tient peut-être cet insecte précieux comme au Mexique & à Saint-Domingue (c); & si l'on fait attention que

---

(a) J'en ai vu qui pesaient dix-huit livres.

(b) *Broulos*, sur la côte d'Égypte, a des pastèques meilleures que dans le reste du Delta, où les fruits sont en général trop aqueux.

(c) On a long-temps cru que l'insecte de la cochenille appartenait exclusivement au Mexique; & les Espagnols, pour s'en assurer la propriété, ont défendu l'exportation de la cochenille vivante, sous peine de mort; mais M. Thierri, qui réussit à l'enlever en 1771, & qui la transporta à Saint-Domingue,

les montagnes de l'Yémen, qui portent un café si précieux, font une suite de celles de la Syrie, & que leur sol & leur température sont presque les mêmes (*a*), on sera porté à croire que la *Judée* sur-tout pourrait s'approprier cette denrée de l'*Arabie*. Avec ces avantages nombreux de climat & de sol, il n'est pas étonnant que la Syrie ait passé de tout temps pour un pays délicieux, & que les Romains & les Grecs l'ayent mise au rang de leurs plus belles provinces, à l'égal même de l'Égypte. Aussi dans ces derniers temps, un Pacha qui les connaît toutes les deux, étant interrogé à laquelle il donnait la préférence, répondit : l'*Égypte, sans doute, est une excellente métairie ; mais la Syrie est une charmante maison de campagne* (*b*).

---

a trouvé que les Nopals de cette isle en tenaient dès avant son arrivée. Il paraît que la Nature ne sépare presque jamais les insectes des plantes qui leur sont appropriées.

(*a*) La disposition du terrein de l'Yemen & du Téhama a beaucoup d'analogie avec celle de la Syrie. Voyez M. Niebuhr : *Voyage en Arabie*.

(*b*) Pour completter l'Histoire Naturelle de la Syrie, il convient de dire qu'elle produit tous nos animaux domestiques ; mais elle y ajoute le buffle & le chameau, dont l'utilité est si connue. En Fauves, on y trouve dans les plaines des gazelles

§. VIII.

Qualités de l'Air.

Je ne dois point oublier de parler des qualités de l'air & des eaux : ces élémens offrent en Syrie quelques phénomènes remarquables. Sur les montagnes, & dans toute la plaine élevée qui règne à leur orient, l'air est léger, pur & sec ; sur la côte, au contraire, & sur-tout depuis Alexan-

---

qui remplacent notre chevreuil ; dans les montagnes & les marais, quantité de sangliers moins grands & moins féroces que les nôtres. Le cerf & le daim n'y sont point connus ; le loup & le vrai renard le sont très-peu ; mais il y a une prodigieuse quantité de l'espèce mitoyenne appelée *chacal* (en Syrie on le nomme *oudoui*, par imitation de son cri ; & en Égypte *dîb* ou *loup*). Les chacals habitent par troupes aux environs des villes, dont ils mangent les charognes ; ils n'attaquent jamais personne, & ne savent défendre leur vie que par la fuite. Chaque soir ils semblent se donner le mot pour heurler, & leurs cris, qui sont très-lugubres, durent quelquefois un quart-d'heure. Il y a aussi dans les lieux écartés des hyènes ; *(* en Arabe *daba)* & des onces, faussement appelés tigres, *(Némr)* Le Liban, le pays des Druzes & de Nâbluos, le Mont Carmel, & les environs d'Alexandrette sont leurs principaux séjours. En récompense, on est exempt des lions & des ours ; le gibier d'eau est très-abondant ; celui de terre ne l'est que par cantons. Le lièvre & la grosse perdrix rouge sont les plus communs ; le lapin, s'il y en a, est infiniment rare ; le fran-

drettte jufqu'à Yâfa, il eſt humide & peſant : ainſi la Syrie eſt partagée dans toute ſa longueur en deux régions différentes, dont la chaîne des montagnes eſt le terme de ſéparation, & même la cauſe ; car en s'oppoſant par ſa hauteur au libre paſſage des vents d'oueſt, elle occaſionne dans la vallée l'entaſſement des vapeurs qu'ils apportent de la mer ; & comme l'air n'eſt léger qu'autant qu'il eſt pur, ce n'eſt qu'après s'être déchargé de tout poids étranger, qu'il peut s'élever juſqu'au ſommet de ce rempart, & le franchir. Les effets relatifs à la ſanté ſont que l'air du déſert, & des montagnes, ſalubre pour les poitrines bien conſtituées, eſt dangereux pour les délitates, & l'on eſt obligé d'envoyer d'Alep à *Lataqié* ou à Saide, les Européens menacés de la pulmonie. Cet avantage de l'air de la côte, eſt compenſé par de plus graves inconvéniens, & l'on peut dire qu'en général il eſt mal-ſain, qu'il fomente

---

colin ne l'eſt point à Tripoli, & près de Yâfa. Enfin, il ne faut pas oublier d'obſerver que l'eſpèce du colibri exiſte dans le territoire de Saide. M. J. B. Adanſon, ci-devant Interprète en cette ville, qui cultive l'Hiſtoire Naturelle avec autant de goût que de ſuccès, en a trouvé un dont il a fait préſent à ſon frère l'Académicien. C'eſt, avec le pélican, le ſeul oiſeau bien remarquable de la Syrie.

les fièvres intermittentes & putrides, & les fluxions des yeux dont j'ai parlé à l'occasion du Delta. Les rosées du soir & le sommeil sur les terrasses, y sont suivis d'accidens qui ont d'autant moins lieu dans les montagnes & dans les terres, qu'on s'éloigne davantage de la mer ; ce qui confirme ce que j'ai déjà dit à cet égard.

§. IX.

Qualités des Eaux.

Les eaux ont une autre différence : dans les montagnes, celles des sources sont légères & de très bonne qualité ; mais dans la plaine, soit à l'*est*, soit à l'*ouest*, si l'on n'a pas une communication naturelle ou factice avec les sources, l'on n'a que de l'eau saumâtre. Elle le devient d'autant plus, qu'on s'avance davantage dans le désert, où il n'y en pas d'autre. Cet inconvénient rend les pluies si précieuses aux habitans de la frontière, qu'ils se sont de tout temps appliqués à les recueillir dans des puits & des souterreins hermétiquement fermés : aussi, dans tous les lieux ruinés, les citernes sont-elles toujours le premier objet qui se présente.

L'état du ciel en Syrie, principalement sur

la côte & dans le désert, est en général plus constant & plus régulier que dans nos climats : rarement le soleil s'y voile deux jours de suite ; pendant tout l'été l'on voit peu de nuages & encore moins de pluies : elles ne commencent à paraître que vers la fin d'Octobre, & alors elles ne sont ni longues ni abondantes; les laboureurs les désirent pour ensemencer, ce qu'ils appellent la récolte d'*hiver*, c'est-à-dire, le froment & l'orge (a) ; elles deviennent plus fréquentes & plus fortes en Décembre & Janvier, où elles prennent souvent la forme de neige dans le pays élevé; il en paraît encore quelques-unes en Mars & en Avril ; l'on en pro-

---

(a) Les semailles de *la récolte d'hiver*, qu'on appelle *chetâouté*, n'ont lieu dans toute la Syrie qu'à l'arrivée des pluies d'automne, c'est-à-dire, vers la Toussaint. L'époque de cette récolte varie ensuite selon les lieux. En *Palestine*, & dans le *Haurân*, on coupe le froment & l'orge dès la fin d'Avril, & dans le courant de Mai. Mais à mesure que l'on va dans le nord ou que l'on s'élève dans les montagnes, la moisson se retarde jusqu'en Juin & Juillet.

Les semailles de la récolte *d'été*, ou *saïfié*, se font aux pluies de printemps, c'est-à-dire, en Mars & Avril, & leur moisson a lieu dans les mois de Septembre & d'Octobre.

Les vendanges, dans les montagnes, se font sur la fin de Septembre ; les vers à soie y éclosent en Avril & Mai, & font leurs cocons en Juillet.

fite pour les *femences d'été*, qui font le féfame, le doura, le tabac, le coton, les fèves & les pafteques. Le refte de l'année eft uniforme; & l'on fe plaint plus de fechereffe que d'humidité.

§. X.

Des Vents.

Ainfi qu'en Égypte, la marche des vents a quelque chofe de périodique & d'approprié à chaque faifon. Vers l'équinoxe de Septembre, le nord-oueft commence à fouffler plus fouvent & plus fort; il rend l'air fec, clair, piquant; & il eft remarquable que fur la côte il donne mal à la tête, comme en Égypte le nord-eft, & cela plus dans la partie du nord que dans celle du midi, nullement dans les montagnes. On doit encore remarquer qu'il dure le plus fouvent trois jours de fuite, comme le fud & le fud-eft à l'autre équinoxe; il dure jufqu'en Novembre, c'eft-à-dire, environ cinquante jours, *alternant* fur-tout avec le vent d'eft. Ces vents font remplacés par le nord-oueft, l'oueft & le fud-oueft, qui règnent de Novembre en Février. Ces deux derniers font, pour me fervir de l'expreffion des

Arabes, *les pères des pluies;* en Mars paraissent les pernicieux vents des parties du sud, avec les mêmes circonstances qu'en Égypte; mais ils s'affaiblissent en s'avançant dans le nord, & ils sont bien plus supportables dans les montagnes que dans le pays plat. Leur durée à chaque reprise est ordinairement de vingt-quatre heures ou de trois jours. Les vents d'est qui les relèvent, continuent jusqu'en Juin, que s'établit un vent de nord qui permet d'aller & de revenir à la voile sur toute la côte; il arrive même en cette saison, que chaque jour le vent fait le tour de l'horizon, & passe avec le soleil de l'est au sud, & du sud à l'ouest, pour revenir par le nord recommencer le même cercle. Alors aussi règne pendant la nuit sur la côte, un vent local, appelé *vent de terre;* il ne s'élève qu'après le coucher du soleil, il dure jusqu'à son lever, & ne s'étend qu'à deux ou trois lieues en mer.

Les raisons de tous ces phénomènes, sont sans doute des problêmes intéressans pour la physique, & ils mériteraient qu'on s'occupât de leur solution. Nul pays n'est plus propre aux observations de ce genre que la Syrie. On dirait que la Nature y a préparé tous les moyens d'étudier ſes opérations. Nous autres, dans nos climats brumeux, enfoncés dans de vaſtes continens, nous pouvons rarement ſuivre les grands changemens qui arrivent dans l'air ; l'horizon étroit qui borne notre vue, borne auſſi notre penſée ; nous ne découvrons qu'une petite ſcène ; & les effets qui s'y paſſent ne ſe montrent qu'altérés par mille circonſtances. Là, au contraire, une ſcène immenſe eſt ouverte aux regards ; les grands agens de la Nature y ſont rapprochés dans un eſpace qui rend facile à ſaiſir leurs jeux réciproques. C'eſt à l'oueſt, la vaſte plaine liquide de la Méditerranée ; c'eſt à l'eſt, la plaine du déſert, auſſi vaſte & abſolument ſèche : au milieu de ces deux plateaux, s'élèvent les montagnes, dont les pics ſont autant d'obſervatoires d'où la vûe porte à trente lieues. Quatre Obſervateurs embraſſeraient toute la longueur de la Syrie ; & là, des ſommets du Caſius, du Liban & du Tabor, ils pourraient ſaiſir tout ce qui ſe paſſe dans une horizon infini : ils pourraient obſerver comment, d'abord claire, la région de la mer ſe voile de vapeurs ; comment ces vapeurs ſe groupent, ſe partagent, & par un méchaniſme conſtant, grimpent & s'élèvent ſur les montagnes ; comment, d'autre part, la région du désert, toujours transparente, n'engendre jamais de nuages, & ne porte que ceux qu'elle reçoit de la mer ; ils répondraient à la question de M. Michaélis (*a*), *si le désert produit des rosées ;* que le désert n'ayant d'eau qu'en hiver après les pluies, ne peut donner de vapeurs qu'à cette époque. En voyant d'un coup-d'œil la vallée de Balbek brûlée de chaleur, pendant que la tête du Liban blanchit de glace & de neige, ils sentiraient la vérité des axiomes désormais établis, *que la chaleur est plus grande, à mesure qu'on se rapproche du plan de la terre, & moindre, à mesure que l'on s'en éloigne ;* ensorte qu'elle semble n'être qu'un effet de l'action des rayons du soleil sur la terre. Enfin, ils pourraient tenter avec succès la solution de la plupart des problêmes qui tiennent à la physique météorologique du globe.

(*a*) Voyez *les Questions* de M. Michaélis, proposées aux Voyageurs du Roi de Danemarck.

CHAPITRE XXI.

Considérations sur les Phénomènes des Vents, des Nuages, des Pluies, des Brouillards & du Tonnerre.

EN attendant que quelqu'un entreprenne ce travail avec les détails qu'il mérite, je vais exposer en peu de mots quelques idées générales que la vûe des objets m'a fait naître. J'ai parlé des rapports que les vents ont avec les faisons; & j'ai indiqué que le foleil, par l'analogie de fa marche annuelle avec leurs accidens, s'annonçoit pour en être l'agent principal : fon action fur l'air qui enveloppe la terre, paraît être la caufe première de tous les grands mouvemens qui fe paffent fur notre tête. Pour en concevoir clairement le méchanifme, il faut reprendre la chaîne des idées à fon origine, & fe rappeler les propriétés de l'élément mis en action.

1°. L'air, comme l'on fait, eft un fluide dont toutes les parties naturellement égales & mobiles, tendent fans ceffe à se mettre de niveau, comme l'eau ; enforte que si l'on suppose une chambre de six pieds en tout sens, l'air qu'on y introduira la remplira par-tout également.

2°. Une seconde propriété de l'air est de se dilater ou de se refferrer, c'est-à-dire, d'occuper un espace plus grand ou plus petit, avec une même quantité donnée. Ainsi, dans l'exemple de la chambre supposée, si l'on vuide les deux tiers de l'air qu'elle contient, le tiers restant s'étendra à leur place, & remplira encore toute la capacité : si au-lieu de vuider l'air, on y en ajoute le double, le triple, &c, la chambre le contiendra également ; ce qui n'arrive point à l'eau.

Cette propriété de se dilater, est sur-tout mise en action par la présence du feu ; & alors l'air échauffé rassemble dans un espace égal moins de parties que l'air froid ; il devient plus léger que lui, & en est poussé en haut. Par exemple, si dans la chambre supposée l'on introduit un réchaud plein de feu, sur le champ l'air qui en sera touché s'élevera au plancher; & l'air qui était voisin prendra sa place. Si cet air est encore échauffé, il suivra le premier, & il s'établira un courant de bas en haut (*a*), fourni par l'affluence de l'air latéral; enforte que l'air le plus chaud fe répandra dans la partie fupérieure, & le moins chaud dans l'inférieure, tous deux continuant de chercher à fe mettre en équilibre par la première loi de la fluidité (*b*).

Si maintenant on applique ce jeu à ce qui fe paffe en grand fur le globe, on trouvera qu'il explique la plupart des phénomènes des vents.

L'air qui enveloppe la terre, peut fe confidérer comme un océan très-fluide dont nous occupons le fond, & dont la furface eft à une hauteur inconnue. Par la première loi, c'eft-à-dire, par fa fluidité, cet océan tend fans ceffe à fe mettre en équilibre & à refter ftagnant; mais le foleil faifant agir la loi de la dilatation, y excite un trouble qui en tient toutes les parties dans une fluctuation perpétuelle. Ses rayons, appliqués à la furface de la terre, produifent précifément l'effet du réchaud fuppofé dans la chambre; ils

---

(*a*) C'eft le méchanifme des cheminées & des bains d'étuves.

(*b*) Il y a d'ailleurs un effort de l'air dilaté contre les barrières qui l'emprifonnent; mais cet effet eft indifférent à notre objet.

y établissent une chaleur par laquelle l'air voisin se dilate & monte vers la région supérieure. Si cette chaleur était la même par-tout, le jeu général serait uniforme ; mais elle se varie par une infinité de circonstances qui deviennent les raisons des inégalités que nous remarquons.

D'abord, il est de fait que la terre s'échauffe d'autant plus qu'elle se rapproche davantage de la perpendiculaire du soleil : la chaleur est nulle au pôle ; elle est extrême sous la ligne. C'est par cette raison que nos climats sont plus froids l'hiver, plus chauds l'été ; & c'est encore par-là que dans un même lieu & sous une même latitude, la température peut être très-différente, selon que le terrain, incliné au nord ou au midi, présente sa surface plus ou moins obliquement aux rayons du soleil (a).

En second lieu, il est encore de fait que la surface des eaux produit moins de chaleur que celle de la terre : ainsi, sur la mer, sur les lacs & sur les rivières, l'air sera moins échauffé à même latitude que sur le continent ; par-tout même l'hu-

---

(a) Voilà pourquoi, comme l'a très-bien observé Montesquieu, la Tartarie sous le parallèle de l'Angleterre & de la France, est infiniment plus froide que ces contrées.

midité est un principe de fraîcheur, & c'est par cette raison qu'un pays couvert de forêts & rempli de marécages, est plus froid que lorsque les marais sont desséchés & les forêts abattues (*a*).

3°. Enfin, une troisième considération également importante, est que la chaleur diminue à mesure que l'on s'élève au-dessus du plan général de la terre. Le fait en est démontré par l'observation des hautes montagnes, dont les pics, sous la ligne même, portent une neige éternelle, & attestent l'existence d'un froid permanent dans la région supérieure.

Si maintenant on se rend compte des effets combinés de ces diverses circonstances, on trouvera qu'ils remplissent les indications de la plupart des phénomènes que nous avons à expliquer.

Premièrement, l'air des régions polaires étant plus froid & plus pesant que celui de la zône équinoxiale, il en doit résulter, par la loi des équilibres, une pression qui tend sans cesse à faire courir l'air des deux pôles vers l'équateur. Et en ceci, le raisonnement est soutenu par les faits, puisque l'observation de tous les voyageurs

---

(*a*) Ceci explique pourquoi la Gaule était plus froide jadis que de nos jours.

constate

constate que les vents les plus ordinaires dans les deux hémisphères, l'auſtral & le boréal, viennent du quart d'horizon dont le pôle occupe le milieu, c'eſt-à-dire, d'entre le nord-oueſt & le nord-eſt. Ce qui ſe paſſe ſur la Méditerranée en particulier, eſt tout-à-fait analogue.

J'ai remarqué, en parlant de l'Égypte, que ſur cette mer les rumbs de nord ſont les plus habituels, en ſorte que ſur douze mois de l'année ils en règnent neuf. On explique ce phénomène d'une manière très-plauſible en diſant : le rivage de la Barbarie, frappé des rayons du ſoleil, échauffe l'air qui le couvre ; cet air dilaté s'élève, ou prend la route de l'intérieur des terres ; alors l'air de la mer trouvant de ce côté une moindre réſiſtance, s'y porte incontinent ; mais comme il s'échauffe lui-même, il ſuit le premier, & de proche en proche la Méditerranée ſe vuide ; par ce méchaniſme, l'air qui couvre l'Europe n'ayant plus d'appui de ce côté, s'y épanche ; & bientôt le courant général s'établit. Il ſera d'autant plus fort que l'air du nord ſera plus froid ; & de-là cette impétuoſité des vents plus grande l'hiver que l'été : il ſera d'autant plus faible, qu'il y aura plus d'égalité entre l'air des diverſes contrées ;

& de-là cette marche des vents plus modérée dans la belle saison, & qui, même en Juillet & Août, finit par une espèce de calme général, parce qu'alors le soleil, plus voisin de nous, échauffe presqu'également tout l'hémisphère jusqu'au pôle. Ce cours uniforme & constant que le nord-ouest prend en Juin, vient de ce que le soleil, rapproché jusqu'au parallèle d'*Asouan* & presque des *Canaries*, établit derrière l'*atlas* une aspiration voisine & régulière. Ce retour périodique des vents d'est, à la suite de chaque équinoxe, a sans doute aussi une raison géographique; mais pour la trouver, il faudrait avoir un tableau général de ce qui se passe en d'autres lieux du continent; & j'avoue que par-là elle m'échappe. J'ignore également la raison de cette durée de *trois jours*, que les vents de *sud* & *de nord* affectent d'observer à chaque fois qu'ils paraissent dans le temps des équinoxes.

Il arrive quelquefois dans la marche générale d'un même vent, des différences qui viennent de la conformation des terreins; c'est-à-dire, que si un vent rencontre une vallée, il en prend la direction à la manière des courans de mer. De-là, sans doute, vient que sur le golfe Adriatique, l'on ne connaît presque que le nord-ouest & le sud-est, parce que telle est la direction de ce bras de mer : par une raison semblable, tous les vents deviennent sur la mer rouge *nord* ou *sud*; & si dans la Provence le nord-ouest ou *mistral* est si fréquent, ce ne doit être que parce que les courans d'air qui tombent des *Cévennes* & des *Alpes*, sont forcés de suivre la direction de la vallée du *Rhône*.

Mais que devient la masse d'air pompée par la côte d'Afrique & la zône torride ? C'est ce dont on peut rendre raison de deux manières.

1°. L'air arrivé sous ces latitudes, y forme un grand courant connu sous le nom de *vent alizé d'est*, lequel règne, comme l'on sait, des Canaries à l'Amérique (*a*) : parvenu là, il paraît qu'il

---

(*a*) M. Franklin a pensé que la cause du vent *alizé d'est*, tenait à la rotation de la terre ; mais si cela est, pourquoi le vent d'est n'est-il pas perpétuel ? Comment d'ailleurs expliquer dans cette hypothèse les deux moussons de l'Inde, tellement disposées que leurs alternatives sont marquées précisément par le passage du soleil dans la ligne équinoxiale ; c'est-à-dire, que les vents d'ouest & de sud règnent pendant les six mois que le soleil est dans la zône boréale ; & les vents d'est & de nord pendant les six mois qu'il est dans la zône australe. Ce rapport ne prouve-t-il pas que tous les accidens des vents dépendent uniquement de l'action du soleil sur l'athmosphère

y est rompu par les montagnes du continent, & que détourné de sa première direction, il revient dans un sens contraire former ce vent d'ouest qui règne sous le parallèle du Canada; ensorte que par ce retour, les pertes des régions polaires se trouvent réparées.

2°. L'air qui afflue de la Méditerranée sur l'Afrique, s'y dilatant par la chaleur, s'élève dans la région supérieure; mais comme il se refroidit à certaine hauteur, il arrive que son premier volume se réduit infiniment par la condensation. On pourrait dire qu'ayant alors repris son poids, il devrait retomber; mais outre qu'en se rapprochant de la terre, il se réchauffe, & rentre en dilatation, il éprouve encore de la part de l'air inférieur un effort puissant & continu qui le soutient; ces deux couches de l'air supérieur refroidi, & de l'air inférieur dilaté, sont dans un effort perpétuel l'une à l'égard de l'autre. Si l'équilibre se rompt, l'air supérieur obéissant à son poids, peut fondre dans la région inférieure jusqu'à terre: c'est à des accidens de ce genre que

---

du globe? La lune, qui a un effet si marqué sur l'océan, peut en avoir aussi sur les vents; mais l'influence des autres planètes paraît une chimère qui ne convient qu'à l'astrologie des anciens.

l'on doit ces torrens subits d'air glacés, connus sous le nom d'*ouragans* & de *grains* qui semblent tomber du ciel, & qui apportent dans les saisons & les régions les plus chaudes, le froid des zônes polaires. Si l'air environnant résiste, leur effet est borné à un court espace ; mais s'ils rencontrent des courans déjà établis, ils en accroissent leurs forces, & ils deviennent des tempêtes de plusieurs heures. Ces tempêtes sont sèches quand l'air est pur ; mais s'il est chargé de nuages, elles s'accompagnent d'un déluge d'eau & de grêle que l'air froid condense en tombant. Il peut même arriver qu'il s'établisse à l'endroit de la rupture une chûte d'eau continue, à laquelle viendront se résoudre les nuages environnans ; & il en résultera ces colonnes d'eau, connues sous le nom de *trombes* & de *typhons* (*a*) ; ces trombes ne sont pas rares sur la côte de Syrie, vers le cap *Ouedjh* & le *Carmel* ; & l'on observe qu'ils ont lieu sur-tout au temps des équinoxes, & par un ciel orageux & couvert de nuages.

Les montagnes d'une certaine hauteur fournissent des exemples habituels de cette chûte de

---

(*a*) M. Franklin en donne la même explication.

l'air refroidi dans la région supérieure. Lorsqu'aux approches de l'hiver, leurs sommets se couvrent de neiges, il en émane des torrens impétueux que les marins appellent *vents de neige*. Ils disent alors que les *montagnes se défendent*, parce que ces vents en repoussent, de quelque côté que l'on veuille en approcher. Le golfe de Lyon & celui d'Alexandrette sont célèbres sur la Méditerranée par des circonstances de cette espèce.

On explique par les mêmes principes, les phénomènes de ces vents de côtes, vulgairement appelés *vents de terre*. L'observation des Marins constate sur la Méditerranée, que pendant le jour ils viennent de la mer, pendant la nuit de la terre ; qu'ils sont plus forts près des côtes élevées, & plus faibles près des côtes basses. La raison en est que l'air tantôt dilaté par la chaleur du jour, tantôt condensé par le froid de la nuit, monte & descend tour-à-tour de la terre sur la mer ; & de la mer sur la terre. Ce que j'ai observé en Syrie, rend cet effet palpable. La face du Liban qui regarde la mer, étant frappée du soleil pendant le cours de la journée, & sur-tout depuis midi, il s'y excite une chaleur qui dilate la couche d'air qui couvre la pente. Cet air devenant plus léger, cesse d'être en équilibre avec celui de la mer; il en est pressé, chassé en haut; mais le nouvel air qui le remplace s'échauffant à son tour, marche bientôt à sa suite; & de proche en proche, il se forme un courant semblable à ce qu'on observe le long des tuyaux de poêle ou de cheminée (*a*). Lorsque le soleil se couche, cette action cesse. La montagne se refroidit, l'air se condense; en se condensant, il devient plus lourd, il retombe, & dès-lors forme un torrent qui coule le long de la pente à la mer : ce courant cesse le matin, parce que le soleil revenu sur l'horizon, recommence le jeu de la veille. Il ne s'avance en mer qu'à deux ou trois lieues, parce que l'impulsion de sa chûte est détruite par la résistance de la masse d'air où il entre. C'est en raison de la hauteur & de la rapidité de cette chûte, que le cours du vent de terre se prolonge : il est plus étendu aux pieds du *Liban* & de la chaîne du nord, parce que dans cette partie, les montagnes sont plus élevées, plus rapides, plus voisines de la mer. Il a des rafales violentes & subites à l'embouchure de la

---

(*a*) Il est souvent sensible à la vue; mais on le rend encore plus évident en approchant des tuyaux une soie effilée ou du duvet.

Qâfmié (a); parce que la profonde vallée de *Béqââ* raſſemblant l'air dans ſon canal étroit, le lance comme par un tuyau. Il eſt moindre ſur la côte de Paleſtine, parce que les montagnes y ſont plus baſſes, & qu'entr'elles & la mer, il y a une plaine de quatre à cinq lieues. Il eſt nul à Gaze & ſur le rivage d'Égypte, parce que ce terrein plat n'a point une pente aſſez marquée. Enfin, par-tout il eſt plus fort l'été, plus faible l'hiver, parce qu'en cette dernière ſaiſon, la chaleur & la dilatation ſont bien moindres.

Cet état reſpectif de l'air de la mer & de l'air des continens, eſt la cauſe d'un phénomène obſervé dès long-temps; la propriété qu'ont les terres en général, & ſur-tout les montagnes, d'attirer les nuages. Quiconque a vu diverſes plages, a pu ſe convaincre que les nuages toujours créés ſur la mer, s'élèvent enſuite par une marche conſtante vers les continens, & ſe dirigent de préférence vers les plus hautes montagnes qui s'y trouvent. Quelques Phyſiciens ont voulu voir en ceci une *vertu d'attraction*; mais outre que

---

(a) Ces rafales ſont ſi bruſques qu'elles font quelquefois *chavirer* les bateaux. Peu s'en eſt fallu que je n'en aye fait l'expérience.

cette *caufe occulte* n'a rien de plus clair que *l'ancienne horreur du vuide*, il eſt ici des agens matériels qui rendent une raiſon méchanique de ce phénomène ; je veux dire les loix de l'équilibre des fluides, par leſquelles les maſſes de l'air lourd pouſſent en haut les maſſes de l'air léger. En effet, les continens étant toujours, à égalité de latitude & de niveau, plus échauffés que les mers, il en doit réſulter un courant habituel qui porte l'air, & par conſéquent les nuages, de la mer ſur la terre. Ils s'y dirigeront d'autant plus que les montagnes ſeront plus échauffées, plus *aſpirantes* : s'ils trouvent un pays plat & uni, il gliſſeront deſſus ſans s'y arrêter, parce que ce terrein étant également échauffé, rien ne les y condenſe ; c'eſt par cette raiſon qu'il ne pleut jamais, ou que très-rarement, pendant l'été, en Égypte & dans les déſerts d'Arabie & d'Afrique. L'air de ces contrées échauffé & dilaté, repouſſe les nuages, parce qu'ils ſont une *vapeur*, & que toute vapeur eſt conſtamment élevée par l'air chaud. Ils ſont contraints de ſurnager dans la région moyenne, où le courant régnant les porte vers les parties élevées du continent, qui font en quelque ſorte office de cheminée, ainſi que je l'ai déjà dit. Là, plus éloignés du plan de la terre, qui est le grand foyer de la chaleur, ils font refroidis, condensés, & par un méchanisme semblable à celui des chapiteaux dans la dilatation, leurs particules se résolvent en pluies ou en neiges; en hiver, les effets changent avec les circonstances: alors que le soleil est éloigné des pays dont nous parlons, la terre n'étant plus si échauffée, l'air y prend un état rapproché de celui des hautes montagnes; il devient plus froid, & plus dense; les vapeurs ne sont plus enlevées aussi haut; les nuages se forment plus bas; souvent même ils tombent jusqu'à terre, où nous les voyons sous le nom & la forme de *brouillards*. A cette époque, accumulés par les vents d'ouest, & par l'absence des courans qui les emportent pendant l'été, ils sont contraints de se résoudre sur la plaine; & de-là l'explication de ce problême (*a*): *pourquoi l'évaporation étant plus forte en été qu'en hiver, il y a cependant plus de nuages, de brouillards & de pluies en hiver qu'en été ?* De-là encore la raison de cet autre fait commun à l'Égypte & à la Palestine (*b*), *que s'il y a une pluie con-*

(*a*) Voyez article de l'Égypte.
(*b*) J'en ai fait l'observation en Palestine, dans les mois

tinue & douce, elle se fera plutôt de nuit que de jour. Dans ces pays, on observe en général que les nuages & les brouillards s'approchent de terre pendant la nuit, & s'en éloignent pendant le jour, parce que la présence du soleil excite encore une chaleur suffisante pour les repousser : j'en ai souvent eu la preuve au Kaire dans les mois de Juillet & d'Août 1783. Souvent au lever du soleil, nous avions du brouillard, le thermomètre étant à dix-sept degrés ; deux heures après, le thermomètre étant à vingt, & montant jusqu'à vingt-quatre degrés, le ciel était couvert & parsemé de nuages qui couraient au sud. Revenant de Suez à la même époque, c'est-à-dire, du vingt-quatre au vingt-six Juillet, nous n'avions point eu de brouillard pendant les deux nuits que nous avions couché dans le désert ; mais étant arrivé à l'aube du jour en vûe de la vallée d'Égypte, je la vis couverte d'un lac de vapeurs qui me parurent stagnantes : à mesure que le jour parut, elles prirent du mouvement & de l'élévation ; & il n'était pas huit heures du matin, que la terre

---

de Novembre Décembre & Janvier 1784 & 85. La plaine de Palestine, sur-tout vers Gaze, est à-peu-près dans les mêmes circonstances de climat que l'Égypte.

était découverte, & l'air n'avait plus que des nuages épars qui remontaient la vallée. L'année suivante, étant chez les Druzes, j'obfervai des phénomènes prefque femblables. D'abord fur la fin de Juin, il régna une fuite de nuages que l'on attribue au débordement du Nil fur l'Égypte (*a*), & qui effectivement venaient de cette partie, & paffaient au *nord-eft* (*b*). Après cette première irruption, il furvint fur la fin de Juillet & en Août, une feconde faifon de nuages. Tous les jours, vers les onze heures ou midi, le ciel fe couvrait; fouvent le foleil ne paraiffait pas de la foirée; le pic du *Sannin* fe chargeait de nuages; & plufieurs grimpant fur les pentes, couraient parmi les vignes & les fapins; fouvent ils m'ont enveloppé d'un brouillard blanc, humide, tiède & opaque, au point de ne pas voir à quatre pas. Vers les dix ou onze heures de nuit, le ciel fe démafquait, les étoiles étincelaient, la nuit fe paf-

---

(*a*) Il n'eft pas inutile d'obferver que le Nil établit alors un courant fur toute la côte de Syrie, qui porte de Gaze en Chypre.

(*b*) Il me paraît que c'eft la même colonne dont parle M. le Baron de Tott. J'ai pareillement conftaté l'état vaporeux de l'horizon d'Égypte dont il fait mention.

fait fereine, le foleil fe levait brillant, & vers le midi l'effet de la veille recommençait. Cette répétition m'inquiéta, d'autant plus que je concevais moins ce que devenait toute cette fomme de nuages. Une partie, à la vérité, paffait la chaîne du *Sannin*, & je pouvais fuppofer qu'elle allait fur l'anti-Liban ou dans le défert; mais celle qui était en route fur la pente, au moment où le foleil fe couchait, que devenait-elle, fur-tout ne laiffant ni rofée ni pluie capable de la confommer ? Pour en découvrir la raifon, j'imaginai de monter plufieurs jours de fuite, à l'aube du matin, fur un fommet voifin, & là, plongeant fur la vallée & fur la mer par une ligne oblique d'environ cinq lieues, j'examinai ce qui fe paffait. D'abord je n'apperçus qu'un lac de vapeurs qui voilaient les eaux, & cet horizon maritime me paraiffait obfcur, pendant que celui des montagnes était très-clair; à mefure que le foleil l'éclairait, je diftinguais des nuages par le reflet de fes rayons; ils me paraiffaient d'abord trèsbas; mais à mefure que la chaleur croiffait, ils fe féparaient, montaient, & prenaient toujours la route de la montagne, pour y paffer le refte du jour, ainfi que je l'ai dit. Alors je fuppofai que ces nuages que je voyais ainsi monter, étaient en grande partie ceux de la veille qui, n'ayant pas achevé leur afcenfion, avaient été faifis par l'air froid, & rejetés à la mer par le vent de terre ; je penfai qu'ils y étaient retenus toute la nuit, jufqu'à ce que le vent de mer fe levant, les reportât fur la montagne, & les fît paffer en partie par-deffus le fommet, pour aller fe réfoudre de l'autre côté en rofée, ou abreuver l'air altéré du défert.

J'ai dit que ces nuages ne nous apportaient point de rofée ; & j'ai fouvent remarqué que lorfque le temps était ainfi couvert, il y en avait moins que lorfque le ciel était clair. En tout temps la rofée eft moins abondante fur ces montagnes qu'à la côte & dans l'Égypte ; & cela s'explique très-bien, en difant que l'air ne peut élever à cette hauteur l'excès d'humidité dont il fe charge ; car la rofée eft, comme l'on fait, cet excès d'humide que l'air échauffé diffout pendant le jour, & qui, fe condenfant par la fraîcheur du foir, retombe avec d'autant plus d'abondance, que le lieu eft plus voifin de la mer (*a*) : de-là les

---

(*a*) Ceci réfout un problême qu'on m'a propofé à *Yâfa* : a favoir pourquoi l'on fue plus à *Yâfa*, fur les bords de la mer,

rosées excessives dans le Delta, moindres dans la Thébaïde & dans l'intérieur du désert, selon ce que l'on m'en a dit ; & si l'humidité ne tombe point lorsque le ciel est voilé, c'est parce qu'elle a pris la forme de nuages, ou que ces nuages l'interceptent.

Dans d'autres cas, le ciel étant serein, l'on voit des nuages se dissiper & se dissoudre comme de la fumée ; d'autres fois se former à vûe-d'œil, & d'un point premier, devenir des masses immenses. Cela arrive, sur-tout, sur la pointe du Liban, & les Marins ont éprouvé que l'apparition d'un nuage sur ce pic était un présage infaillible du vent d'ouest. Souvent au coucher du soleil, j'ai vu de ces fumées s'attacher aux flancs des rochers de *Nahr-el-Kelb*, & s'accroître si rapidement, qu'en une heure la vallée n'était qu'un lac. Les habitans disent que ce sont des vapeurs de la vallée ; mais cette vallée étant toute de pierre

---

qu'à *Ramle* qui est à trois lieues, dans les terres. La raison en est que l'air de Yâfa étant saturé d'humidité, ne pompe qu'avec lenteur l'émanation du corps, pendant qu'à Ramle l'air plus avide la pompe plus vîte. C'est aussi par cette raison que dans nos climats l'haleine est visible en hiver, & non en été.

& presque sans eau, il est impossible que ce soient des émanations ; il est plus naturel que ce soient les vapeurs de l'athmosphère qui, condensées à l'approche de la nuit, tombent en une pluie imperceptible, dont l'entassement forme le lac fumeux que l'on voit. Les brouillards s'expliquent par les mêmes principes ; il n'y en a point dans les pays chauds loin de la mer, ni pendant les sécheresses de l'été, parce qu'en ces cas l'air n'a point d'humide excédent. Mais ils se montrent dans l'automne après les pluies, & même en été après les ondées d'orages, parce qu'alors la terre a reçu une matière d'évaporation, & pris un degré de fraîcheur convenable à la condensation. Dans nos climats ils commencent toujours à la surface des prairies, de préférence aux champs labourés. Souvent au coucher du soleil, on voit se former sur l'herbe une nappe de fumée, qui bientôt croît en hauteur & en étendue. La raison en est que les lieux humides & frais réunissent, plus que les lieux poudreux, les qualités nécessaires à condenser les vapeurs qui tombent.

Il y a d'ailleurs une foule de considérations à faire sur la formation & la nature de ces vapeurs, qui, quoique les mêmes, prennent à terre le nom de
brouillards ,

brouillards, & dans l'air, celui de *nuages*. En combinant leurs divers accidens, on s'apperçoit qu'ils suivent ces loix de *combinaison*, de *dissolution*, de *précipitation* & de *saturation*, dont la physique moderne, sous le nom de *Chymie*, s'occupe à développer la théorie. Pour en traiter ici, il faudrait entrer dans des détails qui m'écarteraient trop de mon sujet : je me bornerai à une dernière observation, relative au tonnerre.

Le tonnerre a lieu dans le Delta comme dans la Syrie ; mais il y a cette différence entre ces deux pays, que dans le Delta & la plaine de Palestine, il est infiniment rare l'été, & plus fréquent l'hiver ; dans les montagnes, au contraire, il est plus commun l'été, & infiniment rare l'hiver. Dans les deux contrées, sa vraie saison est celle des pluies, c'est-à-dire, le temps des équinoxes, & sur-tout de celui d'automne ; il est encore remarquable qu'il ne vient jamais des parties du continent, mais de celles de la mer : c'est toujours de la Méditerranée que les orages arrivent sur le Delta (*a*) & la Syrie. Leurs instans de

---

(*a*) J'ignore ce qui se passe à cet égard dans la haute Égypte : quant au Delta, il paraît que quelquefois il reçoit des nuages & du tonnerre de la Mer-rouge. Le jour que je

préférence dans la journée, sont le soir & le matin; (*a*) ils sont accompagnés d'ondées violentes, & quelquefois de grêles qui couvrent en une heure de temps la campagne de petits lacs. Ces circonstances, & sur-tout cette association perpétuelle des nuages au tonnerre, donnent lieu au raisonnement suivant: si le tonnerre se forme constamment avec les nuages, s'il a un besoin absolu de leur intermède pour se manifester, il est donc le produit de quelques-uns de leurs élémens. Or, comment se forment les nuages? Par l'évaporation des eaux. Comment se fait l'évaporation? Par la présence de l'élément du feu. L'eau par elle-même n'est point volatile, il lui faut un agent pour l'élever : cet agent est le feu, & de là,

---

quittai le Kaire (26 Septembre 1783) à la nuit tombante il parut un orage dans le sud-est qui bientôt donna plusieurs coups de tonnerre, & finit par une grêle violente de la grosseur des pois ronds de la plus forte espèce. Elle dura dix à douze minutes, & nous eûmes le temps, mes compagnons de voyage & moi, d'en ramasser dans le bateau assez pour en remplir deux grands verres, & dire que nous avons bu à la glace en Égypte. Il est d'ailleurs bon d'observer que c'était l'époque où la mousson de sud commence sur la Mer-rouge.

(*a*) M. Niebuhr a également observé à Moka & Bombai, que les orages venaient toujours de la mer.

ce fait déjà obfervé, que *l'évaporation eft toujours en raifon de la chaleur appliquée à l'eau.* Chaque molécule d'eau eft rendue volatile par une molécule de feu, & fans doute auffi par une molécule d'air qui s'y combine. On peut regarder cette combinaifon comme un fel neutre, & la comparant au nitre, l'on peut dire que l'eau y repréfente l'alkali, & le feu l'acide nitreux. Les nuages ainfi compofés, flottent dans l'air, jufqu'à ce que des circonftances propres viennent les diffoudre; s'il fe préfente un agent qui ait la faculté de rompre fubitement la combinaifon des molécules, il arrive une détonation, accompagnée, comme dans le nitre, de bruit & de lumière; par cet effet, la matière du feu & de l'air, fe trouvant tout-à-coup diffipée, l'eau qui y était combinée, rendue à fa pefanteur naturelle, tombe précipitamment de la hauteur où elle s'était élevée : de-là, ces ondées violentes qui fuivent les grands coups de tonnerre, & qui arrivent de préférence à la fin des orages, parce qu'alors la matière du feu eft épuifée. Quelquefois cette matière du feu n'étant combinée qu'avec l'air feul, elle fufe à la manière du nitre; & c'eft fans doute ce qui produit ces éclairs qu'on appelle *feux d'horizon*. Mais cette matière du feu est-elle distincte de la matière électrique? Suit-elle dans ses combinaisons & ses détonations, des affinités & des loix particulières? C'est ce que je n'entreprendrai pas d'examiner. Ces recherches ne peuvent convenir à une relation de voyage : je dois me borner aux faits ; & c'est déja beaucoup, d'y avoir joint quelques explications qui en découlaient naturellement (*a*).

(*a*) Il semble aussi que les étoiles volantes sont une combinaison particulière de la matière du feu. Les Maronites de *Mar-Elias*, m'ont assuré qu'une de ces étoiles tombée il y a trois ans sur deux mulets du couvent, les tua en faisant un bruit semblable à un coup de pistolet, sans laisser plus de trace que le tonnerre.

ÉTAT POLITIQUE DE LA SYRIE.

CHAPITRE XXII.

Des Habitans de la Syrie.

Ainsi que l'Égypte, la Syrie a dès long-temps subi des révolutions qui ont mélangé les races de ses habitans. Depuis 2500 ans, l'on peut compter dix invasions qui y ont introduit & fait succéder des peuples étrangers. D'abord ce furent les *Assyriens de Ninive* qui, ayant passé l'Euphrate vers l'an 750 avant notre Ère, s'emparèrent en soixante années de presque tout le pays qui est au nord de la Judée. Les *Kaldéens de Babylone* ayant détruit cette puissance dont ils dépendaient, succédèrent comme par droit d'héritage à ses possessions, & achevèrent de conquérir la Syrie, la seule Isle de Tyr exceptée. Aux Kaldéens succédèrent les *Perses de Cyrus*, & aux Perses les Macédoniens d'*Alexandre*. Alors il sembla que la Syrie allait cesser d'être vassale de Puissances étrangères, & que, selon le droit naturel de chaque pays, elle aurait un gouvernement propre; mais les peuples, qui ne trouvèrent dans les Séleucides que des despotes durs & oppresseurs, réduits à la nécessité de porter un joug, choisirent le moins pesant, & la Syrie devint, par les armes de Pompée, province de l'Empire de Rome.

Cinq siècles après, lorsque les enfans de *Théodose* se partagèrent leur immense patrimoine, elle changea de Métropole sans changer de maître, & elle fut annexée à l'Empire de Constantinople. Telle était sa condition, lorsque l'an 622 les Tribus de l'Arabie, rassemblées sous l'étendart de *Mahomet*, vinrent la posséder ou plutôt la dévaster. Depuis ce temps, déchirée par les guerres civiles des Fâtmites & des Ommiades, soustraite aux Khalifes par leurs lieutenans rebelles, ravie à ceux-ci par les milices Turcmanes, disputée par les Européens croisés, reprise par les Mamlouks d'Égypte, ravagée par *Tamerlan* & ses Tartares, elle est enfin restée aux mains des Turcs Ottomans, qui, depuis 268 années, en sont les maîtres.

Du trouble de tant de vicissitudes est resté un dépôt de population, varié comme les parties dont il s'est formé; en sorte qu'il ne faut pas regarder les habitans de la Syrie comme une même nation, mais comme un alliage de nations diverses.

On peut en faire trois classes principales.

1°. La postérité du peuple conquis par les Arabes, c'est-à-dire, les Grecs du bas-Empire.

2°. La postérité des Arabes conquérans.

3°. Le peuple dominant aujourd'hui, les Turcs Ottomans.

De ces trois classes, les premières exigent des subdivisions à raison des distinctions qui y sont survenues. Ainsi il faut diviser les Grecs :

1°. En Grecs-propres, dits vulgairement *Schismatiques*, ou *séparés* de la communion de Rome.

2°. En Grecs-latins, réunis à cette communion.

3°. En Maronites ou Grecs de la secte du Moine Maron, ci-devant indépendans des deux communions, aujourd'hui réunis à la dernière.

Il faut diviser les Arabes, 1°. en descendans

propres des Conquérans, lesquels ont beaucoup mêlé leur sang, & qui font la portion la plus considérable.

2°. En Motoüalis, distincts de ceux-ci par des opinions religieuses.

3°. En Druzes, également distincts par une raison semblable.

4°. Enfin en *Anfarié*, qui sont aussi dérivés des Arabes.

A ces peuples, qui sont les habitans agricoles & sédentaires de la Syrie, il faut encore ajouter trois autres peuples *errans* & pasteurs : savoir, 1°. les *Turkmans*; 2°. les Kourdes; 3°. & les Arabes-Bedouins.

Telles sont les races qui sont répandues sur le terrein compris entre la mer & le désert, depuis Gaze jusqu'à Alexandrette.

Dans cette énumération, il est remarquable que les peuples anciens n'ont pas de représentant sensible ; leurs caractères se sont tous confondus dans celui des Grecs, qui, en effet, par un séjour continué depuis Alexandre, ont bien eu le temps de s'identifier l'ancienne population : la terre seule, & quelques traits de mœurs & d'usage, conservent des vestiges des siècles reculés.

La Syrie n'a pas, comme l'Égypte, refusé d'adopter les races étrangères. Toutes s'y naturalisent également bien ; le sang y suit à-peu-près les mêmes loix que dans le midi de l'Europe, en observant les différences qui résultent de la nature du climat. Ainsi, les habitans des plaines du midi sont plus bazanés que ceux du nord, & ceux-là beaucoup plus que les habitans des montagnes. Dans le Liban & le pays des Druzes, le teint ne diffère pas de celui de nos provinces du milieu de la France. On vante les femmes de Damas & de Tripoli pour leur blancheur, & même pour la régularité des traits : sur ce dernier article il faut en croire la renommée ; puisque le voile qu'elles portent sans cesse ne permet à personne de faire des observations générales. Dans plusieurs cantons, les paysannes sont moins scrupuleuses, sans être moins chastes. En Palestine, par exemple, on voit presqu'à découvert les femmes mariées ; mais la misère & la fatigue n'ont point laissé d'agrémens à leur figure ; les yeux seuls sont presque toujours beaux par-tout ; la longue draperie qui fait l'habillement général, permet dans les mouvemens du corps d'en démêler la forme ; elle manque quelquefois d'élégance, mais du moins ses proportions ne sont pas altérées. Je ne me rappelle pas avoir vu en Syrie, & même en Égypte, deux sujets bossus ou contrefaits; il est vrai que l'on y connaît peu ces tailles étranglées que parmi nous on recherche : elles ne sont pas estimées en Orient; & les jeunes filles, d'accord avec leurs mères, emploient de bonne-heure jusqu'à des recettes superstitieuses pour acquérir de l'embonpoint : heureusement la Nature, en résistant à nos fantaisies, a mis des bornes à nos travers, & l'on ne s'apperçoit pas qu'en Syrie, où l'on ne se serre pas la taille, les corps deviennent plus gros qu'en France, où on l'étrangle.

Les Syriens sont en général de stature moyenne. Ils sont, comme dans tous les pays chauds, moins replets que les habitans du nord. Cependant on trouve dans les villes quelques individus dont le ventre prouve, par son ampleur, que l'influence du régime peut, jusqu'à un certain point, balancer celle du climat.

Du reste, la Syrie n'a de maladie qui lui soit particulière, que le bouton d'Alep, dont je parlerai en traitant de cette ville. Les autres maladies sont les dyssenteries, les fièvres inflammatoires, les intermittentes, qui viennent à la suite des mauvais fruits dont le peuple se gorge. La petite vérole y est quelquefois très-meurtrière. L'incommodité générale & habituelle est le mal d'estomac ; & l'on en conçoit aisément les raisons, quand on considère que tout le monde y abuse de fruits non mûrs, de légumes cruds, de miel, de fromage, d'olives, d'huile forte, de lait aigre, & de pain mal fermenté. Ce sont là les alimens ordinaires de tout le monde ; & les sucs acides qui en résultent, donnent des âcretés, des nausées, & même des vomissemens de bile assez fréquens. Aussi la première indication en toute maladie est-elle presque toujours l'émétique, qui cependant n'y est connu que des Médecins-Français. La saignée, comme je l'ai déjà dit, n'est jamais bien nécessaire ni fort utile. Dans les cas moins urgens, la crême de tartre & les tamarins ont le succès le plus marqué.

L'idiôme général de la Syrie est la langue Arabe. M. Niebuhr rapporte, sur un ouï-dire, que le Syriaque est encore usité dans quelques villages des montagnes ; mais quoique j'aye interrogé à ce sujet des Religieux qui connaissent le pays dans un grand détail, je n'ai rien appris de semblable : seulement on m'a dit que les bourgs de *Maloula* & de *Sidnaïa*, près de Damas, avaient un idiôme si corrompu, que l'on avait beaucoup de peine à l'entendre. Mais cette difficulté ne prouve rien, puisque dans la Syrie comme dans tous les pays Arabes, les dialectes varient & changent à chaque endroit. On peut donc regarder le Syriaque comme une langue morte pour ces cantons. Les Maronites, qui l'ont conservé dans leur liturgie & dans leur messe, ne l'entendent pas pour la plupart en le récitant. Le Grec est dans le même cas. Parmi les Moines & les Prêtres schismatiques ou catholiques, il en est très-peu qui le comprennent ; il faut qu'ils en ayent fait une étude particulière dans les Isles de l'Archipel : on sait d'ailleurs que le Grec moderne est tellement corrompu, qu'il ne suffit non plus pour entendre Démosthène, que l'Italien pour lire Cicéron. La langue Turque n'est usitée en Syrie que par les gens de guerre & de gouvernement, & par les hordes Turkmânes (a). Quelques naturels l'apprennent

---

(a) Alexandrette & *Beilan* qui en est voisin, parlent Turk ; mais on peut les regarder comme *frontières* de la Caramanie, où le Turk est la langue vulgaire.

pour le besoin de leurs affaires, comme les Turcs apprennent l'Arabe ; mais la prononciation & l'accent de ces deux langues ont si peu d'analogie, qu'elles demeurent toujours étrangères l'une & l'autre. Les bouches Turques, habituées à une prosodie nasale & pompeuse, parviennent rarement à imiter les sons âcres & les aspirations fortes de l'Arabe. Cette langue fait un usage si répété de voyelles & de consonnes gutturales, que lorsqu'on l'entend pour la première fois, on dirait des gens qui se gargarisent. Ce caractère la rend pénible à tous les Européens ; mais telle est la puissance de l'habitude, que lorsque nous nous plaignons aux Arabes de son aspérité, ils nous taxent de manquer d'oreille, & rejettent l'inculpation sur nos propres idiômes. L'Italien est celui qu'ils préfèrent, & ils comparent avec quelque raison le Français au Turc, & l'Anglais au Persan. Entr'eux ils ont presque les mêmes différences. L'Arabe de Syrie est beaucoup plus rude que celui d'Égypte ; la prononciation des gens de loi au Kaire passe pour un modèle de facilité & d'élégance. Mais, selon l'observation de M. Niebuhr, celle des habitans de l'Yémen & de la côte du sud est infiniment plus douce,

& donne à l'Arabe un coulant dont on ne l'eût pas cru fusceptible. On a voulu quelquefois établir des analogies entre les climats & les prononciations des langues; l'on a dit, par exemple, que les habitans du nord parlaient plus des lèvres & des dents, que les habitans du midi. Cela peut être vrai pour quelques parties de notre continent; mais pour en faire une application générale, il faudrait des obfervations plus détaillées & plus étendûes. L'on doit être réfervé dans tous ces jugemens généraux fur les langues & fur leurs caractères, parce que l'on raifonne toujours d'après la fienne, & par conféquent d'après un préjugé d'habitude qui nuit beaucoup à la juftefse du raifonnement.

Parmi les peuples de la Syrie dont j'ai parlé, les uns font répandus indifféremment dans toutes les parties, les autres font bornés à des emplacemens particuliers qu'il eft à propos de déterminer.

Les Grecs-propres, les Turks & les Arabes payfans font dans le premier cas; avec cette différence, que les Turks ne fe trouvent que dans les villes où ils exercent les emplois de guerre, de magiftrature, & les arts. Les Arabes & les

Grecs peuplent les villages, & forment la classe des laboureurs à la campagne, & le bas-peuple dans les villes. Le pays qui a le plus de villages Grecs, est le Pachalik de Damas.

Les Grecs de la Communion de Rome, bien moins nombreux que les schismatiques, sont tous retirés dans les villes, où ils exercent les arts & le négoce. La protection des *Francs* leur a valu, dans ce dernier genre, une supériorité marquée par-tout où il y a des comptoirs d'Europe.

Les *Maronites* forment un corps de nation qui occupe presque exclusivement tout le pays compris entre *Nahr el kelb* (*Rivière du Chien*) & *Nahr el bâred* (*la Rivière froide*), depuis le sommet des montagnes à l'orient, jusqu'à la Méditerranée à l'occident.

Les *Druzes* leur sont limitrophes, & s'étendent depuis *Nahr el kelb* jusques près de *Sour* (Tyr), entre la vallée de *Beqââ* & la mer.

Le pays des *Motouâlis* comprenait ci-devant la vallée de *Beqââ* jusqu'à *Sour*. Mais ce peuple, depuis quelque temps, a essuyé une révolution qui l'a presque réduit à rien.

A l'égard des *Anfârié*, ils sont répandus dans les montagnes, depuis *Nahr-âqqar* jusqu'à Antâkie : on les diſtingue en diverſes peuplades, telles que les *Kelbié*, les *Qadmouſié*, les *Chamſié*, &c.

Les *Turkmans*, les *Kourdes* & les *Bedouins* n'ont pas de demeures fixes, mais ils errent ſans ceſſe avec leurs tentes & leurs troupeaux dans des diſtricts limités dont ils ſe regardent comme les propriétaires : les hordes *Turkmanes* campent de préférence dans la plaine d'Antioche ; les *Kourdes*, dans les montagnes, entre Alexandrette & l'Euphrate ; & les *Arabes* ſur toute la frontière de la Syrie adjacente à leurs déſerts, & même dans les plaines de l'intérieur, telles que celles de Paleſtine, de Beqââ & de Galilée.

Pour nous former des idées plus claires de ces peuples, reprenons en détail ce qui concerne chacun d'eux.

CHAPITRE

CHAPITRE XXIII.

Des Peuples Pasteurs où errans de la Syrie.

§. PREMIER.

Des Turkmans.

LES *Turkmans* font du nombre de ces peuplades Tartares qui, lors des grandes révolutions de l'Empire des Kalifes, émigrèrent de l'Orient de la mer *Caspienne*, & se répandirent dans les vastes plaines de l'*Arménie* & de l'*Asie-mineure*. Leur langue est la même que celle des Turks. Leur genre de vie est assez semblable à celui des Arabes-Bédouins ; comme eux, ils sont pasteurs, & par conséquent obligés de parcourir de grands espaces pour faire subsister leurs nombreux troupeaux. Mais il y a cette différence, que les pays fréquentés par les Turkmans étant riches en pâturages, ils peuvent en nourrir davantage, & se disperser moins que les Tribus du désert. Chacun de leurs *ordous* ou camps reconnaît un chef, dont le pouvoir n'est point déterminé par des statuts, mais dirigé par l'usage & par les circonstances; il est rarement abusif, parce que la société est resserrée, & que la nature des choses maintient assez d'égalité entre les membres. Tout homme en état de porter les armes, s'empresse de les porter, parce que c'est de sa force individuelle que dépendent sa considération & sa sûreté. Tous les biens consistent en bestiaux, tels que les chameaux, les bufles, les chèvres, & sur-tout les moutons. Les Turkmans se nourrissent de laitage, de beurre & de viande qui abondent chez eux. Ils en vendent le superflu dans les villes & dans les campagnes, & ils suffisent presque seuls à fournir les boucheries. Ils prennent en retour des armes, des habits, de l'argent & des grains. Leurs femmes filent des laines, & font des tapis dont l'usage existe dans ces contrées de temps immémorial, & par-là indique l'existence d'un état toujours le même. Quant aux hommes, toute leur occupation est de fumer la pipe & de veiller à la conduite des troupeaux : sans cesse à cheval, la lance sur l'épaule, le sabre courbe au côté, le pistolet à la ceinture, ils sont cavaliers vigoureux, & soldats infatigables. Souvent ils ont des discussions avec les Turcs, qui les redoutent ; mais comme ils sont divisés entr'eux de camp à camp, ils ne prennent pas la supériorité que leur assureraient leurs forces réunies. On peut compter environ 30,000 Turkmans errans dans le Pachalik d'Alep & celui de Damas, qui sont les seuls qu'ils fréquentent dans la Syrie. Une grande partie de ces Tribus passe en été dans l'Arménie & la Caramanie, où elle trouve des herbes plus abondantes, & revient l'hiver dans ses quartiers accoutumés. Les Turkmans sont censés Musulmans, & ils en portent assez communément le signe principal, la circoncision. Mais les soins de religion les occupent peu, & ils n'ont ni les cérémonies ni le fanatisme des peuples sédentaires. Quant à leurs mœurs, il faudrait avoir vécu parmi eux pour en parler sciemment. Seulement ils ont la réputation de n'être point voleurs comme les Arabes, quoiqu'ils ne soient ni moins généreux qu'eux, ni moins hospitaliers ; & quand on considère qu'ils sont aisés sans être riches, exercés par la guerre, & endurcis par les fatigues & l'adversité, on juge que ces circonstances doivent éloigner d'eux la corruption des habitans des villes & l'avilissement de ceux des campagnes.

§. II.

Des Kourdes.

Les Kourdes sont un autre corps de nation dont les Tribus divisées se sont également répandues dans la basse-Asie, & ont pris, sur-tout depuis cent ans, une assez grande extension. Leur pays originel est la chaîne des montagnes d'où partent les divers rameaux du Tigre, laquelle enveloppant le cours supérieur du grand Zab, passe au midi jusqu'aux frontières de l'Irak-Adjami ou *Persan* (a). Dans la Géographie moderne, ce pays est désigné sous le nom de *Kourd-estan*. Les plus anciennes traditions & histoires de l'Orient en ont fait mention, & y ont placé le théâtre de plusieurs événemens mythologiques. Le Kaldéen Berose, & l'Arménien Mariaba cité par Moyse de Chorène, rapportent que ce fut dans les monts *Gord-ouées* (b) qu'aborda

---

(a) *Adjam* est le nom des Perses en Arabe. Les Grecs l'ont connu & exprimé par *achemen-ides*.

(b) *Strabon, lib. 11*, dit que le Niphates & sa chaîne sont dits *Gordouai*.

Xifuthrus, échappé du déluge; & les circonstances de position qu'ils ajoutent, prouvent l'identité d'ailleurs sensible de *Gord* & *Kourd*. Ce sont ces mêmes Kourdes que Xénophon cite sous le nom de *Kard*-uques, qui s'opposèrent à la retraite des *Dix mille*. Cet Historien observe que, quoiqu'enclavés de toutes parts dans l'Empire des Perses, ils avaient toujours bravé la puissance du *grand-Roi*, & les armes de ses *Satrapes*. Ils ont peu changé dans leur état moderne; & quoiqu'en apparence tributaires des Ottomans, ils portent peu de respect aux ordres du Grand-Seigneur & de ses Pachas. M. Niebuhr, qui passa en 1769 dans ces cantons, rapporte qu'ils observent dans leurs montagnes une espèce de gouvernement féodal qui me paraît semblable à ce que nous verrons chez les Druzes. Chaque village a son chef; toute la nation est partagée en trois factions principales & indépendantes. Les brouilleries naturelles à cet état d'anarchie, ont séparé de la nation un grand nombre de tribus & de familles, qui ont pris la vie errante des Turkmans & des Arabes. Elles se sont répandues dans le Diarbekr, dans le plaines d'Arzroum, d'Erivan, de Sivas, d'Alep & de Damas : on estime que toutes leurs peuplades réunies paſſent 140 mille *tentes*, c'eſt-à-dire, 140 mille hommes armés. Comme les Turkmans, ces Kourdes ſont paſteurs & vagabonds; mais ils en diffèrent par quelques points de mœurs. Les Turkmans dotent leurs filles pour les marier. Les Kourdes ne les livrent qu'à prix d'argent. Les Turkmans ne font aucun cas de cette ancienneté d'extraction qu'on appelle *nobleſſe*; les Kourdes la priſent par-deſſus tout. Les Turkmans ne volent point; les Kourdes paſſent preſque par-tout pour des brigands. On les redoute à ce titre dans le pays d'Alep & d'Antioche, où ils occupent, ſous le nom de *Bagdachlié*, les montagnes à l'eſt de *Beilam*, juſque vers *Klés*. Dans ce pachalik & dans celui de Damas, leur nombre paſſe 20 mille tentes & cabanes, car ils ont auſſi des habitations ſédentaires; ils ſont cenſés *Muſulmans*, mais ils ne s'occupent ni de dogmes ni de rites. Pluſieurs parmi eux, diſtingués par le nom de *Yazdié*, honorent le *Chaitân* ou *Satan*, c'eſt-à-dire, le génie *ennemi* (de Dieu) : cette idée, conſervée ſur-tout dans le Diarbekr & ſur les frontières de la Perſe, eſt une trace de l'ancien ſyſtême des deux *principes* du *bien* & du *mal*, qui, ſous des formes tour-à-tour persanes, juives, chrétiennes & musulmanes, n'a cessé de régner dans ces contrées. L'on a coutume de regarder *Zoroastre* comme son premier auteur : mais longtemps avant ce prophète, l'Égypte connaissait *Ormuzd* & *Ahrimane* sous les noms d'*Osyris* & de *Typhon*. On a tort également de croire que ce système ne fut répandu qu'au temps de Darius, fils d'Hystaspe, puisque Zoroastre, qui en fut l'apôtre, vécut en Médie dans un temps parallèle au règne de Salomon.

La langue, qui est le principal indice de fraternité des peuples, est divisée chez les Kourdes en trois dialectes. Elle n'a ni les aspirations ni les gutturales de l'Arabe, & l'on assure qu'elle ne ressemble point au Persan ; en sorte qu'elle doit être une langue originale. Or, si l'on considère l'antiquité du peuple qui la parle, les relations qu'il a eues avec les *Mèdes*, les *Assyriens*, les *Perses*, & même les *Parthes* (a), on pourra penser que la connaissance de cette langue jetterait quelques lumières sur l'histoire ancienne

―――――――――――――――――

(c) *Sur le Tigre*, dit Strabon, *l'on compte plusieurs lieux appartenans aux Parthes, que les Anciens appelaient Kardouques*, lib 16.

de ces pays. Il n'en existe pas de dictionnaire connu ; mais il serait facile d'en créer un. Si le Gouvernement de France proposait des encouragemens aux Drogmans ou aux Missionnaires d'Alep, de Diarbekr ou de Bagdad, il se trouverait promptement des sujets qui exécuteraient cet ouvrage (a).

(a) Depuis quelque temps, l'Impératrice de Russie a ordonné au Docteur Pallas de faire une collection de toutes les langues de l'Empire Russe, & les recherches doivent embrasser le Kuban même & la Géorgie. Peut être les étendra-t-on jusqu'au Kourdestan. Lorsque le travail de cette collection sera fini, il y en aura un autre à faire : ce sera de réduire tous les alphabets de ces langues à un seul & même alphabet, car c'est un grand obstacle à la science, que cette diversité d'alphabets Arabes, Arméniens, Géorgiens, Ibériens, Tartares, &c. Cette opération paraîtra peut-être impossible à beaucoup de personnes ; mais d'après les essais que j'ai faits en ce genre, je la regarde comme praticable, & même aisée. Il suffit de bien connaître les élémens de la parole, & l'on parviendra à classer les voyelles & les consonnes de tous les alphabets. Au reste, il est bon d'observer que le premier livre de toute nation est le dictionnaire de sa langue.

§. III.

Des Arabes-Bedouins.

Un troisième peuple errant dans la Syrie, sont ces *Arabes-Bedouins* que nous avons déjà trouvés en Égypte. Je n'en ai parlé que légèrement à l'occasion de cette province, parce que ne les ayant vus qu'en passant & sans savoir leur langue, leur nom ne me rappelait que peu d'idées ; mais les ayant mieux connus en Syrie, ayant même fait un voyage à un de leurs camps près de *Gaze*, & vécu plusieurs jours avec eux, ils me fournissent maintenant des faits & des observations que je vais développer avec quelque détail.

En général, lorsqu'on parle des *Arabes*, on doit distinguer s'ils sont *cultivateurs*, ou s'ils sont *pasteurs*; car cette différence dans le genre de de vie en établit une si grande dans les mœurs & le génie, qu'ils se deviennent presqu'étrangers les uns aux autres. Dans le premier cas, vivant sédentaires, attachés à un même sol, & soumis à des gouvernemens réguliers, ils ont un état social qui les rapproche beaucoup de nous. Tels sont les habitans de l'*Yémen*; & tels encore les descendans des anciens conquérans, qui forment, en tout ou en partie, la population de la Syrie, de l'Égypte & des États barbaresques. Dans le second cas, ne tenant à la terre que par un intérêt passager, transportant sans cesse leurs tentes d'un lieu à l'autre, n'étant contraints par aucunes loix, ils ont une manière d'être qui n'est ni celle des peuples policés, ni celle des sauvages, & qui par cela même mérite d'être étudiée. Tels sont les *Bedouins* ou *habitans* des vastes *déserts* qui s'étendent depuis les confins de la *Perse* jusqu'aux rivages de *Maroc*. Quoique divisés par sociétés ou tribus indépendantes, souvent même ennemies, on peut cependant les considérer tous comme un même corps de nation. La ressemblance de leurs langues est un indice évident de cette fraternité. La seule différence qui existe entr'eux, est que les tribus d'Afrique sont d'une formation plus récente, étant postérieure à la conquête de ces contrées par les *Kalifs* ou *successeurs* de Mahomet; pendant que les tribus du désert propre de l'*Arabie* remontent, par une succession non-interrompue, aux temps les plus reculés. C'est de celles-ci fpécialement que je vais traiter, comme appartenant de plus près à mon fujet : c'eſt à elle que l'uſage de l'Orient approprie le nom d'*Arabes*, comme en étant la race la plus ancienne & la plus pure. On y joint en fynonyme celui de *Bedáoui*, qui, ainſi que je l'ai obſervé, ſignifie *homme du déſert*; & ce fynonymeme paraît d'autant plus exact, que dans les anciennes langues de ces contrées, le terme *Arab* déſigne proprement une *ſolitude*, un *déſert*.

Ce n'eſt pas fans raifon que les habitans du déſert ſe vantent d'être la race la plus pure & la mieux conſervée des peuples Arabes : jamais en effet ils n'ont été conquis ; ils ne ſe font pas même mélangés en conquérant ; car les conquêtes dont on fait honneur à leur nom en général, n'appartiennent réellement qu'aux tribus de l'*Hedjâz* & de l'*Yémen* : celles de l'intérieur des terres n'émigrèrent point lors de la révolution de Mahomet ; ou ſi elles y prirent part, ce ne fut que par quelques individus que des motifs d'ambition en détachèrent : auſſi le Prophète, dans ſon *Qorân*, traite-t-il les Arabes du déſert de *rebelles*, d'*infidèles* ; & le temps les a peu changés. On peut dire qu'ils ont conſervé à tous égards leur indépendance & leur simplicité premières. Ce que les plus anciennes histoires rapportent de leurs usages, de leurs mœurs, de leurs langues & même de leurs préjugés, se trouve encore presqu'en tout le même ; & si l'on y joint que cette unité de caractère conservée dans l'éloignement des temps, subsiste aussi dans l'éloignement des lieux, c'est-à-dire, que les tribus les plus distantes se ressemblent infiniment, on conviendra qu'il est curieux d'examiner les circonstances qui accompagnent un état moral si particulier.

Dans notre Europe, & sur-tout dans notre France, où nous ne voyons point de peuples errans, nous avons peine à concevoir ce qui peut déterminer des hommes à un genre de vie qui nous rebute. Nous concevons même difficilement ce que c'est qu'un *désert*, & comment un terrein a des habitans s'il est stérile, ou n'est pas mieux peuplé s'il est cultivable. J'ai éprouvé ces difficultés comme un chacun, &, par cette raison, je crois devoir insister sur les détails qui m'ont rendu ces faits palpables.

La vie errante & pastorale que mènent plusieurs peuples de l'Asie, tient à deux causes principales. La première est la nature du sol, lequel se refusant à la culture, force de recourir aux animaux qui se contentent des herbes sauvages de la terre. Si ces herbes sont clair-semées, un seul animal épuisera beaucoup de terrein, & il faudra parcourir de grands espaces. Tel est le cas des Arabes dans le désert propre de l'Arabie & dans celui de l'Afrique.

La seconde cause pourrait s'attribuer aux habitudes, puisque le terrein est cultivable & même fécond en plusieurs lieux, tels que la frontière de Syrie, le *Diarbekr*, la *Natolie*, & la plupart des cantons fréquentés par les Kourdes & les Turkmans. Mais en analysant ces habitudes, il m'a paru qu'elles n'étaient elles-mêmes qu'un effet de l'état politique de ces pays; en sorte qu'il faut en reporter la cause première au gouvernement lui-même. Des faits journaliers viennent à l'appui de cette opinion; car toutes les fois que les hordes & les tribus errantes trouvent dans un canton la paix & la sécurité jointes à la *suffisance*, elles s'y habituent, & passent insensiblement à l'état cultivateur & sédentaire. Dans d'autres cas, au contraire, lorsque la tyrannie du gouvernement pousse à bout les habitans d'un village, les payſans déſertent leurs maiſons, ſe retirent avec leurs familles dans les montagnes, ou errent dans les plaines, avec l'attention de changer ſouvent de domicile pour n'être pas ſurpris. Souvent même il arrive que des individus, devenus voleurs pour ſe ſouſtraire aux loix ou à la tyrannie, ſe réuniſſent & forment de petits camps qui ſe maintiennent à main-armée, & deviennent, en ſe multipliant, de nouvelles hordes ou de nouvelles tribus. On peut donc dire que dans les terreins cultivables, la vie errante n'a pour cauſe que la dépravation du gouvernement, & il paraît que la vie ſédentaire & cultivatrice eſt celle à laquelle les hommes ſont le plus naturellement portés.

A l'égard des Arabes, ils ſemblent condamnés d'une manière ſpéciale à la vie vagabonde par la nature de leurs *déſerts*. Pour ſe peindre ces déſerts, que l'on ſe figure ſous un ciel preſque toujours ardent & ſans nuages, des plaines immenſes & à perte de vûe, ſans maiſons, ſans arbres, ſans ruiſſeaux, ſans montagnes : quelquefois les yeux s'égarent ſur un horiſon raz & uni comme la mer. En d'autres endroits le terrein ſe courbe en ondulations, ou ſe hériſſe de rocs & de rocailles.

Presque toujours également nue, la terre n'offre que des plantes ligneuses clair-semées, & des buissons épars, dont la solitude n'est que rarement troublée par des gazelles, des lièvres, des sauterelles & des rats. Tel est presque tout le pays qui s'étend depuis Alep jusqu'à la mer d'Arabie, & depuis l'Égypte, jusqu'au golfe Persique, dans un espace de 600 lieues de longueur sur 300 de large.

Dans cette étendue cependant il ne faut pas croire que le sol ait par-tout la même qualité ; elle varie par veines & par cantons. Par exemple, sur la frontière de Syrie, la terre est en général grasse, cultivable, même féconde : elle est encore telle sur les bords de l'Euphrate ; mais en s'avançant dans l'intérieur & vers le midi, elle devient crayeuse & blanchâtre, comme sur la ligne de Damas, puis rocailleuse, comme dans le *Tih* & l'*Hedjâz* ; puis enfin, un pur sable, comme à l'orient de l'*Yemen*. Cette différence dans les qualités du sol, produit quelques nuances dans l'état des *Bedouins*. Par exemple, dans les cantons stériles, c'est-à-dire, mal garnis de plantes, les tribus sont faibles & très-distantes : tels sont le désert de Suez, celui de la mer Rouge, & la partie intérieure du grand désert, qu'on appelle le *Nadjd* (a). Quand le sol est mieux garni, comme entre Damas & l'Euphrate, les tribus sont moins rares, moins écartées ; enfin dans les cantons cultivables, tels que le Pachalic d'Alep, le Haurân, & le pays de Gaze, les camps sont nombreux & rapprochés. Dans les premiers cas, les Bedouins sont purement pasteurs, & ne vivent que du produit des troupeaux, de quelques dattes & de chair fraiche ou séchée au soleil, que l'on réduit en farine. Dans le second, ils ensemencent quelques terreins, & joignent le froment, l'orge & même le riz, à la chair & au laitage.

Quand on se rend compte des causes de la stérilité & de l'inculture du désert, on trouve qu'elles viennent sur-tout du défaut de fontaines, de rivières, & en général du manque d'eau. Ce manque d'eau lui-même vient de la disposition du terrein, c'est-à-dire, qu'étant plane & privé de montagnes, les nuages glissent sur sa surface échauffée, comme sur l'Égypte : ils ne s'y arrêtent qu'en hiver, lorsque le froid de l'athmosphère les empêche de s'élever, & les

---

(a) Prononcez Najd.

résout

réfout en pluie. La nudité de ce terrein est auſſi une cauſe de ſécherelle, en ce que l'air qui le couvre s'échauffe plus aiſément, & force les nuages de s'élever. Il eſt probable que l'on produiroit un changement dans le climat, ſi l'on plantait tout le déſert en arbres ; par exemple, en ſapins.

L'effet des pluies qui tombent en hiver, eſt d'occaſionner dans les lieux où le ſol eſt bon, comme ſur la frontière de Syrie, une culture aſſez ſemblable à celle de l'intérieur même de cette province ; mais comme ces pluies n'établiſſent ni ſources, ni ruiſſeaux durables, les habitans éprouvent l'inconvénient d'être ſans eau pendant l'été. Pour y obvier, il a fallu employer l'art, & conſtruire des puits, des réſervoirs & des citernes, où l'on en amaſſe une proviſion annuelle : de tels ouvrages exigent des avances de fonds & de travail, & ſont encore expoſés à bien des riſques. La guerre peut détruire en un jour le travail de pluſieurs mois, & la reſſource de l'année. Un cas de ſécherelle qui n'eſt que trop fréquent, peut faire avorter une récolte, & réduire à la diſette même de l'eau. Il eſt vrai qu'en creuſant la terre, on en trouve preſque par-tout depuis ſix juſqu'à vingt pieds de profondeur; mais cette eau est saumâtre, comme dans tout le désert d'Arabie & d'Afrique (*a*); souvent même elle tarit : alors la soif & la famine surviennent; & si le Gouvernement ne prête pas des secours, les villages se désertent. On sent qu'un tel pays ne peut avoir qu'une agriculture précaire, & que sous un régime comme celui des Turks, il est plus sûr d'y vivre partout errant, que laboureur sédentaire.

Dans les cantons où le sol est rocailleux & sablonneux, comme dans le *Tih*, l'*Hedjâz* & le *Najd*, ces pluies font germer les graines des plantes sauvages, raniment les buissons, les renoncules, les absinthes, les *qalis*, &c., & forment dans les bas-fonds des lagunes où croissent des roseaux & des herbes : alors la plaine prend un aspect assez riant de verdure ; c'est la saison de l'abondance pour les troupeaux & pour leurs maîtres; mais au retour des chaleurs, tout se dessèche, & la terre, poudreuse & grisâtre, n'offre plus que des tiges sèches & dures comme

---

(*a*) Cette qualité saline est si inhérente au sol, qu'elle passe jusques dans les plantes. Toutes celles du Désert abondent en soude & en sel de glauber; il est remarquable que la dose de ces sels diminue en se rapprochant des montagnes, où elle finit par être presque nulle.

le bois, que ne peuvent brouter ni les chevaux, ni les bœufs, ni même les chèvres. Dans cet état le défert deviendrait inhabitable, & il faudrait le quitter, fi la Nature n'y eût attaché un animal d'un tempérament aufli dur & aufli frugal que le fol eft ingrat & ftérile, fi elle n'y eût placé le chameau. Nul animal ne préfente une analogie fi marquée & fi exclufive à fon climat : on dirait qu'une *intention préméditée* s'eft plû à régler les qualités de l'un fur celles de l'autre. Voulant que le chameau habitât un pays où il ne trouverait que peu de nourriture, la Nature a économifé la matière dans toute fa conftruction. Elle ne lui a donné la plénitude des formes ni du bœuf, ni du cheval, ni de l'élephant; mais le bornant au plus étroit néceffaire, elle lui a placé une petite tête fans oreille, au bout d'un long col fans chair. Elle a ôté à fes jambes & à fes cuiffes tout mufcle inutile à les mouvoir ; enfin, elle n'a accordé à fon corps defféché que les vaiffeaux & les tendons néceffaires pour en lier la charpente. Elle l'a muni d'une forte mâchoire pour broyer les plus durs alimens; mais de peur qu'il n'en confommât trop, elle a rétréci fon eftomac, & l'a obligé à *ruminer*.

Elle a garni son pied d'une masse de chair qui, glissant sur la boue, & n'étant pas propre à grimper, ne lui rend praticable qu'un sol sec, uni & sablonneux comme celui de l'Arabie : enfin, elle l'a destiné visiblement à l'esclavage, en lui refusant toutes défenses contre ses ennemis. Privé des cornes du taureau, du sabot du cheval, de la dent de l'éléphant, & de la légèreté du cerf, que peut le chameau contre les attaques du lion, du tigre, ou même du loup ? Aussi, pour en conserver l'espèce, la Nature le cacha-t-elle au sein des vastes déserts, où la disette des végétaux n'attirait nul gibier, & d'où la disette du gibier repoussait les animaux voraces. Il a fallu que la verge des tyrans chassât l'homme de la terre habitable, pour que le chameau perdît sa liberté. Passé à l'état domestique, il est devenu le moyen d'habitation de la terre la plus ingrate. Lui seul subvient à tous les besoins de ses maîtres. Son laït nourrit la famille Arabe, sous les diverses formes de caillé, de fromage, & de beurre ; souvent même on mange sa chair. On fait des chaussures & des harnois de sa peau, des vêtemens & des tentes de son poil. On transporte par son moyen de lourds fardeaux : enfin, lorfque la terre refufe le fourrage au cheval, fi précieux au Bédouin, le chameau fubvient par fon lait à la difette, fans qu'il en coûte, pour tant d'avantages, autre chofe que quelques tiges de ronces ou d'abfinthes, & des noyaux de dattes pilées. Telle eft l'importance du chameau pour le défert, que fi on l'en retiroit, on en fouftrairait toute la population dont il eft l'unique pivot.

Voilà les circonftances dans lefquelles la Nature a placé les Bédouins pour en faire une race d'hommes fingulière au moral & au phyfique. Cette fingularité eft fi tranchante, que leurs voifins, les Syriens mêmes, les regardent comme des hommes extraordinaires. Cette opinion a lieu fur-tout pour les tribus du fond du défert, telles qu'*Anazé, Kaibar, Taï,* & autres, qui ne s'approchent jamais des villes. Lorque du temps de Dâher, il en vint des cavaliers jufqu'à *Acre,* ils y firent la même fenfation que feraient parmi nous des fauvages de l'Amérique. On confidérait avec furprife ces hommes plus petits, plus maigres & plus noirs qu'aucuns Bédouins connus: leurs jambes sèches n'avaient que des tendons fans mollets. Leur ventre était collé à leur dos, leurs cheveux étaient crêpés prefqu'autant que ceux des Nègres. De leur côté, tout les étonnait; ils ne concevaient ni comment les maisons & les minarets pouvaient se tenir debout, ni comment on osait habiter dessous, & toujours au même endroit; mais sur-tout ils s'extasiaient à la vûe de la mer, & ils ne pouvaient comprendre ce *désert d'eau*. On leur parla de mosquées, de prières, d'ablutions; & ils demandèrent ce que cela signifiait, ce que c'était que Moyse, Jésus-Christ & Mahomet; & pourquoi les habitans n'étant pas de tribus séparées, suivaient des Chefs oppofés.

On sent que les Arabes des frontières ne sont pas si novices; il en est même plusieurs petites tribus, qui, vivant au sein du pays, comme dans la vallée de *Beqââ*, dans celle du Jourdain, & dans la Palestine, se rapprochent de la condition des paysans; mais ceux-là sont méprisés des autres, qui les regardent comme des *Arabes bâtards*, & des *rayas* ou *esclaves des Turcs*.

En général, les Bédouins sont petits, maigres, & hâlés, plus cependant au sein du désert, moins sur la frontière du pays cultivé; mais là même, toujours plus que les laboureurs du voisinage : un même camp offre aussi cette différence, &

j'ai remarqué que les *Chaiks*, c'eſt-à-dire, les *riches* & leurs ſerviteurs, étaient toujours plus grands & plus charnus que le peuple. J'en ai vu qui paſſaient cinq pieds cinq & ſix pouces, pendant que la taille générale n'eſt que de 5 pieds 2 pouces. On n'en doit attribuer la raiſon qu'à la nourriture qui eſt plus abondante pour la première claſſe que pour la dernière (*a*). On peut même dire que le commun des Bédouins vit dans une miſère & une famine habituelles. Il paraîtra peu croyable parmi nous, mais il n'en eſt pas moins vrai que la ſomme ordinaire des alimens de la plupart d'entre-eux, ne paſſe pas ſix onces par jour : c'eſt ſur-tout chez les tribus du Najd & de l'Hedjâz, que l'abſtinence eſt portée à ſon comble. Six ou ſept dattes trempées dans du beurre-fondu, quelque peu de lait doux ou caillé, ſuffiſent à la journée d'un homme. Il ſe croit heureux, s'il y joint quelques pincées de farine groſſière ou une boulette de riz. La chair

---

(*a*) Cette cauſe eſt également ſenſible dans la comparaiſon des chameaux Arabes aux chameaux Turkmans ; car ces derniers vivant dans des pays riches en fourrages, ſont devenus une eſpèce plus forte en membres & plus charnue que les premiers.

est réservée aux plus grands jours de fête, & ce n'est que pour un mariage ou une mort que l'on tue un chevreau; ce n'est qu'aux Chaiks riches & généreux qu'il appartient d'égorger de jeunes chameaux, de manger du riz cuit avec de la viande. Dans sa disette, le vulgaire toujours affamé ne dédaigne pas les plus vils alimens : de-là l'usage où sont les Bédouins de manger des sauterelles, des rats, des lézards, & des serpens grillés sur des broussailles ; de-là leurs rapines dans les champs cultivés , & leurs vols sur les chemins ; de-là aussi leur constitution délicate, & leur corps petit & maigre, plutôt agile que vigoureux. Il y a ceci de remarquable pour un Médecin, dans leur tempérament, que leurs déperditions en tout genre, même en sueurs, sont très-faibles; leur sang est si dépouillé de sérosité, qu'il n'y a que la grande chaleur qui puisse le maintenir dans sa fluidité. Cela n'empêche pas qu'ils ne soient d'ailleurs assez sains, & que les maladies ne soient plus rares parmi eux que parmi les habitans du pays cultivé.

D'après ces faits, on ne jugera point que la frugalité des Arabes soit une vertu purement de choix, ni même de climat. Sans doute l'extrême

chaleur dans laquelle ils vivent, facilite leur abſtinence, en ôtant à l'eſtomac l'activité que le
froid lui donne. Sans doute auſſi l'habitude de la
diette, en empêchant l'eſtomac de ſe dilater,
devient un moyen de la ſupporter ; mais le
motif principal & premier de cette habitude,
eſt, comme pour tous les autres hommes, la nécef-
ſité des circonſtances où ils ſe trouvent, ſoit de
la part du ſol, comme je l'ai expliqué, ſoit de la
part de leur état ſocial qu'il faut développer.

J'ai déjà dit que les Arabes-Bédouins étaient
diviſés par tribus, qui conſtituent autant de
peuples particuliers. Chacune de ces tribus s'approprie un terrein qui forme ſon domaine; elles
ne diffèrent à cet égard des Nations Agricoles,
qu'en ce que ce terrein exige une étendue plus
vaſte, pour fournir à la ſubſiſtance des troupeaux
pendant toute l'année. Chacune de ces tribus
compoſe un ou pluſieurs camps qui ſont répartis
ſur le pays, & qui en parcourent ſucceſſivement
les parties à meſure que les troupeaux les épuiſent:
de-là il arrive que ſur un grand eſpace, il n'y
a jamais d'habités que quelques points qui varient
d'un jour à l'autre ; mais comme l'eſpace entier
eſt néceſſaire à la ſubſiſtance annuelle de la tribu,

quiconque y empiète, est censé violer la propriété; ce qui ne diffère point encore du droit public des Nations. Si donc une tribu ou ses sujets entrent sur un terrein étranger, ils sont traités en voleurs, en ennemis, & il y a guerre. Or, comme les tribus ont entr'elles des affinités par alliance de sang ou par conventions, il s'ensuit des ligues qui rendent les guerres plus ou moins générales. La manière d'y procéder est très-simple. Le délit connu, l'on monte à cheval, l'on cherche l'ennemi; l'on se rencontre, on parlemente; souvent on se pacifie, sinon l'on s'attaque par pelotons ou par cavaliers; on s'aborde ventre à terre, la lance baissée; quelquefois on la darde, malgré sa longueur, sur l'ennemi qui fuit; rarement la victoire se dispute; le premier choc la décide; les vaincus fuient à bride abattue sur la plaine rase du Désert. Ordinairement la nuit les dérobe au vainqueur. La tribu qui a du dessous lève le camp, s'éloigne à marche forcée, & cherche un asyle chez des alliés. L'ennemi satisfait pousse ses troupeaux plus loin, & les fuyards reviennent à leur domaine. Mais, du meurtre de ces combats, il reste des motifs de haine qui perpétuent les dissensions. L'intérêt de la sûreté commune a dès long-temps établi chez les Arabes une loi générale, qui veut que le sang de tout homme tué soit vengé par celui de son meurtrier, c'est ce qu'on appelle le *Tár* ou *talion* : le droit en est dévolu au plus proche parent du mort. Son honneur devant tous les Arabes y est tellement compromis, que s'il néglige de prendre son *talion*, il est à jamais déshonoré. En conséquence, il épie l'occasion de se venger ; si son ennemi périt par des causes étrangères ; il ne se tient point satisfait, & sa vengeance passe sur le plus proche parent. Ces haines se transmettent comme un héritage du père aux enfans, & ne cessent que par l'extinction de l'une des races, à moins que les familles ne s'accordent en sacrifiant le coupable, ou en *rachetant le sang* pour un prix convenu en argent ou en troupeaux. Hors cette satisfaction, il n'y a ni paix, ni trève, ni alliance entre-elles, ni même quelquefois entre les tribus réciproques : *il y a du sang entre nous*, se dit-on en toute affaire ; & ce mot est une barrière insurmontable. Les accidens s'étant multipliés par le laps des temps, il est arrivé que la plupart des tribus ont des querelles, & qu'elles vivent dans un état habituelle de guerre ; ce qui, joint à leur genre de vie, fait des Bédouins un peuple militaire, sans qu'ils soient néanmoins avancés dans la pratique de cet art. La disposition de leurs camps est un *rond* assez irrégulier, formé par une seule ligne de tentes plus ou moins espacées. Ces tentes, tissues de poil de chèvre ou de chameau, sont noires ou brunes, à la différence de celles des Turkmans, qui sont blanchâtres. Elles sont tendues sur trois ou cinq piquets de cinq à six pieds de hauteur seulement, ce qui leur donne un air très-écrâfé; dans le lointain, un tel camp ne paraît que comme des taches noires; mais l'œil perçant des Bédouins ne s'y trompe pas. Chaque tente habitée par une famille, est partagée par un rideau en deux portions, dont l'une n'appartient qu'aux femmes. L'espace vuide du grand *rond* sert à parquer chaque soir les troupeaux. Jamais il n'y a de retranchemens; les seules gardes avancées & les patrouilles sont des chiens; les chevaux restent sellés, & prêts à monter à la première alarme; mais comme il n'y a ni ordre ni distribution, ces camps, déjà faciles à surprendre, ne seraient d'aucune défense en cas d'attaque: aussi arrive-t-il chaque jour des accidens, des enlèvemens de bestiaux; & cette guerre de maraude est une de celles qui occupent davantage les Arabes.

DE LA SYRIE. 365

Les tribus qui vivent dans le voisinage des Turks, ont une position encore plus orageuse : en effet, ces étrangers s'arrogeant, à titre de conquête, la propriété de tout le pays, ils traitent les Arabes comme des vassaux rébelles, ou des ennemis inquiets & dangereux. Sur ce principe, ils ne cessent de leur faire une guerre sourde ou déclarée. Les Pachas se font une étude de profiter de toutes les occasions de les troubler. Tantôt ils leur contestent un terrain qu'ils leur ont loué ; tantôt ils exigent un tribut dont on n'est pas convenu. Si l'ambition ou l'intérêt divisent une famille de Chaiks, ils secourent tour-à-tour l'un & l'autre parti, & finissent par les ruiner tous les deux. Souvent ils font empoisonner ou assassiner les chefs dont ils redoutent le courage ou l'esprit, fussent ils même leurs alliés. De leur côté, les Arabes regardant les Turks comme des usurpateurs & des traîtres, ne cherchent que les occasions de leur nuire. Malheureusement le fardeau tombe plus sur les innocens que sur les coupables : ce sont presque toujours les paysans qui payent les délits des gens de guerre. A la moindre alarme, on coupe leurs moissons, on enlève leurs troupeaux, on intercepte les communications & le commerce : les paysans crient aux voleurs, & ils ont raison ; mais les Bédouins réclament le droit de la guerre ; & peut-être n'ont-ils pas tort. Quoi qu'il en soit, ces déprédations établissent entre les Bédouins & les habitans du pays cultivé, une mésintelligence qui les rend mutuellement ennemis.

Telle est la situation des Arabes à l'extérieur. Elle est sujette à de grandes vicissitudes, selon la bonne ou mauvaise conduite des chefs. Quelquefois une tribu faible s'élève & s'agrandit ; pendant qu'une autre, d'abord puissante, décline ou même s'anéantit ; non que tous ses membres périssent, mais parce qu'ils s'incorporent à une autre ; & ceci tient à la constitution intérieure des tribus. Chaque tribu est composée d'une ou de plusieurs familles principales, dont les membres portent le titre de *Chaiks* ou *Seigneurs*. Ces familles représentent assez bien les *Patriciens* de Rome, & les *Nobles* de l'Europe. L'un de ces Chaiks commande en chef à tous les autres ; c'est le général de cette petite armée. Quelquefois il prend le titre d'*Emir*, qui signifie *commandant & prince*. Plus il a de parens, d'enfans & d'alliés, plus il est fort & puissant. Il y joint des serviteurs qu'il s'attache d'une manière spéciale, en fournissant à tous leurs besoins. Mais en outre il se range autour de ce chef de petites familles qui, n'étant point assez fortes pour vivre indépendantes, ont besoin de protection & d'alliances. Cette réunion s'appelle *Qâbilé*, ou *Tribu*. On la distingue d'une autre par le nom de son chef, ou par celui de la famille commandante. Quand on parle de ses individus en général, on les appelle *enfans* d'un tel, quoiqu'ils ne soient pas réellement tous de son sang, & que lui-même soit un homme mort depuis long-temps. Ainsi l'on dit : *beni Temîn, Oulâd Taï*; les enfans de *Temîn* & de *Taï*. Cette façon de s'exprimer est même passée par métaphore aux noms de pays; la phrase ordinaire pour en désigner les habitans, est de dire *les enfans de tel lieu*. Ainsi les Arabes disent *Oulâd Mafr*, les Égyptiens; *Oulâd Châm*, les Syriens; ils diraient *Oulâd Franfa*, les Français; *Oulâd Mofqou*, les Russes; ce qui n'est pas sans importance pour l'histoire ancienne.

Le gouvernement de cette société est tout-à-la-fois républicain, aristocratique & même despotique, sans être décidément aucun de ces états. Il est républicain, parce que le peuple y a une influence première dans toutes les affaires, & que rien ne se fait sans un consentement de majorité. Il est aristocratique, parce que les familles des *Chaiks* ont quelques-unes des prérogatives que la force donne par-tout. Enfin il est despotique, parce que le *Chaik* principal a un pouvoir indéfini & presqu'absolu. Quand c'est un homme de caractère, il peut porter son autorité jusqu'à l'abus; mais dans cet abus même il est des bornes que l'état des choses rend assez étroites. En effet, si un chef commettait une grande injustice; si, par exemple, il tuait un Arabe, il lui serait presqu'impossible d'en éviter la peine : le ressentiment de l'offensé n'aurait nul respect pour son titre; il subirait le *talion*; & s'il ne payait pas le sang, il serait infailliblement assassiné; ce qui serait facile, vu la vie simple & privée des Chaiks dans le camp. S'il fatigue ses sujets par sa dureté, ils l'abandonnent, & passent dans une autre tribu. Ses propres parens profitent de ses fautes, pour le déposer & s'établir à sa place. Il n'a point contr'eux la ressource des troupes étrangères ; ses sujets communiquent entr'eux trop aisément, pour qu'il puisse les diviser d'intérêt & se faire une faction

subsistante

subsistante. D'ailleurs, comment la soudoyer, puisqu'il ne retire de la Tribu aucune espèce d'impôt ; que la plupart de ses sujets sont bornés au plus juste nécessaire, & qu'il est réduit lui-même à des propriétés assez médiocres & déjà chargées de grosses dépenses ?

En effet, c'est le Chaik principal qui, dans toute tribu, est chargé de défrayer les allans & les venans ; c'est lui qui reçoit les visites des alliés & de quiconque a des affaires. Joignant sa tente, est un grand pavillon qui sert d'hospice à tous les étrangers & aux passans. C'est là que se tiennent les assemblées fréquentes des Chaiks & des Notables, pour décider des campemens, des décampemens, de la paix, de la guerre ; des démêlés avec les Gouverneurs Turks & les villages ; des procès & querelles des particuliers, &c. A cette foule qui se succède, il faut donner le café, le pain cuit sous la cendre, le riz, & quelquefois le chevreau ou le chameau rôti ; en un mot, il faut tenir table ouverte ; & il est d'autant plus important d'être généreux, que cette générosité porte sur des objets de nécessité première. Le crédit & la puissance dépendent de là ; l'Arabe affamé place avant toute vertu la libéralité qui le nourrit ; & ce préjugé n'eſt pas ſans fondement; car l'expérience a prouvé que les *Chaiks* avares n'étaient jamais des hommes à grandes vues : de-là ce proverbe , auſſi juſte que précis : *main ferrée , cœur étroit*. Pour ſubvenir à ces dépenſes, le *Chaik* n'a que ſes troupeaux, quelquefois des champs enſemencés, le caſuel des pillages, avec les péages des chemins , & tout cela eſt borné. Celui chez qui je me rendis ſur la fin de 1784 dans le pays de Gaze, paſſait pour le plus puiſſant de ces cantons ; cependant il ne m'a pas paru que ſa dépenſe fût ſupérieure à celle d'un gros fermier ; ſon mobilier conſiſtant en quelques peliſſes, en tapis, en armes, en chevaux & en chameaux, ne peut s'évaluer à plus de 50 mille livres ; & il faut obſerver que dans ce compte, quatre jumens de race ſont portées à 6000 liv., & chaque tête de chameau à dix louis. On ne doit donc pas, lorſqu'il s'agit des Bedouins, attacher nos idées ordinaires aux mots de *Prince* & de *Seigneur* : on ſe rapprocherait beaucoup plus de la vérité en les comparant aux bons fermiers des pays de montagnes, dont ils ont la ſimplicité dans les vêtemens comme dans la vie domeſtique, &

les mœurs. Tel Chaik qui commande à 500 chevaux, ne dédaigne pas de seller & de brider le sien, de lui donner l'orge & la paille hachée. Dans sa tente, c'est sa femme qui fait le café, qui bat la pâte, qui fait cuire la viande. Ses filles & ses parentes lavent le linge, & vont, la cruche sur la tête & le voile sur le visage, puiser l'eau à la fontaine : c'est précisément l'état dépeint par Homère, & par la Genèse, dans l'histoire d'Abraham. Mais il faut avouer qu'on a de la peine à s'en faire une juste idée, quand on ne l'a pas vu de ses propres yeux.

La simplicité, ou, si l'on veut, la pauvreté du commun des Bedouins, est proportionnée à celle de leurs chefs. Tous les biens d'une famille consistent en un mobilier dont voici à-peu-près l'inventaire. Quelques chameaux mâles & femelles, des chèvres, des poules ; une jument & son harnois ; une tente, une lance de 16 pieds de long, un sabre courbe, un fusil rouillé à pierre ou à rouet ; une pipe, un moulin portatif, une marmite, un seau de cuir, une poëlette à griller le café, une natte, quelques vêtemens, un manteau de laine noire ; enfin, pour tous bijoux, quelques anneaux de verre ou d'argent que la femme porte aux jambes & aux bras. Si rien de tout cela ne manque, le ménage est riche. Ce qui manque au pauvre, & ce qu'il desire le plus, est la jument : en effet, cet animal est le grand moyen de fortune ; c'est avec la jument que le Bedouin va en course contre les tribus ennemies, ou en maraude dans les campagnes & sur les chemins. La jument est préférée au cheval, parce qu'elle ne hennit point, parce qu'elle est plus docile, & qu'elle a du lait qui, dans l'occasion, appaise la soif & même la faim de son maître.

Ainsi restreints au plus étroit nécessaire, les Arabes ont aussi peu d'industrie que de besoins ; tous leurs arts se réduisent à ourdir des tentes grossières, à faire des nattes & du beurre. Tout leur commerce consiste à échanger des chameaux, des chevreaux, des chevaux mâles, & des laitages, contre des armes, des vêtemens, quelque peu de riz ou de bled, & contre de l'argent qu'ils enfouissent. Leurs sciences sont absolument nulles ; ils n'ont aucune idée ni de l'astronomie, ni de la géométrie, ni de la médecine. Ils n'ont aucun livre, & rien n'est si rare même parmi les Chaiks, que de savoir lire. Toute leur littérature confiste à réciter des contes & des histoires, dans le genre des *Mille & une nuits*. Ils ont une passion particulière pour ces narrations ; elles remplissent une grande partie de leurs loisirs, qui sont très-longs. Le soir ils s'asseyent à terre à la porte des tentes, ou sous leur couvert, s'il fait froid, & là, rangés en cercle autour d'un petit feu de fiente, la pipe à la bouche & les jambes croisées, ils commencent d'abord par rêver en silence, puis, à l'improviste, quelqu'un débute par un *il y avoit au temps passé*, & il continue jusqu'à la fin les aventures d'un jeune Chaik & d'une jeune Bedouine : il raconte comment le jeune homme apperçut d'abord sa maîtresse à la dérobée, & comme il en devint éperdument amoureux ; il dépeint trait par trait la jeune Beauté, vante ses yeux noirs, grands & doux comme ceux d'une gazelle ; son regard mélancolique & passionné, ses sourcils courbés comme deux arcs d'ébène ; sa taille droite & souple comme une lance ; il n'omet ni sa démarche légère comme celle d'une *jeune pouline*, ni ses paupières noircies de *Kohl*, ni ses lèvres peintes de bleu, ni ses ongles teints de henné couleur d'or, ni sa gorge semblable à un couple de grenades, ni ses paroles douces comme le miel. Il conte le martyre du jeune amant, *qui se consume tellement de desirs & d'amour, que son corps ne donne plus d'ombre.* Enfin, après avoir détaillé ses tentatives pour voir sa maîtresse, les obstacles des parens, les enlèvemens des ennemis, la captivité survenue aux deux amans, &c; il termine, à la satisfaction de l'auditoire, par les ramener unis & heureux à la tente paternelle ; & chacun de payer à son éloquence le *ma cha allah* (a) qu'il a mérité. Les Bedouins ont aussi des chansons d'amour qui ont plus de naturel & de sentiment que celles des Turks & des habitans des villes ; sans doute parce que ceux-là ayant des mœurs chastes, connaissent l'amour; pendant que ceux-ci, livrés à la débauche, ne connaissent que la jouissance.

En considérant que la condition des Bedouins, sur-tout dans l'intérieur du désert, ressemble à beaucoup d'égards à celle des sauvages de l'Amérique, je me suis quelquefois demandé pourquoi ils n'avaient point la même férocité ; pourquoi éprouvant de grandes disettes, l'usage de la chair

---

(a) Exclamation d'éloge : comme si l'on disait, *admirablement ien.*

humaine était inouï parmi eux ; pourquoi, en un mot, leurs mœurs font plus douces & plus fociables. Voici les raifons que me donne l'analyfe des faits.

Il femblerait d'abord que l'Amérique étant riche en pâturages, en lacs & en forêts, fes habitans duffent avoir plus de facilité pour la vie paftorale, que pour toute autre. Mais fi l'on obferve que ces forêts, en offrant un refuge aifé aux animaux, les fouftraient au pouvoir de l'homme, on jugera que le fauvage a été conduit par la nature du fol, à être chaffeur, & non pafteur. Dans cet état, toutes fes habitudes ont concouru à lui donner un caractère violent. Les grandes fatigues de la chaffe ont endurci fon corps ; les faims extrêmes, fuivies tout-à-coup de l'abondance du gibier, l'ont rendu vorace. L'habitude de verfer le fang, & de déchirer fa proie, l'a familiarifé avec le meurtre & avec le fpectacle de la douleur. Si la faim l'a perfécuté, il a defiré la chair ; & trouvant à fa portée celle de fon femblable, il a dû en manger ; il a pu fe réfoudre à le tuer pour s'en repaître. La première épreuve faite, il s'en eft fait une habitude ; il eft devenu antropophage, sanguinaire, atroce, & son ame a pris l'insensibilité de tous ses organes.

La position de l'Arabe est bien différente. Jeté sur de vastes plaines rases, sans eau, sans forêts, il n'a pu, faute de gibier & de poisson être chasseur ou pêcheur. Le chameau a déterminé sa vie au genre pastoral, & tout son caractère s'en est composé. Trouvant sous sa main une nourriture légère, mais suffisante & constante, il a pris l'habitude de la frugalité; content de son lait & de ses dattes, il n'a point désiré la chair, il n'a point versé le sang: ses mains ne se sont point accoutumées au meurtre, ni ses oreilles aux cris de la douleur : il a conservé un cœur humain & sensible.

Lorsque ce sauvage pasteur connut l'usage du cheval, son état changea un peu de forme. La facilité de parcourir rapidement de grands espaces, le rendit vagabond : il était avide par disette; il devint voleur par cupidité; & tel est resté son caractère. Pillard plutôt que guerrier, l'Arabe n'a point un courage sanguinaire; il n'attaque que pour dépouiller; & si on lui résiste, il ne juge pas qu'un peu de butin vaille la peine de se faire tuer. Il faut verser son sang pour l'irriter; mais alors on le trouve aussi opiniâtre à se venger, qu'il a été prudent à se compromettre.

On a souvent reproché aux Arabes cet esprit de rapine ; mais sans vouloir l'excuser, on ne fait point assez d'attention qu'il n'a lieu que pour l'étranger réputé ennemi, & que par conséquent il est fondé sur le droit public de la plupart des peuples. Quant à l'intérieur de leur société, il y règne une bonne-foi, un désintéressement, une générosité qui feraient honneur aux hommes les plus civilisés. Quoi de plus noble que ce droit d'asyle établi chez toutes les tribus ? Un étranger, un ennemi même, a-t-il touché la tente du Bédouin ; sa personne devient, pour ainsi-dire, inviolable. Ce serait une lâcheté, une honte éternelle, de satisfaire même une juste vengeance aux dépens de l'hospitalité. Le Bédouin a-t-il consenti à *manger le pain & le sel* avec son hôte, rien au monde ne peut le lui faire trahir. La puissance du Sultan ne serait pas capable de retirer un réfugié (a) d'une tribu, à-moins de l'ex-

---

(a) Les Arabes font une distinction de leurs hôtes, en hôte *mostadjir*, ou *implorant protection*; & en hôte *matnoub*, ou *qui plante sa tente au rang des autres*; c'est-à-dire, qui se naturalise.

terminer toute entière. Ce Bédouin si avide hors de son camp, n'y a pas remis le pied, qu'il devient libéral & généreux. Quelque peu qu'il ait, il est toujours prêt à le partager. Il a même la délicatesse de ne pas attendre qu'on le lui demande : s'il prend son repas, il affecte de s'asseoir à la porte de sa tente, afin d'inviter les passans ; sa générosité est si vraie, qu'il ne la regarde pas comme un mérite, mais comme un devoir : aussi prend-t-il sur le bien des autres, le droit qu'il leur donne sur le sien. A voir la manière dont en usent les Arabes entre-eux, on croirait qu'ils vivent en communauté de biens. Cependant ils connaissent la propriété; mais elle n'a point chez eux cette dureté que l'extension des faux besoins du luxe lui a donnée chez les peuples agricoles. On pourra dire qu'ils doivent cette modération à l'impossibilité de multiplier beaucoup leurs jouissances; mais si les vertus de la foule des hommes ne sont dûes qu'à la nécessité des circonstances, peut-être les Arabes n'en sont-ils pas moins dignes d'estime : ils sont du-moins heureux que cette nécessité établisse chez eux un état de choses qui a paru aux plus sages Législateurs la perfection de la police, je veux dire une sorte d'égalité ou de rapprochement dans le partage des biens, & l'ordre des conditions. Privés d'une multitude de jouissances que la Nature a prodiguées à d'autres pays, ils ont moins de moyens de se corrompre & de s'avilir. Il est moins facile à leurs Chaiks de se former une faction qui asservisse & appauvrisse la masse de la Nation. Chaque individu pouvant se suffire à lui-même, en garde mieux son caractère, son indépendance ; & la pauvreté particulière devient la cause & le garant de la liberté publique.

Cette liberté s'étend jusques sur les choses de religion : il y a cette différence remarquable entre les Arabes des villes & ceux du désert, que pendant que les premiers portent le double joug du despotisme politique, & du despotisme religieux, ceux-là vivent dans une franchise absolue de l'un & de l'autre : il est vrai que sur les frontières des Turks, les Bédouins gardent par politique des apparences Musulmanes ; mais elles sont si peu rigoureuses, & leur dévotion est si relâchée, qu'il passent généralement pour des infidèles, sans Loi & sans Prophètes. Ils disent même assez volontiers que la Religion de Mahomet n'a point été faite pour eux : « car, ajoutent-ils,

» comment faire des ablutions, puisque nous n'a-
» vons point d'eau ? Comment faire des aumônes,
» puisque nous ne sommes pas riches ? Pourquoi
» jeûner le Ramadan, puisque nous jeûnons
» toute l'année ? & pourquoi aller à la Mekke,
» si Dieu est par-tout ? » Du reste, chacun agit
& pense comme il veut, & il règne chez eux la
plus parfaite tolérance. Elle se peint très-bien
dans un propos que me tenait un jour un de leurs
Chaiks, nommé *Ahmed*, fils de *Bâkir*, Chef de
la tribu des *Ouahidié*. « Pourquoi, *me disait ce*
» *Chaik*, veux-tu retourner chez les Francs ?
» Puisque tu n'as pas d'aversion pour nos mœurs,
» puisque tu sais porter la lance & courir un
» cheval comme un Bedouin, reste parmi
» nous. Nous te donnerons des pelisses, une
» tente, une honnête & jeune Bedouine, &
» une bonne jument de race. Tu vivras dans
» notre maison.... Mais ne sais-tu pas, *lui*
» *répondis-je*, que né parmi les Francs, j'ai été
» élevé dans leur religion ? Comment les Arabes
» verront-ils un *infidèle*, ou que penseront-ils
» d'un *apostat*?.... Et toi-même, *répliqua-t-il*,
» ne vois tu pas que les Arabes vivent sans soucis
» du Prophète & du *Livre* (le Qorân) ? Chacun

» parmi nous suit la route de sa conscience. Les
» actions sont devant les hommes; mais la reli-
» gion est devant Dieu. » Un autre Chaik, con-
versant un jour avec moi, m'adressa par mégarde
la formule triviale : *écoute, & prie sur le Prophète*:
au-lieu de la réponse ordinaire, *j'ai prié*, je ré-
pondis en souriant, *j'écoute*: il s'apperçut de sa
méprise, & sourit à son tour. Un Turk de Jéru-
salem qui était présent, prit la chose plus sérieuse-
ment : ô Chaik, *lui dit-il*, comment peux-tu
adresser les paroles des vrais Croyans à un infidèle ? *La langue est légère, répondit le Chaik,
encore que le cœur soit blanc* (pur) ; *mais toi qui
connais les coutumes des Arabes, comment peux-tu
offenser un étranger avec qui nous avons mangé le
pain & le sel ?* Puis se tournant vers moi : *tous ces
peuples du Frank-estan dont tu m'as parlé, qui sont
hors de la Loi du Prophète, sont-ils plus nombreux
que les Musulmans ?* On pense, lui répondis-je,
qu'ils sont cinq ou six fois plus nombreux, même
en comptant les Arabes.... *Dieu est juste*, reprit-
il ; *il pesera dans ses balances* (a).

―――――――――――――――――――――

(a) M. Niebuhr rapporte dans sa *Description de l'Arabie*,
tome II, page 208, édition de Paris, que depuis trente ans
il s'est élevé dans le *Najd* une nouvelle Religion, dont les

Il faut l'avouer, il est peu de Nations policées qui ayent une morale aussi généralement estimable que les Arabes Bédouins ; & il est remarquable que les mêmes vertus se retrouvent presque éga-

principes sont analogues aux dispositions d'esprit dont je parle. « Ces principes sont, dit ce Voyageur, que Dieu seul
» doit être invoqué & adoré comme auteur de tout ; qu'on
» ne doit faire mention d'aucun Prophète en priant, parce
» que cela touche à l'idolâtrie ; que Moyse, Jésus-Christ,
» Mahomet, &c. sont à la vérité de grands-hommes, dont
» les actions sont édifiantes ; mais que nul livre n'a été ins-
» piré par l'Ange Gabriel, ou par tout autre esprit céleste.
» Enfin, que les vœux faits en un péril menaçant ne sont
» d'aucun mérite ni d'aucune obligation. Je ne sais, ajoute
» M. Niebuhr, jusqu'où l'on peut compter sur le rapport
» du Bedouin qui m'a raconté ces choses. Peut-être était-ce
» sa façon même de penser ; car les Bedouins se disent bien
» Mahométans, mais ils ne s'embarrassent ordinairement
» ni de Mohammed ni du Koran ».

Cette insurrection a eu pour auteurs deux Arabes, qui après avoir voyagé pour affaire de commerce, dans la Perse & le Malabar, ont formé des raisonnemens sur la diversité des Religions qu'ils ont vues, & en ont déduit cette tolérance générale. L'un d'eux, nommé *Abd-el-Ouaheb*, s'était formé dans le *Najd* un état indépendant dès 1760 : le second, appelé *Mekrâmi*, Chaik de *Nadjerân*, avoit adopté les mêmes opinions ; & par sa valeur il s'était élevé à une assez grande puissance dans ces contrées. Ces deux exemples me rendent encore plus probable une conjecture que j'avais déjà formée, que rien n'est plus facile que d'opérer une grande révolution politique & religieuse dans l'Asie.

lement chez les Hordes Turkmanes, & chez les Kourdes; ensorte qu'elles semblent attachées à la vie pastorale. Il est d'ailleurs singulier que ce soit chez ce genre d'hommes que la Religion a le moins de formes extérieures, au point que l'on n'a jamais vu chez les Bedouins, les Turkmans ou les Kourdes, ni Prêtres, ni Temples, ni culte régulier. Mais il est temps de continuer la description des autres peuples de la Syrie, & de porter nos considérations sur un état social tout différent de celui que nous quittons, sur l'état des peuples agricoles & sédentaires.

Fin du Tome premier.

www.ingramcontent.com/pod-product-compliance
Lightning Source LLC
Chambersburg PA
CBHW052035230426
43671CB00011B/1654